21 世纪高职高专财经类能力本位型规划教材

国际贸易实务

主　编　夏新燕
副主编　徐娟玲　陈　建　高　涛
参　编　崔春鸣　邱志鹏　曾秀慧

北京大学出版社
PEKING UNIVERSITY PRESS

内容简介

本书以国际贸易业务操作为中心，以国际货物买卖合同为主线，主要讲述了交易磋商与国际货物买卖合同的签订，合同中的品名、品质、数量和包装条款，价格条款，装运条款，国际货物运输保险条款，货款收付条款，商品检验与索赔条款，不可抗力与仲裁条款，进出口合同的履行，违约及处理办法，其他贸易方式等。本书具有很强的实用性，每个项目均设有导入案例，让学生先通过案例感受该项目的教学内容。此外，本书每个项目都设有学习目标、启发思考、项目小结、职业能力训练栏目，与正文内容联系紧密。本书重视实际业务的操作与训练，每个项目的启发思考和职业能力训练为读者进行国际贸易学习与实践提供了空间。

本书既可以作为高职高专院校国际经济、国际贸易、国际金融和管理类专业的教材，也可以作为高等教育自学考试、外销员从业资格考试、国际商务师资格考试、全国国际商务单证员培训与认证考试和全国外贸跟单员培训认证考试的辅助教材，同时还可以作为从事国际贸易工作人员的参考书。

图书在版编目(CIP)数据

国际贸易实务/夏新燕主编．—北京：北京大学出版社，2012.8
(21世纪高职高专财经类能力本位型规划教材)
ISBN 978-7-301-20929-5

Ⅰ.①国… Ⅱ.①夏… Ⅲ.①国际贸易—贸易实务—高等职业教育—教材 Ⅳ.①F740.4

中国版本图书馆CIP数据核字(2012)第147778号

书　　名：国际贸易实务
著作责任者：夏新燕　主编
策划编辑：赖　青　李　辉
责任编辑：姜晓楠
标准书号：ISBN 978-7-301-20929-5/F・3246
出　版　者：北京大学出版社
地　　址：北京市海淀区成府路205号　100871
网　　址：http://www.pup.cn　http://www.pup6.cn
电　　话：邮购部62752015　发行部62750672　编辑部62750667　出版部62754962
电子邮箱：pup_6@163.com
印　刷　者：三河市博文印刷厂
发　行　者：北京大学出版社
经　销　者：新华书店
787毫米×1092毫米　16开本　15.5印张　354千字
2012年8月第1版　2012年8月第1次印刷
定　　价：30.00元

前　言

随着经济全球化和改革开放的不断深化，我国的对外贸易格局发生了重大变化。当前形势迫切要求高等院校培养一大批系统掌握国际贸易基本知识，熟悉进出口交易条件、方式和操作过程，灵活运用相关国际贸易法律和国际惯例的高素质外贸专业人才。“国际贸易实务”是高等院校国际经济与贸易专业的核心课程之一，也是外贸工作者学习外贸基本知识，提升业务水平的重要平台，是一门实践性非常强的应用学科。结合自身多年教学经验和体会，编者感觉编写一本面向学生就业和应用型人才培养，适合高职高专院校师生和广大外贸工作者的《国际贸易实务》教材迫在眉睫。

本书编写的基本思路是以国际贸易交易条件和合同条款为重点，围绕国际货物买卖合同的具体条款进行展开，并对进出口合同的履行和国际贸易方式进行系统的介绍。本书在围绕国际货物买卖合同这一线索过程中，对国际贸易实务的基本概念、基本理论和操作过程进行了介绍和展开论述，体现出较强的逻辑性。此外，本书还具有以下 3 个突出的特点。

(1) 在编写内容上突出新颖性。国际贸易实践和相关的国际贸易法律、惯例正在不断发生变化，将这些变化反映到本书之中是编者追求的目标之一。编者在编写本书的过程中，不仅尽可能收集最新资料，而且尽量在写作时体现最新动态，如《2010 年国际贸易术语解释通则》(《INCOTERMS 2010》)在本书中的运用和国际电子商务的最新发展，都体现出本书的新颖性。

(2) 在编写方式上突出实践性。“国际贸易实务”是研究国际商品交换过程的一门操作性和实务性很强的学科。针对这一特征，编者在编写过程中注重实践环节，具体表现为在各项目中穿插了案例、练习题，以及以锻炼学生实际操作能力为目的的实务操作练习。通过这些训练，编者试图引导学生确立理论与实践相结合的学习和职业意识；结合实际外贸业务中所需要的基本知识和技能，说明解决问题的方法、技巧，使学生对于国际贸易的实际操作有更强的感性认识。

(3) 在编写体例上突出模块性。编者积极探索模块教学，使学生容易理清本书的知识体系，迅速、系统、牢固地掌握知识。本书均采用“项目”、“任务”的结构，每个“项目”之下提出了具体的工作任务和学习目标。这样，作为“项目”的大模块，包含着“任务”这样的小模块，不仅大模块之间篇篇相连，同时又与小模块环环相扣，组成系统的“知识链”，有利于学生在学习过程中，迅速而系统地掌握知识。

本书由广东工程职业技术学院夏新燕担任主编，并负责统稿；广东工程职业技术学院徐娟玲、高涛以及广州番禺职业技术学院陈建担任副主编；广东工程职业技术学院崔春鸣、邱志鹏、曾秀慧参加编写。本书共分为 13 个项目，1 个附录，具体编写分工如下：夏新燕编写项目 1、2、4，徐娟玲编写项目 3、6、8、13，陈建编写项目 7、9、10，高涛编写项目 5、11、12，邱志鹏编写附录，崔春鸣、曾秀慧校对。

编者在本书的编写过程中还得到了卓诚贸易有限公司总经理陈家文、总经理助理 Steven 的大力支持和帮助，在此致谢。

由于编者水平所限，书中不足之处在所难免，敬请使用本书的广大读者批评指正，以便修订时改进。如果读者在使用本书的过程中有其他意见或建议，恳请向编者（253987770@qq.com）踊跃地提出宝贵的意见。

编　者

2012年4月

目　　录

项目1 交易磋商与国际货物买卖合同的订立

工作任务

企业要想获得更多的订单，相关的员工就必须拥有出色的洽谈能力去赢得客户。为此，掌握交易磋商前的准备工作、交易磋商的一般程序，合同有效订立的条件及书面形式和内容，才能立于不败之地。

学习目标

知识目标：

1. 了解国际贸易合同交易磋商过程
2. 熟悉交易磋商的必要环节
3. 熟悉国际贸易合同成立的条件

能力目标：

1. 掌握发盘、接受与合同成立的条件
2. 掌握合同的形式、主要内容和合同的订立方法

导入案例

某年9月1日，我国A公司对英国B公司发出电报："售山东花生1 500公吨，手拣不分等级，FOB连云港每公吨528美元，12月装船，即期不可撤销信用证支付，限10日复到。"9月5日，A公司收到对方于4日发出的回电，内容为："接受你1日电，价格515美元。"A公司正在考虑是否接受对方的降价要求时，9月7日又收到B公司于6日发出的电报："取消我4日电，接受你1日电。"这时，花生出口价格开始大幅度上扬。A公司考虑到对方已经拒绝了自己1日的发盘，故未作答复。12月底，B公司要求A公司按合同约定交货，A公司认为双方之间并不存在合同关系，而B公司则辩称，自己是在A公司规定的有效期内做出了接受的表示，合同关系已经成立。

【讨论】

在本案例中，双方之间是否存在合同关系？

【解析】

在对外贸易磋商过程中，判断双方之间是否存在合同关系的关键是，双方的磋商中是否存在有效的发盘和接受，这两个环节是合同成立的必备环节，缺一不可。本案例中因为只有B公司9月6日对A的发盘，而没有A公司的有效接受，所以双方之间并不存在合同关系。

任务 1.1　交易磋商前的准备

交易磋商前的准备是交易磋商能否顺利进行的保证，也是履行合同的基础。为了顺利地磋商和签订合同，无论进口还是出口，都要做好交易磋商前的各项准备工作，如图 1.1 所示。

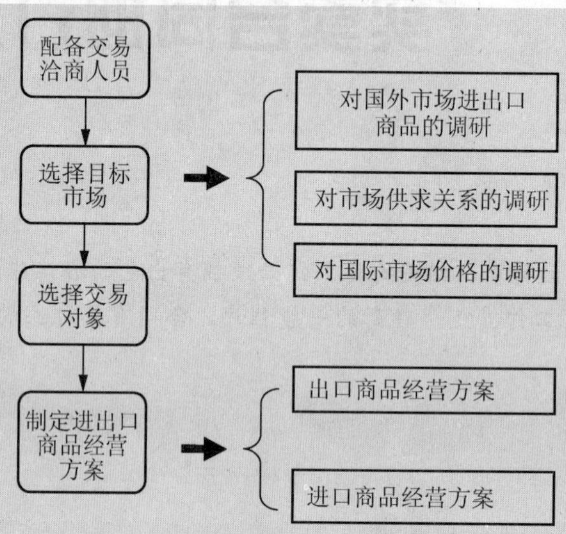

图 1.1　交易磋商前的准备

1. 配备交易洽商人员

为了保证交易洽商的顺利进行，首先要从选人开始，要选择精明能干的人员承担交易洽商工作。对于大宗交易或内容复杂的交易，更是要组织一个强干的谈判团队。有关人员应该精通外语、商务，熟悉法律、财务，懂技术、懂生产，还要掌握谈判技巧，善于互相配合、随机应变。

2. 选择目标市场

世界市场范围之广，要求人们加强国外市场的调查研究，通过各种途径广泛了解市场供求状况、价格动态，各国有关的贸易政策、法规、措施和习惯做法，以便从中选择适当的目标市场，并合理确定市场布局。

对国外市场进行调研的内容，主要包括以下几个方面。

1）对国外市场进出口商品的调研

在各国市场上，同类商品之间的竞争十分激烈，而在这些同类商品中，总有一些品牌的商品市场占有率大，有些品牌的商品市场占有率小，这与商品的品质、性能、规格、外观设计、包装等是否适应市场需要有着密切的关系。这时应摸清品牌的商品对市场的适销情况，特别要研究市场畅销品牌的特点，从中获得启发，从而积极主动地适应市场的需要，并挖掘市场需求，以扩大出口。同时，还要了解国外产品的技术水平、工艺特点和使用效能，以便货比三家，进口自己最满意的商品。

2）对市场供求关系的调研

市场受生产周期、产品销售周期、消费习惯、消费水平等诸多因素的影响，供求关系经常变化，国际商品市场也是如此。这时应掌握市场供求变化的规律，预测其变化趋势，并结合我国商品供应的可能和进口的实际需要，选择最适当的销售或采购时机。

3）对国际市场价格的调研

在掌握了供求关系的基础上，还必须对同种商品在不同地区、不同时期的价格进行调研，这种调研不仅要了解各地市场的价格情况，更要分析出影响价格变化的因素以及价格变化的规律和趋势，以便选择在最有利的市场和最佳时机推销商品或采购商品。

3. 选择交易对象

确定了销售或采购市场后，应在此市场内选择具体的交易对象。选择交易对象，要对客户的资信情况展开全面调查，调查的具体内容主要包括客户的政治、经济背景及其态度；客户的经营范围、经营能力、经营作风和支付能力等。了解客户的途径很多，可以通过以下几种方式主动接触客户并进行了解：①通过我国驻外机构；②通过有关国家的银行、商会和咨询公司；③通过举办交易会、展览会、技术交流会、学术研讨会。对客户有所了解后，要选择那些态度友好、信用好、资历比较雄厚、具有一定经营能力且经营范围符合自身需要的客户作为交易对象。此外，在选择客户时，既要注意巩固与老客户的关系，又要积极物色新客户，以便在国际市场上形成一个广泛的、相对稳定的客户群。

4. 制定进出口商品经营方案

为了在对外进行交易洽商时有所依据，应事先制定进出口商品经营方案。商品的种类不同，经营方案的内容也会有所不同。现将出口商品经营方案和进口商品经营方案的主要内容分述如下。

1）出口商品经营方案

（1）货源情况。它包括国内生产能力、可供出口的数量以及出口商品的品质、规格和包装等情况。

（2）国外市场情况。它主要指国外市场的需求情况和价格变动的趋势。

（3）出口经营情况。它包括出口成本、创汇率、盈亏率的情况，并提出经营的具体意见和安排。

（4）推销计划和措施。它包括分国别和地区，按品种、数量或金额列明推销的计划进度，以及按推销计划采取的措施，如对客户的利用，贸易方式、收汇方式的运用，对佣金和折扣的掌握。

经营方案中的商品，可以是一种商品，也可以是一类商品。凡是大宗商品或重点推销的商品，一般要逐个制定出口经营方案；而普通商品或经营额不大的商品，通常按类制定经营方案；对于一些小商品，则制定内容较为简单的价格方案即可。

此外，出口商品的商标要及早在国外办理商标注册，为创立知名品牌打下基础，否则市场打开后，被他人抢先注册或假冒，将使我方蒙受巨大的经济损失。

2）进口商品经营方案

进口商品经营方案的主要内容大致包括进口数量的掌握、采购市场的安排、交易对象的选择、价格的掌握、贸易方式的运用和交易条件的掌握等。

任务 1.2 交易磋商的形式、内容和程序

交易磋商(Business Negotiation)又称为交易洽商，即通常说的国际商务谈判，是指进口(出口)企业为购买(出售)某项货物与国外客户就各项交易条件进行洽商，以期达成协议的过程。交易磋商是以成立合同为目的的，一旦双方对各项交易条件协商一致，买卖合同即告成立。交易磋商的过程也就是合同成立的过程。磋商是合同订立的基础，合同是磋商的结果。交易磋商决定交易的成败和合同质量的高低，也直接关系到外贸企业的经济利益。

1.2.1 交易磋商的形式

交易磋商的形式可分为口头磋商和书面磋商两种。今后交易磋商还可以直接通过计算机在互联网上进行，见表 1-1。

表 1-1 交易磋商的形式

形式	标准	特点
口头磋商	主要指交易对方面对面的谈判。参加各种交易会、洽谈会，随贸易团组出访国外，以及邀请国外客户来访等，都有可能与国外客户进行口头洽谈。此外，交易双方通过电话进行谈判，也属于口头磋商	(1) 信息传递迅速，当一方就某项交易条件提出要求时，马上可以获得对方对此要求的反馈信息，磋商的效率比较高，特别适合谈判内容复杂、涉及内容多的交易 (2) 有利于交流感情，以促进双方良好关系的发展，为建立长期的业务关系打下基础 (3) 便于观察对方的态度，从而揣摩其意图和心理，做到见机行事，及时调整谈判策略和方法 (4) 交易费用较高，如需支出参展费、差旅费等 (5) 对谈判人员的素质要求较高，谈判人员除了要有丰富的业务知识外，还要思维敏捷，有较强的应变能力
书面磋商	指通过信件、电报、传真、EDI 等通信方式进行交易磋商	随着现代通信技术的发展，书面磋商越来越简便、快捷，且费用比较低廉，因此，日常业务通常采用这种做法

注：在贸易实践中，上述两种交易磋商的形式往往结合使用，以互相取长补短。

1.2.2 交易磋商的内容

交易磋商的具体内容就是合同中应包含的内容，它一般包括两部分：一部分是带有变动性的主要交易条件，如货物的品名、品质、数量、包装、价格、装运、支付方式等，这些交易条件会因每笔交易的不同而不同；另一部分是相对固定的交易条件，称为一般交易条件，如保险、商检、索赔、仲裁、不可抗力等。由于许多老客户之间事先已就一般交易条件达成协议或形成了一些习惯做法，或者已订长期的贸易协议，因此不一定需要在每笔交易中对各项条款一一重新协商。

在国际贸易中，交易磋商是一项很复杂的工作，因为交易双方分属不同的国家或地区，彼此有着不同的社会制度、政治制度、法律体系、经济体制和贸易习惯，有着不同的文化背

景、价值观念、信仰和民族习惯。因此，了解交易磋商的基本内容对进行国际贸易有着重要的作用。

【启发思考】 实际业务中交易磋商主要对哪些条款进行磋商？

1.2.3 交易磋商的程序

在进出口业务中，交易磋商的程序有4个基本环节：询盘(Inquiry)、发盘(Offer)、还盘(Counter - offer)和接受(Acceptance)。其中发盘和接受是构成有效合同必不可少的两个基本环节和法律步骤。

1. 询盘

询盘，又称询价，是指买方为了购进货物或卖方为了销售货物而向对方提出有关交易条件的询问。在国际贸易的实际业务中，一般多由买方主动向卖方发出询盘。其内容可以只是询问价格，也可以询问其他某些交易条件，如品名、数量和交货日期等，也可以要求对方向自己做出发盘。询盘对于询盘人和被询盘人均无法律上的约束力，而且不是交易磋商的必要步骤。但是它往往是一笔交易的起点，所以作为被询盘的一方，应对接到的询盘给予重视，并做出及时和适当的处理。

询盘实例

1) 邀请对方发盘

请报五菱牌S195柴油机500台FCA上海港最低价6、7月份装船

PLEASE QUOTE 500 UNITS OF WULING S195 DIEDELENGINE LOWEST PRICE FCASHANG-HAI PORT JUNE JULY SHIPMENT

2) 交易条件不完整的发盘邀请

报价41 000每码2.40港元CIF新加坡

QUOTE 41,000 HKDOLLARS 2.40 PER YARD CIFSINGAPORE

3) 交易条件不明确的发盘邀请

ART304(货号)参考价每吨500美元CIF纽约

ART 304 REFERENCE PRICE USD 500 PER M/T CIFNEW YORK

特别提示

在实际业务中，如我方作出发盘的邀请，必须明确发盘的性质，不使对方误认为是发盘。在有些情况下，两者往往不易分辨。为了避免可能发生的误解和纠纷，在对外发盘时，至少应尽量对品质、数量、包装、价格、交货和支付等项重要交易条件与对方明确谈定。如果是发盘的邀请，则应在口头语言或书面文字上写明发盘性质。

2. 发盘

1) 发盘的含义

发盘又称报盘、报价和发价，是指交易的一方向另一方提出购买或出售某种商品的各项交易条件，并愿意按这些条件达成交易，签订合同的意思表示。发盘既是商业行为，又是一种法律行为，法律上称为要约。

根据《联合国国际货物销售合同公约》(以下简称《公约》)规定:“凡向一个或一个以上的特定的人提出的订立合同的建议,如果其内容十分确定并且表明发盘人有在其发盘一旦得到接受就受其约束的意思,即构成发盘。”发盘可由卖方提出,也可由买方提出。因此,它分为卖方发盘和买方发盘。习惯上称后者为“递盘(Bid)”。

根据上述解释,构成一项有效发盘,即“实盘”(Offer With Engagement)必须具备下列各项条件。

(1) 发盘要有特定的受盘人,受盘人可以是一个,也可以是指定的多个。

(2) 发盘内容必须十分确定。

(3) 表明订立合同的意旨。一项发盘必须表明订约意旨(Contractual Intent)。按照现行法律和《公约》,一方当事人是否向对方表明在发盘被接受时承受约束的意旨,是判别一项发盘的基本标准。订约意旨,即发盘应该表明发盘人在得到接受时,将按发盘条件承担与受盘人订立合同的法律责任。如果不符合该条件,则发盘是没有约束力的发盘,称之为“虚盘”(Offer Without Engagement)。在实际业务中,如果受盘人对于对方的表示是否具有订约意旨存在疑问时,受盘人应及时采用快捷通信方式,要求对方予以澄清。

(4) 发盘必须送达受盘人才能生效。

【启发思考】 如何理解“实盘”和“虚盘”?

2) 发盘的有效性

在通常情况下,发盘都要具体规定一个有效期,作为对方表示接受的实践限制,超过发盘规定的时限,发盘人即不受约束。

(1) 在发盘中规定有效期,受盘人必须在规定的有效期内接受才有效。对发盘有效期的规定是十分重要的,它直接关系到交易双方的权利、责任及风险。在实际业务中,常见的明确规定发盘有效期的方法主要有以下几个方面:

① 规定最迟接受的期限。例如:

发盘有效至10日……

OFFER SUBJECT REPLY TENTH……

② 由于在国际贸易中,买卖双方往往远隔两地,彼此所在地的时间大多存在时差,为了进一步明确失效的时间标准,在规定最迟接受的期限时,通常同时限定以答复到达发盘人或以发盘人所在地时间为准。例如:

发盘限10日复到此地……

OFFER SUBJECT REPLY REACHING THERE TENTH

发盘有效至北京时间10日下午四时……

OFFER VALID UNTIL TENTH FOUR PM BEIJING TIME……

按照上例有效期的规定,受盘人必须将其表示接受的答复,在发盘人所在地的时间内送达发盘人才能生效,而且应以发盘人所在地的标准时间为准。

(2) 当发盘未具体列明有效期时,收盘人应在合理时间内接受才有效。但各国对“合理时间(Reasonable)”的解释并不明确,为避免引起纠纷,实际业务中一般较少采用这种方式。

(3) 口头发盘必须立即接受。《公约》第十八条第2款规定:“……对口头发盘必须立即接受。但情况特别者不在此限。”

3) 发盘的撤回(Withdraw)与撤销(Revocation)

(1) 发盘的撤回。如果发盘人发现发盘内容有误或其他原因,想修改或撤回原发盘,可以用更迅速的通信方法，将发盘的撤回或更改通知赶在受盘人收到该发盘之前或同时送达受盘人，则发盘即可撤回。

《公约》规定：“一项发盘，即使是不可撤销的，也可以撤回，如果撤回，通知于发盘送达受盘人之前或同时送达受盘人。”

(2) 发盘的撤销。发盘的撤销是指受盘人收到发盘之后，尚未做出接受表示时，发盘人因各种原因(如市场行情变化或发盘内容错误)而撤销该项发盘。

《公约》第十六条规定：“在未订立合同之前，如果撤销通知于被发价人发出接受通知之前送达被发价人，发价得予撤销。”

《公约》还规定，在下列两种情况下发盘不得撤销：①发盘中明确规定了有效期限或以其他方式表示发盘是不得撤销的；②受盘人有理由信赖发盘是不可撤销的，并且已本着对该项发盘的信赖形式。

【启发思考】发盘的撤回和撤销有何不同？

4) 发盘的失效

发盘的失效是指发盘法律效力的消失。发盘人不再受该发盘的约束。

发盘失效的原因主要有下列几种情况，见表 1-2。

表 1-2 几种发盘失效的情况

失效	原因	举例
过期	明确规定有效期的发盘，在有效期内如果未被受盘人接受，发盘即失效	
拒绝	如果受盘人对一项发盘明确表示拒绝，则该项发盘立即失效	你 10 日电不能接受 YOURS TENTH UNACCEPTABLE 你 15 日电抱歉无兴趣 YOUR CABLE OF FIFTEENTH REGREN UNINTERESTED
还盘	如果受盘人对发盘做出某些更改的还盘表示，便构成对原发盘的实质上的拒绝，原发盘也随之失效	
	出现人力不可抗拒的意外事故或事件	战争、政府禁令、丧失行为能力(如精神失常、死亡等)，或标的物灭失时，发盘便告失效
	发盘人在收盘人做出接受前对发盘进行了有效的撤销	

3. 还盘

还盘是指受盘人不同意或不完全同意发盘人在发盘中提出的条件，为了进一步协商，对发盘人提出修改意见。还盘是对发盘的拒绝，也是受盘人对原发盘人作出的一项新的发盘，只是内容较一般的发盘简单，只涉及受盘人要求修改的部分。例如：

你 4 日电还盘 12 600 码 1 月装 2.20 港元 CIFC3D/P 即期 9 日复到

YOURS FOURTH COUNTER OFFER 12,600 YARDS JANUARY SHIPMENT HK-

DOLLARS 2.20 DIFC3 D/P SIGHT SUBJECT REPLY NINTH HERE

还盘的形式可以明确使用"还盘(Counter Offer)"字样，也可以不使用而在内容中表示出对发盘的修改，这样也构成还盘。

还盘一经做出，原发盘即失去效力，原发盘人也不再受其约束。还盘作出后还盘者便由原来的受盘人变成新发盘人，而原发盘人则变成新发盘的受盘人。新受盘人有权针对还盘的内容进行考虑，决定接受、拒绝或者再还盘。

还盘可以是针对货物的价格，也可以是针对货物的品质、数量、交货时间及地点和支付方式等重要交易条件。还盘的行为在买卖双方之间可以反复进行。

还盘不是交易磋商的必经阶段。有时交易双方无需还盘即可成交；有时则要经过多次还盘才能对各项交易条件达成一致；有时虽经反复还盘，但终因双方分歧太大而不能成交。

4. 接受

接受，在法律上称"承诺"，是买方或卖方无条件地同意对方在发盘中提出的各种交易条件，并愿意按照这些条件与对方达成交易、订立合同的一种肯定的表示。一方的发盘经另一方接受，交易即告完成，双方就应分别履行其所承担的合同义务。

1）构成一项有效接受必须具备的条件

(1）接受必须由受盘人做出。

(2）接受的内容必须与发盘相符。

(3）接受必须在发盘有效期内做出并送达发盘人，受盘人表示接受要以口头、书面或行动的声明形式向发盘人明确表示出来。

(4）接受必须表示出来。接受必须由特定的受盘人表示出来，缄默不语或不采取任何行动不能构成接受。

2）逾期接受和重新接受

逾期接受又称迟期接受，是指受盘人的接受通知超过发盘规定的有效期或发盘未明确规定有效期而超过合理时间才到达发盘人。

各国的法律都认为，逾期接受是无效的，只能看做是一项新的发盘。《公约》也认为逾期接受原则上是无效的，发盘人不受其约束，但也有例外情况，《公约》第二十一条规定："如果发盘人毫不延迟地用口头或书面将此种意见通知被发盘人逾期接受仍有接受的效力。""如果载有逾期接受的信件或其他书面文件表明，它是在传递正常、能及时送达发盘人的情况下发出的，则该项逾期接受具有接受的效力，除非发盘人毫不延迟地用口头或书面通知被发盘人，他认为他的发盘已经失效。"

由此可见，逾期接受是否有效，主动权掌握在发盘人手中。在第一种情况下，逾期接受的原因在于受盘人，若发盘人不表态，接受无效；而第二种情况，逾期接受的责任不在受盘人，若发盘人不表态，则接受有效。

重新接受是指受盘人对一项发盘首先做出了拒绝或还盘，然后又表示接受。如果受盘人采取更加快速的传递方式，使接受通知先于拒绝或还盘送达发盘人，则该项接受有效；如果接受通知与拒绝或还盘同时送达发盘人，或迟于拒绝或还盘送达发盘人，则此接受无效。因为拒绝或还盘一旦送达发盘人，发盘即告失效，受盘人已无接受的权利。

3）接受的撤回

接受的撤回是指在接受生效之前将接受予以取消，以防止其生效。《公约》第二十二条规定："接受得予撤回，如果撤回通知于接受原应生效之前或同时送达发盘人。"这一规定是基于《公约》采用"到达生效"的原则，所以在接受生效之前，受盘人可以以更快的传递方式将接受撤回。但是按英美法系的"投邮生效"原则，接受一经投邮立即生效，合同就此成立，因此不存在接受的撤回问题。

此外，由于接受一旦生效，合同即告成立，所以接受是不能撤销的。撤销一项已生效的接受，无异于撤销已成立的合同，属于毁约行为，是要承担法律责任的。

特别提示

询盘、发盘、还盘和接受是交易磋商的一般程序，但并非每笔交易的达成都必须经过这 4 个环节，只有发盘和接受才是达成交易、合同成立所必不可缺的两个基本环节。

【启发思考】接受可以撤销吗？

任务 1.3 合同的成立和书面合同的签订

1.3.1 合同有效成立的条件

合同对当事人构成的约束力是建立在法律基础上的，因此，合同必须符合法律规定才能得到法律的承认和保护。对于合同有效成立应具备的条件，各国法律的要求不尽相同，综合来看，主要的要求有以下几项。

(1) 合同必须是当事人意思表示一致的结果。任何一方单方的意思表示都不可能成立合同，所以合同的成立必须经过双方当事人的共同协商。

(2) 当事人的意思表示必须真实。任何一方以欺诈、胁迫等违背另一方意志的手段订立合同，都必须承担相应的法律后果。

(3) 当事人必须具有订立合同的行为能力。《中华人民共和国合同法》(以下简称《合同法》) 规定，无民事行为能力人不具有订立合同的资格；限制民事行为能力人订立的合同，必须经过其法定代理人的追认才能生效。

(4) 合同必须有对价和合法的约因。对价是英美法系中一项重要的法律原则，而约因则来自于大陆法系。

(5) 合同必须合法。合同的合法性主要体现在合同的标的和内容必须合法。

(6) 合同的形式必须符合法律规定的要求。《合同法》规定，当事人订立合同，可以采取书面形式、口头形式或其他形式。

1.3.2 签订书面合同的意义

买卖双方经过磋商，一方的发盘被另一方有效接受，交易达成，合同成立。但在实际业务中，按照习惯做法，买卖双方达成协议后，通常还要制作书面合同将各自的权利和义务用书面方式加以明确，这就是签订合同。

1. 作为合同成立的依据

尽管有些货物买卖法都承认口头合同的效力，但在国际贸易中，一般都要签订书面合同，特别是对于通过口头协商达成的交易，其作用更为明显。若双方事后发生争议并提交仲裁或诉讼，仲裁员或法官也应先确定双方是否已建立了合同关系。

2. 书面合同是履行合同的依据

国际货物买卖合同的履行环节复杂，涉及的部门多，若仅有口头协议，或凭分散于往来函电中的协议条款履行合同，将会给履行工作带来麻烦，使履行工作容易出错。因此，为了给履行合同提供方便，使履行合同准确及时地进行，无论通过什么方式达成的协议，最好把双方协商一致的条件用文字归纳记录，并由双方签字确认，作为履行合同的依据。

3. 书面合同有时是合同生效的证明

一般来说，接受生效，合同就成立，但在通过信件、电报、电传达成协议的特定环境下，一方当事人要求签订确认书，则签订确认书方为合同成立。此外，如果所签合同必须是经一方或双方政府审核批准的合同，那么这一合同的生效就必须是具有一定格式的书面合同。

1.3.3 书面合同的形式和结构

1. 书面合同的形式

按国际惯例，货物买卖合同并无特定的形式限制，可采用正式的合同(Contract)、确认书(Confirmation)、备忘录(Memorandum)、意向书(Letter of Intent)、订单(Order)、委托订购单(Consigned Purchase Order)、协议(Agreement)等形式。但《合同法》规定：合同应该采用书面形式。

在我国进出口业务中，书面合同主要采用两种形式，见表1-3。

表1-3 书面合同的形式

合同形式	特点	适用范围
正式合同(销售合同 Sales Contract 和购货合同 Purchase Contract)	除了商品的名称、规格、包装、装运港和目的港、交货期、付款方式、运输标志、商品检验等条件外，还有异议索赔、仲裁、不可抗力等条件	它条款完备、内容全面，适合大宗商品或成交额较大的交易
简式合同(销售确认书 Sales Confirmation 和购货确认书 Purchase Confirmation)	这类合同的条款比销售合同简单	适用于金额不大、批数较多的小土特产品和轻工产品，或者已订有代理、包销等长期协议的交易

注：合同无论采取哪种形式，法律上具有同等效力。

在实际业务中，当面成交的，由买卖双方共同签署；函电往来成交的，由我方签署后，将正本一式两份寄送国外买方签署，买方签署后寄回一份，以备存查，同时附函说明。

【启发思考】外贸实际业务中常采用的书面合同形式是哪种？

2. 书面合同的结构

书面合同的结构一般由3部分组成。

1) 约首

它是合同的序言部分，包括合同名称、合同号码、订约人的名称和地址等。

2）本文

它是合同的主体部分，包括品名、规格、数量、价格、包装、交货条件、运输与保险条件、支付方式以及检验、索赔、不可抗力和仲裁条款等。

3）约尾

它是合同的结尾部分，包括订约时间和地点及双方签字等项内容。我国出口合同的订约地点一般填写在我国。

3. 书面合同式样

1）书面销售确认书

销售确认书见表1-4。

表1-4　销售确认书

SALES CONFIRMATION	编号：NO.： 日期：DATE： 地点：PLACE：		
卖方 The Seller： Address：	买方 The Buyer： Address：		
确认售予你方下列货物，其条款如下：We hereby confirm having sold to you the following goods on terms and conditions as stated below：			
(1) 货物名称及规格，包装及装运唛头 Name of commodity & specification, packing and shipping marks	(2) 数量 Quantity	(3) 单价 Unit Price	(4) 总值 Total Amount
(1) 装运 Shipment： (2) 保险 Insurance： (3) 付款 Payment： 备注 Remarks： 请签退一份以共存档。Please sign and return one for our file			
(买方 Buyers)	(卖方 Sellers)		

2）合同

合同样本见表1-5。

表1-5　合同样本

合同	No.
Contract	Date：
签约地点 Signed At：	
卖方 Sellers： 地址 Address： 传真 Fax：	买方 Buyers： 地址 Address： 传真 Fax：

（续）

兹买卖双方同意成交下列商品订立条款如下：The undersigned Seller and Buyer have agreed to close the following transactions according to the terms and conditions stipulated below：

1. 货物名称及规格 Name of Commodity and Specification	2. 数量 Quantity	3. 单价 Unit Price	4. 金额 Amount	5. 总值 Total Value

数量及总值均得有 %的增减，由卖方决定。With % more or less both in amount and quantity allowed at the Seller's option.

6. 包装 Packing：

7. 装运期限：收到可以转船及分批装运之信用证____天内装出。Time of Shipment：Within ____ days after receipt of L/C. allowing transshipment and partial shipments.

8. 装运口岸 Port of Loading：

9. 目的港 Port of Destination：

10. 付款条件：开给我方100%不可撤销即期付款及可转让可分割之信用证，并须注明可在上述装运日期后15天内在中国议付有效。Terms of Payment：By 100% confirmed，Irrevocable，Transferable and Divisible Letter of Credit to be available by sight draft and to remain valid for negotiation in China until the 15th day after the aforesaid Time of Shipment.

11. 保险：按中国保险条款，保综合险及战争险(不包括罢工险)。Insurance：Covering all risks and war risk only (excluding S. R. C. C.) as per the China Insurance Clauses.

由客户自理。To be effected by the Buyer.

12. 装船标记 Shipping Mark：

13. 双方同意以装运港中国进出口商品检验局签发的品质和数量(重量)检验证书作为信用证项下议付所提出单据的一部分。买方有权对货物的品质和数量(重量)进行复验，复验费由买方负担。如发现品质或数量(重量)与合同不符，买方有权向卖方索赔，但须提供经卖方同意的公证机构出具之检验报告。It is mutually agreed that the Inspection Certificate of Quantity (Weight) issued by the China Import and Export Commodity Inspection Bureau at the port of shipment shall be part of the documents to be presented for negotiation under the relevant L/C. The Buyer shall have the right to reinspect the Quality and Quantity (Weight) of the cargo. The reinspection fee shall be borne by the Buyer. Should the Quality and/or Quantity (Weight) be found not in conformity with that of the contract，the Buyer are entitled to lodge with the Seller a claim which should be supported by survey reports issued by a recognized Surveyor approved by the Seller.

14. 备注 REMARKS：(1) 买方须于 年 月 日前开到本批交易的信用证(或通知售方进口许可证号码)，否则，售方有权不 经通知取消本确认书，或接受买方对本约未执行的全部或一部分，或对因此遭受的损失提出索赔。

The Buyer shall have the covering Letter of Credit reach the Seller (or notify the Import. License Number) before ________ otherwise the Seller reserve the right to rescind without further notice or to accept whole or any part of this Sales Confirmation not fulfilled by the Buyer，or to lodge a claim for losses this sustained of any.

(2) 凡以CIF条件成交的业务，保额为发票的110%，投保险别以本售货确认书中所开列的为限，买方要求增加保额或保险范围，应于装船前经售方同意，因此而增加的保险费由买方负责。For transactions concluded on C. I. F. basis it is understood that the insurance amount will be for 110% of the invoice value against the risks specified in the Sale Confirmation. If additional Insurance amount of coverage is required，the Buyer must have the consent of the Seller before Shipment and the additional premium is to be borne by the Buyer.

（续）

(3) 品质数量异议：如买方提出索赔，凡属品质异议须于货到目的口岸之日起3个月内提出，凡属数量异议须于货到目的口岸之日起15在内提出，对所装运物所提任何异议属于保险公司、轮船公司及其他有关运输机构或邮递机构所负责者，售方不负任何责任。QUALITY/QUANTITY DISCREPANCY: In case of quality discrepancy, claim should be filed by the Buyer within 3 months after the arrival of the goods at port of destination, while of quantity discrepancy, claim should be filed by the Buyer within 15 days after the arrival of the goods at port of destination. It is understood that the Sellers shall not be liable for any discrepancy of the goods shipped due to causes for which the Insurance Company, Shipping Company, Other Transportation, Organization/or Post Office are liable.

(4) 本确认书所述全部或部分商品，如因人力不可抗拒的原因，以致不能履约或延迟交货，售方概不负责。The Seller shall not be held liable for failure or delay in delivery of the entire lot or a portion of the goods under this Sale Confirmation on consequence of any Force Major incidents.

(5) 买方开给售方的信用证上请填注本确认书号码。The Buyer are requested always to quote THE NUMBER OF THIS SALES CONFIRMATION in the Letter of Credit to be opened in favour of the Sellers.

(6) 仲裁：凡因执行本合同或与本合同有关事项所发生的一切争执，应由双方通过友好的方式协商解决。如果不能取得协议时，则在被告国家根据被告仲裁机构的仲裁程序规则进行仲裁。仲裁决定是终局的，对双方具有同等约束力。仲裁费用除非仲裁机构另有决定外，均由败诉一方负担。Arbitration: All disputes in connection with this Contract or the execution thereof shall be settled by negotiation between two parties. If no settlement can be reached, the case in dispute shall then be submitted for arbitration in the country of defendant in accordance with the arbitration regulations of the arbitration organization of the defendant country. The decision made by the arbitration organization shall be taken as final and binding upon both parties. The arbitration expenses shall be borne by the losing party unless otherwise awarded by the arbitration organization.

(7) 买方收到本售货确认书后立即签回一份，如买方对本确认书有异议，应于收到后5天内提出，否则认为买方已同意本确认书所规定的各项条款。The Buyer are requested to sign and return one copy of this Sales Confirmation immediately after receipt of the same. Objection, if any, should be raise by the Buyer within five days after the receipt of this Sales Confirmation, in the absence of which it is understood that the Buyer have accepted the terms and conditions of the Sale Confirmation.

卖 方 THE SELLER	买 方 THE BUYER

项目小结

交易洽谈是指贸易双方为买卖某商品通过面谈，或通过信函、传真或电子数据交换等方式对各项交易条件进行的国际商务谈判。形式上分为口头和书面两种，程序包括4个环节：询盘、发盘、还盘和接受。发盘和接受是构成有效合同的基本环节。合同在法律上生效需要满足若干条件，不同国家的法律对比解释有区别。书面合同内容包括约首、正文和约尾。

关键概念

询盘(inquiry)　发盘(offer)　还盘(counter - offer)　接受(acceptance)
撤销(revocation)　撤回(withdraw)　成交确认书(sales confirmation)　合同(contract)

职业能力训练

一、讨论题

1. 交易磋商的形式有哪些?
2. 一项有效的发盘应具备什么条件?
3. 发盘的撤回和撤销有什么区别?
4. 一项有效的接受应具备什么条件?
5. 逾期接受应如何处理?
6. 签订书面合同有什么意义?

二、案例分析

1. 香港A商行于某年5月20日来电向上海B公司发盘出售木材一批,发盘中列明各项必要条件,但未规定有效期。B公司于20日收到来电,经研究后,于22日上午11时正向上海电报局交发对上述发盘表示接受的电报,该电报于22日下午1时正送达香港A商行。在此期间,因木材价格上涨,香港A商行于22日上午9时15分向香港电报局交发电报,其电文如下:"由于木材价格上涨,我5月20日电发盘撤销。"但上海B公司在22日下午3时才收到该电报。

试问:(1)根据有关国际贸易法律,A商行是否已成功地撤销了5月20日的发盘?(2)A商行与B公司之间的合同是否成立?

2. 英国A商于某年5月3日向德国B商发出一项要约(发盘),供售某商品一批,B商于收到该要约的次日(5月6日)上午答复A商,表示完全同意要约内容。但A商发出要约后发现该商品行情趋涨,遂于5月7日下午致电B商,要求撤销其要约。A商收到B商承诺(接受)通知的时间是5月8日上午。试简要回答:

(1) 若按英国法律,A商提出撤销要约的要求是否合法?

(2) 若此案例适用于《公约》,A、B双方是否存在合同关系?请简述理由。

3. 2000年,阿根廷某公司应我国某公司的请求,报出镁矿石初级产品200公吨,每公吨2 150美元,即期装运的实盘。但中方接到阿方报盘,未作还盘,而是一再请求阿方增加数量,降低价格,并延长有效期,阿方公司将数量增到350公吨,每公吨价格为CIF上海价2 100美元,有效期经三次延长,最后延长至9月25日,中方公司于9月20日来电表示接受该盘。

阿方接到该电报时,得知国际市场镁矿石价格上扬,因此决定拒绝成交,于是向中方发电,称:"由于国际市场镁矿石价格发生变化,货物已于接到你方电报时售出。"而中方对此拒绝接受,认为中方是在发盘有效期内接受了阿方发盘,坚持要求按发盘的条件执行合同,阿方如不执行合同,则要赔偿中方的损失,即差价25万美元。

请问该合同是否成立?

4. 一法国商人于某日上午走访我国某外贸企业洽购某商品。我方口头发盘后,对方未置可否,当日下午法商再次来访表示无条件接受我方上午的发盘,那时,我方已获知该项商品的国际市场价格有趋涨的迹象。对此,你认为我方应如何处理为好,为什么?

［提示］按《公约》规定：对口头要约，须立即接受方能成立合同。

5. 我国某出口企业对意大利某商人发盘限某年某月 10 日复到有效，该月 9 日意商人用电报通知我方接受该发盘，由于电报局传递延误，我方于该月 11 日上午才收到对方的接受通知，而我方在收到接受通知前获悉市场价格已上涨，对此，我方应如何处理？

［提示］按《公约》规定，如果载有逾期接受的信件或其他书面文件表明，它是在传递正常能及时传达到发盘人的情况下寄发的，则该项逾期接受具有接受效力，除非发盘人毫不迟延地用口头或书面通知被发盘人，他认为发盘已经失效。

项目 2 贸易术语

工作任务

贸易术语是构成国际贸易货物价格的重要组成部分，在国际贸易过程中一旦确定了采用什么术语，双方当事人在交接货物过程中有关责任、费用和风险的划分，就会有比较明确的规定和解释，无需在合同中详细说明。因此，必须认真学习和掌握国际贸易中现行的各种贸易术语及其有关的国际贸易惯例，同时能正确应用这些术语，才能避免贸易过程中发生风险。

学习目标

知识目标：

1. 了解有关贸易术语的国际惯例

2. 掌握《INCOTERMS 2010》适用于水上运输方式的 4 种术语的风险、责任和义务划分等相关规定

3. 熟悉《INCOTERMS 2010》其他几种适用于任何运输方式的贸易术语的基本规定

能力目标：

1. 灵活运用贸易术语

2. 熟练运用 FOB、CFR、CIF 3 种常用贸易术语

导入案例

国外某公司(简称买方)与我国一家公司(简称卖方)签订了一笔食品出口合同，交易条件为 FOB 大连，付款方式为不可撤销即期信用证。随后，卖方收到了买方银行开来的信用证，即备妥货物，办好出口手续，按期将货物装上买方指派的船只，并向买方发出了装船通知，装船于某日凌晨 3 时结束，半小时后载货船舱出现火情，船长立即组织救火，最后将火扑灭。

【讨论】采用 FOB 术语，当出现上述问题，买卖双方谁应承担责任？

【解析】

经质检部门鉴定，该批货物因火灾和严重泡湿而完全丧失商业价值。卖方立即通知买方，征求处理意见。买方来电称，卖方应负责卸下毁坏的货物，重新备货装船，并声称将通知银行撤销已经开出的信用证。卖方则认为，货物已装船，合同义务已履行，没有义务卸下损坏的货物和重新备货装船，并认为买方应该支付已装船货物的货款。船方因货物已损毁，拒绝签发提单，并以火灾免责为由拒绝承担赔偿。但由于该交易采取的是 FOB 术语，所以该责任由买方承担责任。

任务 2.1 有关贸易术语的国际惯例

在国际贸易业务实践中，因各国法律制度、贸易惯例和习惯做法不同，因此，国际上对各种贸易术语的理解与运作互有差异，从而容易引起贸易纠纷。为了避免各国在对贸易术语解释上出现分歧和引起争论，有些国际组织和商业团体便分别就某些贸易术语作出统一的解释与规定，其中影响较大的主要有：国际商会制定的《国际贸易术语解释通则》(International Rules for the Interpretation of Trade Terms，简称 INCOTERMS)，国际法协会制定的《华沙-牛津规则》(Warsaw - Oxford Rules)，美国一些商业团体制定的《1941 年美国对外贸易定义修订本》(Revised American Foreign Trade Definition 1941)。

由于上述各项解释贸易术语的规则，在国际贸易中运用范围较广，从而成为一般的国际贸易惯例。这些解释贸易术语的国际惯例，在国际贸易发展的各个历史阶段中都起了积极的重要作用。由于国际贸易惯例是国际贸易法的渊源之一，在当前各国都在积极谋求国际贸易法律统一化的过程中，国际贸易惯例的作用更为显著，尤其是通过国际商会对《国际贸易术语解释通则》的不断修订，有效地促进了国际贸易惯例的发展。

国际贸易惯例日益受到各国政府、法律界和贸易界的重视，在国际立法和许多国家的立法中，都明文规定了国际贸易惯例的效力。例如，在 1988 年 1 月 1 日生效的《公约》中充分肯定了惯例的作用。该《公约》规定：当事人在合同中没有排除适用的惯例，或双方当事人已经知道或理应知道的惯例，以及在国际贸易中被人们广泛采用和经常遵守的惯例，即使当事人未明确同意采用，也可作为当事人默示同意惯例，因而该惯例对双方当事人具有约束力。由此可见，为了合理地商订和履行合同以及正确运用国际贸易惯例，国际贸易从业人员必须了解国际上各种通行的有关贸易术语的国际惯例，以便在实际业务中对其作出适当的抉择和正确的解释。现将解释贸易术语的 3 种主要国际贸易惯例，分别简介如下。

2.1.1 《1932 年华沙-牛津规则》

为了对 CIF 合同双方的权利与义务作出统一的规定与解释，国际法协会特制定了《1932 年华沙-牛津规则》(简称《规则》)，为那些按 CIF 贸易术语成交的买卖双方提供了一套可在 CIF 合同中易于使用的统一规则，供买卖双方自愿采用。在买卖双方缺乏标准合同格式或共同交易条件的情况下，买卖双方可以约定采用此项规划。《规则》自 1932 年公布后，一直沿用至今，并成为国际贸易中颇有影响的国际贸易惯例。这是因为，此项《规则》在一定程度上反映了各国对 CIF 合同的一般解释。不仅如此，其中某些规定的原则，还可适用于其他合同。例如，《规则》规定，在 CIF 合同中，货物所有权移转于买方的时间，应当是卖方把装运单据(提单)交给买方的时刻，即以交单时间作为所有权移转的时间。此项原则，虽是针对 CIF 合同的特点制定的，但一般认为也可适用于卖方有提供提单义务的其他合同。

2.1.2 《1990 年美国对外贸易定义修订本》

该《修订本》的前身是美国九大商业团体于 1919 年制订的《美国出口报价及其所写》

(The U. S Export Quotations and Abbreviations)。其后，因贸易习惯发生了很多变化，在1940年召开的美国第27届对外贸易会议上对其进行了修订，并于1941年7月31日经美国商会、美国进出口协会和美国对外贸易协会所组成的联合委员会通过，称为《1941年美国对外贸易定义修订本》。到1990年又对其加以修订，改称为《1990年美国对外贸易定义修订本》(Revised American Foreign Trade Definition 1990)，其解释的贸易术语共有6种，其中FOB术语又分为6种，所以实际上其所解释的贸易术语共有11种之多，见表2-1。

表2-1 《1990年美国对外贸易定义修订本》解释的贸易术语

术语缩写	贸易术语英文名称	贸易术语中文名称
EXW	Ex Works	工厂交货(指定起运地点)
FOB	Free on Board	国内指定起运地点运输工具上交货
		国内指定起运地点运输工具上交货，运费付至指定出口地点
		国内指定起运地点运输工具上交货，扣除至指定地点运费
		国内指定出口地点运输工具上交货
		指定装运港船上交货
		进口商指定国内地点运输工具上交货
FAS	Free Along Side	指定装运港船边交货
CFR	Cost and Freight	成本加运费(指定目的港)
CIF	Cost，Insurance and Freight	成本加保险费、运费(指定目的地)
DEQ	Delivery Ex Quay	进口港码头交货

《1990年美国对外贸易定义修订本》主要在美洲地区使用。由于其主要用于国际贸易报价，而《国际贸易术语解释通则》则对买卖双方的义务有详细的规定，且为世界多数国家贸易商所采用。因此，美国贸易界已同意使用《国际贸易术语解释通则》，以实现贸易术语解释的国际性和统一性。

2.1.3 《2010年国际贸易术语解释通则》(《INCOTERMS 2010》，《2010通则》)

《国际贸易术语解释通则》(以下简称为《通则》)，International Rules for the Interpretation of Trade Terms定名为INCOTERMS(来源于International Commercial Terms 3个词)，它是国际商会(ICC)为了统一对各种贸易术语的解释而制定的。最早的《通则》产生于1936年，后来为了适应国际贸易业务发展的需要，国际商会分别于1953年、1967年、1976年、1980年、1990年和1999年对《INCOTERMS》进行了6次补充和修订。2010年9月27日，国际商会正式推出《2010国际贸易术语解释通则》(《INCOTERMS 2010》)，以取代已经在国际货物贸易领域使用了近十年的《INCOTERMS 2000》，新版本2011年1月1日正式生效。

小知识

国际商会

国际商会(International Chamber of Commerce, ICC)是国际性民间商业组织，成立于1919年，总部设在法国的巴黎，下设有商业管理委员会、银行委员会、仲裁院等专业委员会和专门机构，有140多个国家和地区是它的会员。因此，国际商会在世界范围内具有非常重要的影响。国际商会是联合国的一个高级咨询机构，设立的目的是在经济和法律领域内，以有效的行动促进国际贸易和投资的发展。1994年11月，国际商会正式授予中国国际商会(China Chamber of International Commerce, CCOIC)会员地位，并同意中国建立国际商会中国国家委员会。1995年1月1日，国际商会中国国家委员会正式成立。

相对于《INCOTERMS 2010》,《INCOTERMS 2000》的主要变化如下。

(1) 术语分类的调整。由原来的 EFCD 4 组分为适用于两类：适用于各种运输方式和水运。

(2) 贸易术语的数量由原来的 13 种变为 11 种。

(3)《2010 年国际贸易术语解释通则》删去了《2000 年国际贸易术语解释通则》4 个术语。

DAF (Delivered at Frontier)边境交货、DES (Delivered Ex Ship) 目的港船上交货、DEQ (Delivered Ex Quay)目的港码头交货、DDU (Delivered Duty Unpaid)未完税交货。

(4) 新增了 2 个术语。

DAT(Delivered at Terminal)在指定目的地或目的港的集散站交货，DAP(Delivered at Place)在指定目的地交货。

即用 DAP 取代了 DAF、DES 和 DDU 3 个术语，DAT 取代了 DEQ，且扩展至适用于一切运输方式。

(5) 修订后的《2010 年国际贸易术语解释通则》取消了“船舷”的概念，卖方承担货物装上船为止的一切风险，买方承担货物自装运港装上船后的一切风险。在 FAS，FOB，CFR 和 CIF 等术语中加入了货物在运输期间被多次买卖(连环贸易)的责任义务的划分。考虑到对于一些大的区域贸易集团内部贸易的特点、规定，《INCOTERMS 2010》不仅适用于国际销售合同，也适用于国内销售合同。

第一组：适用于任何运输方式的术语 7 种：EXW、FCA、CPT、CIP、DAT、DAP、DDP。

EXW(ex works)	工厂交货
FCA(free carrier)	货交承运人
CPT(carriage paid to)	运费付至目的地
CIP(carriage and insurance paid to)	运费/保险费付至目的地
DAT(delivered at terminal)	目的地或目的港的集散站交货
DAP(delivered at place)	目的地交货
DDP(delivered duty paid)	完税后交货

第二组：适用于水上运输方式的术语 4 种：FAS、FOB、CFR、CIF。

FAS(free alongside ship)	装运港船边交货
FOB(free on board)	装运港船上交货

CFR(cost and freight) 成本加运费
CIF(cost insurance and freight) 成本、保险费加运费

任务 2.2 适用于水上运输方式的 4 种贸易术语

在《INCOTERMS 2010》的 11 种价格术语中，FAS、FOB、CFR、CIF 这 4 种适用于水上运输方式。

2.2.1 FAS

Free Alongside Ship(...named port of shipment)——船边交货(……指定装运港)，是指卖方在指定的装运港将货物交到船边，即完成交货。如果买方船只不能靠岸，卖方要负责用驳船把货物运到船边，在船边交货。卖方办理出口清关手续，买方承担交货后的一切费用和风险。

2.2.2 FOB

FOB，即 Free on Board(...named port of shipment)“装运港船上交货”(又称“离岸价”)是指卖方必须在合同规定的装运期内在指定装运港将货物交至买方指定的船上，并负担货物在指定装运港装上船后的一切费用和货物灭失或损坏的风险。FOB 术语要求卖方办理货物出口清关手续。该术语仅适用于海内或内河运输。

具体用法如下。

We offer to sell computers brand Lenovo 1,000 sets USD 200 per set FOB Guangzhou, China, Shipment during May, 2011.

1. 买卖双方基本义务的划分

按国际商会《INCOTERMS 2010》对 FOB 的解释，买卖双方各自承担的基本责任、风险、费用等归纳见表 2-2。

表 2-2 FOB 术语买卖双方责任、风险和费用划分一览表

当事人 / 义务	卖方	买方
责任	1)取得出口许可证，或其他官方证件，并办理出口报关手续 2) 在规定的日期或期限内，并按港口习惯的方式在指定装运港将与合同规定相符的货物装上买方指定的船只，并及时通知买方 3) 提交有关货物单证或相等的电子单证	1)取得进口许可证或其他官方证件，办理进口报关手续以及必要时经另一国过境的海关手续 2) 安排运输，订立从指定装运港至目的港的运输合同，并将船期、船名等通知卖方，以及自办货物运输保险 3) 接受符合合同规定的货运单据，支付价款，受领货物

续表

义务＼当事人	卖方	买方
费用	货物在指定装运港装上船前的一切费用 2）出口报关费用和出口应交纳的一切税捐	1)货物在指定装运港装上船后的一切费用，包括运费、保险费等 2）进口报关费用、进口关税及需经另一国过境时所应交纳的一切税捐
风险	货物在指定装运港装上船前的一切风险	货物在指定装运港装上船后的一切风险

2. 使用FOB术语应注意的问题

1）风险划分

按《INCOTERMS 2010》的规定，FOB术语的卖方必须及时在装运港将货物交至船上。当货物在装运港装上船后，货物灭失或损坏的风险由卖方转移到买方。买卖双方以货物是否装上船为划分风险标准。这表明货物在装上船以前的风险，包括在装船时货物跌落码头或海中所造成的损失或灭失，则由买方承担。

2）船货衔接问题

按照FOB术语成交的合同属于装运合同，这类合同中卖方的一项基本义务是按照规定的时间和地点完成装运。然而由于FOB调间隙是由买方负责安排运输工具，即租船订舱，所以，这就存在一个船货衔接问题。根据有关法律和惯例，如果买方未能按时派船，这包括未经对方同意提前将船派到装运港，卖方都有权拒绝交货，而且由此产生的各种损失，如空仓费、滞期费及卖方增加的仓储费等，均由买方负担。如果买方指派的船只按时到达装运港，而卖方却未能备妥货物，那么，由此产生的上述费用则由卖方承担。

有时双方按FOB价格成交，而后来买方又委托卖方办理租船订舱，卖方也可酌情接受。但这属于代办性质，其风险和费用仍由买方承担，也就是说运费和手续费由买方支付，而且如果卖方租不到船，也不承担责任，买方无权撤销合同或索赔。

【启发思考】我方进口商以FOB条件从巴西进口橡胶，但是我方由于租船困难，不能在合同规定的时间内到装运港装运货物，从而出现了较长时期的货等船现象，于是巴西方面要求撤销合同并向我方进口商提出赔偿损失的要求，巴西出口商的做法是否合理？

3）FOB合同下的保险事宜

在FOB条件下，买卖双方虽然都没有办理保险的义务，但是按惯例由买方负责投保。买方也可以让买方代办，只是这笔费用需要单独支付。

4）《1941年美国对外贸易定义修订本》对FOB术语的特殊解释

美国、加拿大和一些拉美国家较多采用《1941年美国对外贸易定义修订本》的解释，该定义将FOB分为6种类型，其中仅第5种“指定装运港船上交货”（FOB vessel）与《INCOTERMS 2010》中对FOB的解释基本相似。然而两者的费用负担等方面仍有很大不同，主要表现在两个方面，见表2-3。

表 2-3 FOB 术语解释差异对照表

FOB vessel (.../ named port of shipment)	Free on board (...named port of shipment)
买方付费，卖方协助买方取得出口所需证件	卖方办理货物出口所需证件和手续
买方负担出口税额和其他税捐及费用	卖方负担一切出口税捐及费用

3. FOB术语的变形

按 FOB 术语成交，卖方负担货物装上船之前的一切费用。装运港的装船费用主要包括装船费以及与装船有关的理舱费和平舱费。理舱费是指货物入舱后进行安置和平整所需的费用，平舱费是指对装入大舱的散装货物进行平整所需的费用。例如，买方采用班轮运输，因为班轮运费包含了装货费用，所以装船费用由买方负担。又如大宗货物采用程租船运输时，买卖双方应规定装船费用由何方负担，并在合同中用文字做出具体规定。这些费用也可以在 FOB 术语后加列或缩写，即 FOB 术语的变形来表示，见表 2-4。

表 2-4 FOB 术语的变形及装船费用的规定

FOB 术语的变形	装船费用的规定
FOB liner terms（班轮条件）	装船费由支付运费的一方(即买方)负担
FOB under tackle（吊钩下交货）	卖方将货物置于轮船吊钩所及之处，从货物起吊开始的装船费用由买方负担
FOB stowed，FOBS（包括理舱费）	卖方负责将货物装入船舱并负担理舱费在内的装船费用
FOB trimmed，FOBT（包括平舱费）	卖方负责将货物装入船舱并负担平舱费在内的装船费用
FOB stowed and trimmed，FOBST（包括理舱费和平舱费）	卖方负责理舱费和平舱费在内的装船费用

【启发思考】FOB 班轮条件由谁负责装船费用？FOB 变形是否改变买卖双方风险划分的界限和交货的地点？

2.2.3 CIF

即 Cost Insurance and Freight(...named port of destination)“成本加保险、运费”（又称“成本加运保费”、“离岸加保险费、运费”），是指卖方必须在合同规定的装运期内在装运港将货物交至运往指定目的港的船上，负担货物在装运港将货物装上船为止的一切费用和货物灭失或损坏的风险，并负责办理货运保险，支付保险费，以及负责租船或订舱，支付运费。该术语仅适用于海运或内河运输，具体用法如下。

We offer to sell computers brand Lenovo 1,000 sets USD 213 per set CIF New York, shipment at the port of Guangzhou during May, 2011.

1. 买卖双方基本义务的划分

CIF 术语买卖双方各自承担的基本责任、义务等归纳见表 2-5。

表 2-5 CIF 术语买卖双方责任、风险和费用划分一览表

义务＼当事人	卖方	买方
责任	1)取得出口许可证，或其他官方证件，并办理出口报关手续 2) 按通常条件订立运输合同，在规定的日期或期限内，在装运港将与合同规定相符的货物装上到达指定目的港的船只，并及时通知买方。 3) 按合同规定，应按合同金额的 110%及保险条款中的最低保险险别办理货物运输保险 4) 提交包括保险单或保险凭证在内的有关货物单证或相等的电子单证	1)取得进口许可证或其他官方证件，办理进口报关手续以及必要时经另一国过境的海关手续 2) 接受符合合同规定的货运单据，并在指定目的港受领货物
风险	货物在约定装运港装上船为止的一切风险	货物在约定装运港装上船后的一切风险

2. 使用 CIF 应注意的问题

1) 保险险别

在 CIF 条件下，保险手续应由卖方负责办理，但对应投保的具体险别，各国的惯例解释不一。因此，买卖双方应根据商品的特点和需要，在合同中具体订明保险险别。

(1) 如果合同中未作具体规定，则应按照有关惯例来处理，按照《INCOTERMS 2010》对 CIF 的解释，卖方只需投保最低的险别。

(2) 如果买方要求投保战争险，一般都应由买方自费投保，卖方代为投保时，费用仍由买方负担。

(3) 卖方实质上是仅为买方利益办理投保手续，具体投保何种险别，双方应明确商订。

2) 租船订舱

依照对 CIF 贸易术语的一般解释，卖方应按照通常的条件及惯驶的航线，租用通常类型的船舶。因此，除非买卖双方另有约定，对于买方提出的关于限制载运要求，卖方均有权拒绝接受。但在外贸实践中，为发展出口业务，考虑到某些国家的规定，如果买方有要求，在卖方能够办到而又不增加额外费用的情况下，卖方也可考虑接受。

3) 象征性交货(单据买卖)

CIF 是一种典型的象征性交货术语。象征性交货(Symbolic Delivery)是针对实际交货(Physical Delivery)而言的。前者指卖方只要按期在约定抵挡完成装运，并向卖方提交合同规定的包括物权凭证在内的有关单证，就算完成了交货义务，无需保证到货。后者则指卖方要在规定的时间和地点，将符合合同规定的货物提交给买方或其指定人，而不能以交单代替

交货。由此可见，CIF 术语是卖方凭单交货、买方凭单付款，属于单据买卖。至于货物在途中或者货到目的港发现质量不符合要求，买方则可根据具体情况分别向相关责任人(船方、保险公司或卖方)提出索赔。

【启发思考】某口岸按照 CIF LONDON 向英商出口一批核桃仁，由于该商品季节性较强，双方在合同中规定船只不得迟于某年 12 月 2 日驶抵目的港，若迟于 12 月 2 日驶抵目的港，买方有权取消合同，如果货款已收，卖方须将货款退还买方。问这一合同的性质是否属于 CIP 合同？

4) CIF 不是“到岸价”

按 CIF 术语成交，卖方是在装运港交货，货物装上船后风险由买方承担。货物在装船后自装运港到目的港的运费、保险费以外的费用也要由买方负担。除此之外，买方还要自负风险和费用取得进口许可证和其他官方证件、办理进口手续并按合同规定支付货款。而到岸价卖方承担的风险和费用应该是到达目的港，交货地点也应该是在目的港，应属于目的港实际交货贸易术语。

5) CIF 术语的变形

为了明确目的港的卸船费用(Discharging Charges)由谁付，产生了 CIF 术语的变形，但不改变 CIF 的交货地点及风险划分的界限。

(1) CIF 班轮条件，指卸货费用按班轮条件处理，由支付运费的一方(卖方负担)。

(2) CIF 舱底交货，指买方负担将货物从舱底起吊卸到码头的费用。

(3) CIF 吊钩交货，指卖方负担将货物从舱底吊至船边卸离吊钩为止的费用。

(4) CIF 卸至码头，指卖方负担将货物卸到目的港码头上的各项费用，包括驳船费和码头费。

【启发思考】有人习惯称 FOB 为“离岸价”，CIF 为“到岸价”，请问这些说法是否正确？

2.2.4 CFR

即 Cost and Freight(…named place of destination)“成本加运费”(又称“离岸加运费价”)，是指卖方负责租船或订舱，在合同规定的装运期内在将货物交至运往指定目的港的船上，负担货物在装运港装上船为止的一切费用和风险，并支付运费。但交货后货物灭失或损坏的风险以及由于各种事件造成的任何额外费用却由卖方转移到买方。这里所指的成本相当于 FOB 价，故 CFR 术语的基本含义是在 FOB 价的基础上加上装运港至目的港的通常运费。该术语仅适用于海运或内河运输，具体用法如下。

We offer to sell computers brand Lenovo 1,000 sets USD210 per set CFR New York, shipment at the port of Guangzhou during May, 2011.

1. 买卖双方的基本义务

按《INCOTERMS 2010》对 CFR 的解释，买卖双方各自承担的责任、义务等归纳见表 2－6。

表 2-6 CFR 术语买卖双方责任、风险和费用划分一览表

当事人 义务	卖方	买方
责任	1)负责办理出口清关手续 2) 按通常条件订立运输合同，在规定的日期或期限内，在装运港将与合同规定相符的货物装上到达指定目的港的船只，并及时通知买方 3) 按合同规定，应按合同金额的110%及保险条款中的最低保险险别办理货物运输保险 4) 提交包括保险单或保险凭证在内的有关货物单证或相等的电子单证	1)取得进口许可证或其他官方证件，办理进口报关手续以及必要时经另一国过境的海关手续 2) 接受符合合同规定的货运单据，并在指定目的港受领货物
风险	货物在约定装运港装上船为止的一切风险	货物在约定装运港装上船后的一切风险

【启发思考】 我方从泰国出口方A处进口一批香米，签订“CFR上海”合同。货物离港后不久沉没，因A方未及时向我方发出装船通知，我方未办理投保，故无法向保险公司索赔。请问谁应承担责任?

2. 使用CFR术语时应注意的问题

1) 卖方应及时发出装船通知

以CFR条件成交时，卖方负责办理运输，货物的风险自装上船后发生转移，买方承担远洋运输中的风险，因此通常买方会投保。如果货物装船后卖方不及时发出关于所装货物详细情况的装船通知，买方则无法及时办理货物运输保险。按照有关法律及国际惯例的规定，如果货物在运输途中受损，而卖方未及时发出装船通知导致买方漏保，那么卖方不能以风险已装上船为由免除责任。

2) 进口时采用CFR应慎重

在进口业务中，按CFR条件成交时，鉴于由外商安排装运，由我方负责保险，故应选择资信好的国外客户成交，并对船舶提出适当要求，以防外商与船方勾结，出具假提单，租用不适航的船舶，或伪造品质证书与产地证明。

3. CFR术语的变形

大宗商品按CFR术语成交，容易在卸货问题上引起争议。关于卸货费用，各国港口有不同的惯例，有的港口规定由船方负担，有的港口规定由收货人负担。一般来讲，如果使用班轮运输，班轮管装管卸，卸货费用已包括在运费之内。大宗货物的运输要租用不定期轮船，故买卖双方应明确卸货费用由何方负担并在合同中写明，以免日后发生纠纷。明确卸货费用由谁负担的方法是在CFR贸易术语后面加列各种附加文件，这样就形成了如下几种变形，见表2-7。

表 2-7　CFR 术语的变形

CFR 术语的变形	卸货费用规定
CFR Liner Terms(CFR 班轮条件)	卸货费由支付运费的一方(即卖方)负担
CFR Landed(CFR 卸到岸上)	卖方负担将货物卸至目的港岸上的相关费用，包括泊船费和码头费
CFR Ex Tackle(CFR 吊钩交货)	卖方负担将货物从舱底吊到船边或泊船上卸离吊钩为止的费用
CFR Ex Ship's Hold(舱底交货)	买方负担将货物从舱底起吊卸到码头的卸货费用

特别提示

上述 CFR 术语的变形只是为了解决卸货费用的负担问题，它们并不改变交货地点和风险划分的界限。

案例：2006 年我国某公司按 CFR 术语与美国某客户签约成交，合同规定保险由买方自理。我方于 9 月 1 日早上 10 点装船完毕，受载货轮当日下午起航。因 9 月 1、2 日是假日，我方未及时向买方发出装船通知。4 日上班收到买方急电称：货轮于 2 日下午 4 时遇难沉没，货物灭失，要求我方赔偿全部损失。试分析买方提出此要求是否合理。

4. 装运港船上交货 3 个术语的比较

这 4 种术语中，FOB、CFR 和 CIF 是国际贸易中最常用的 3 种术语。就买卖双方的义务而言，它们有很多相同之处，不同的地方在于租船订舱、支持运费和办理保险、支付保险费这两方面的责任。它们的异同点归纳见表 2-8。

表 2-8　FOB、CIF、CFR 异同点一览表

<table>
<tr><td rowspan="5">相同点</td><td colspan="6">交货方式相同：象征性交货</td></tr>
<tr><td colspan="6">运输方式相同：水上运输</td></tr>
<tr><td colspan="6">交货地点相同：出口装运港</td></tr>
<tr><td colspan="6">风险转移地点相同：装运港货物装上船为界</td></tr>
<tr><td colspan="6">出口清关手续义务责任人相同：卖方</td></tr>
<tr><td rowspan="3">不同点</td><td colspan="2">运输责任及费用</td><td colspan="2">办理保险及费用</td><td colspan="2">装船后是否通知买方</td></tr>
<tr><td>FOB</td><td>买方</td><td>FOB、CFR</td><td>买方</td><td>FOB、CFR</td><td>及时</td></tr>
<tr><td>CFR、CIF</td><td>卖方</td><td>CIF</td><td>卖方</td><td>CIF</td><td>协商</td></tr>
</table>

任务 2.3　适用于任何运输方式的 7 种贸易术语

除了前面介绍的 4 种适用于水上运输的贸易术语外，在《INCOTERMS 2010》中还有其

他7种适合任何运输方式的贸易术语，这些术语虽不常用，但在某些情况下，还是可以满足买方或卖方的特定要求的。因此，应当了解并灵活选用。

2.3.1 EXW

EX Works(...named place)——工厂交货(……指定地点)，是指卖方在其所在地或其他指定的地点(工厂、仓库等)将货物交给买方处置时即完成交货。买方承担在卖方所在地受领货物、办理出口清关手续、将货物装上运输工具及检验等全部费用和风险，这是卖方承担责任最少的术语。但是，当买方不能办理出口手续时，不应使用该术语。该术语适用于各种运输方式。

2.3.2 FCA

FCA，即Free Carrier(...named place)——货交承运人(……指定地点)，是指卖方必须在合同规定的交货期内在指定地或地点将经出口清关的货物交给买方指定的承运人监管，并负担货物被交由承运人监管为止的一切费用和货物灭失或损坏的风险。应该注意，交货地点的选择对于在该地装货和卸货的义务会产生不同的影响。如卖方在其所在地交货，卖方应负责装货；如卖方在任何其他地点交货，卖方不负责卸货，具体用法如下。

We offer to sell nylon umbrellas 10,000 dozens USD 20 per dozen FCA Capital Airport，Beijing，China，Delivery May，2011。

"承运人"是指在运输合同中承担履行铁路、公路、航空、海洋、内河运输或多式联运的实际承运人(Actual Carrier)，或承担取得上述运输的订约承运人(Contracting Carrier)，如货运代理商(Freight Forwarder)。后者不一定自己履行运输义务，但他承担承运人的责任。因此，若买方指定承运人以外的人领取货物，则当卖方将货物交给此人时，即视为已履行了交货义务。

FCA是一种在以FOB同样原则的基础上发展起来的，适用于各种运输方式，特别是集装箱运输和多式联运的贸易术语。在采用此术语时，需注意以下几点。

1. 关于交货问题

按FCA术语成交，风险在卖方将货物交给承运人处置时转移给买方。

如指定交货地点是在卖方所在地(工厂、工场、仓库等)，则当货物被装上买方指定的承运人或代表买方的其他人提供的运输工具上时，交货就算完成。

如交货地点是在买方指定的其他地点(铁路终点站、起运机场、货运站、集装箱码头或堆场、多用途货运终点站或类似的收货点)，当货物在卖方运输工具上，尚未卸货就交给买方指定或卖方选定的承运人处置时，交货即算完成。

2. 关于运输问题

FCA术语的买方必须自付费用订立自指定地运输货物的合同。但当卖方被要求协助与承运人订立合同时，只要买方承担费用和风险，卖方也可以办理。卖方如若拒绝，应立即通知买方，以便买方另作安排。

【课堂练习】新疆某公司和日本客商洽谈一项出口合同，计划货物由乌鲁木齐运往横滨，我方不愿承担从乌鲁木齐至出口港天津新港的货物风险，日本客商坚持由自己办理运输，则应采用何种贸易术语使双方都满意？

2.3.3 CPT

CPT，即 Carriage Paid To (...named place of destination)——运费付至(……指定目的地)。是指卖方支付货物运至指定目的地的运费。在货物被交由承运人保管时，货物灭失或损坏的风险，以及由于在货物交给承运人后发生的事件而引起的额外费用，即从卖方转移至买方，具体用法如下。

We offer to sell nylon umbrellas 10,000 dozens USD22 per dozen CPT Chicago. Delivery May，2011.

CPT 术语要求卖方办理货物出口清关。本术语适用于任何运输方式，包括多式联运。在采用此术语时，需注意以下两点。

1. 风险划分问题

按照《INCOTERMS 2010》的解释，货物在自交货地点至目的地的运输中的风险由买方承担，卖方只承担货物交给承运人控制之前的风险。在多式联运情况下，卖方承担的风险自货物交给第一承运人控制时即转移给买方。

2. 责任和费用的划分问题

采用 CPT 术语时，买卖双方要在合同中规定装运期和目的地，以便卖方选定承运人，自费订立运输合同，将货物运往指定的目的地。卖方将货物交给承运人之后，应向买方发出货已交付的通知，以便买方及时办理保险并在目的地受领货物。

2.3.4 CIP

CIP，即 Carriage and Insurance Paid To(...named place of destination)——运费、保险费付至(……指定目的地)，是指卖方除了必须承担在 CPT 术语下同样的义务外，还须对货物在运输途中灭失或损坏的买方风险取得货物保险，订立保险合同，并支付保险费，具体用法如下。

We offer to sell nylon umbrellas 10,000 dozens USD 23 per dozen CIP Chicago，Delivery May，2011.

在采用此术语时，需注意以下两点。

1. 风险和保险问题

《INCOTERMS 2010》解释，在一般情况下，卖方应按双方约定的险别投保。如果未约定险别，则由卖方按照惯例投保最低的险别，最低保险金额为合同价款加10%，即 CIP 合同价款的110%，并采用合同中的货币投保，卖方一般无义务加保战争险、罢工险。但是在买方的要求并由买方承担额外费用的情况下，卖方也可予以办理。

2. 合理确定价格

与 FCA 相比，在 CIP 条件下卖方要承担较多的责任和费用。如办理从交货地至目的地的运输，承担有关运费；办理货运保险，支付保险费。卖方在核算成本和价格时，应考虑运输距离、保险险别、各种运输方式和各类保险的收费情况，预计运价和保费的变动趋势等。

【启发思考】 CIP合同与CIF合同同属于装运地合同吗？

2.3.5 DAT

DAT即Delivered at Terminal(...insert named terminal at port or place of destination)——目的地或目的港的集散站交货+指定目的地如DAT DUB AIRPORT。类似于取代的DEQ术语，指卖方在指定的目的地或目的港的集散站卸货后将货物交给买方处置即完成交货，术语所指目的地包括港口。卖方应承担将货物运至指定的目的地或目的港的集散站的一切风险和费用(除进口费用外)。本术语适用于任何运输方式或多式联运。

在采用此术语时，买卖双方义务的规定如下。

(1) 风险转移：卖方承担将货物交至指定目的地或目的港的集散站之前的一切风险。

(2) 费用负担：货物运抵目的地或目的港的集散站交买方处置前一切成本及费用。

(3) 单据提供：①商业发票；②官方及其他正式出口文件；③小提单及一般运送单据；④协助买方取得输入货物而须由发货国签发的文件。

(4) 货物交付：卖方应于规定的期限内负担所有风险及费用直到货物运抵指定目的地或目的港的集散站交买方处置为止。

(5) 买方负责待货物交买方处置后其一切风险及费用。

2.3.6 DAP

DAP即Delivered at Place(...insert named place of destination)——目的地指定地点交货DAP KECN

类似于取代的DAF、DES和DDU 3个术语，指卖方在指定的目的地交货，只需做好卸货准备无需卸货即完成交货。术语所指的到达车辆包括船舶，目的地包括港口。卖方应承担将货物运至指定的目的地的一切风险和费用(除进口费用外)。本术语适用于任何运输方式、多式联运方式及海运。

在采用此术语时，需注意以下几点。

(1) 风险转移：卖方承担将货物交至指定目的地之前的一切风险。

(2) 费用负担：货物运抵指定目的地交买方处置前一切成本及费用。

(3) 单据提供：①商业发票；②官方及其他正式出口文件；③小提单及一般运送单据；④协助买方取得输入货物而须由发货国签发的文件。

(4) 货物交付：卖方应于规定的期限内负担所有风险及费用直到货物运抵指定目的地交买方处置为止。

(5) 买方负责待货物交买方处置后其一切风险及费用。

2.3.7 DDP

Delivered Duty Paid(...named place of destination)——完税后交货(……指定目的地)，是指卖方在指定目的地的约定地点，办理进口清关手续，将货物交与买方，完成交货。卖方须承担将货物运至目的地的一切风险和费用，包括在目的地应交纳的进口“税费”。该术语适用于所有运输方式，是卖方承担责任最大的术语。但若卖方不能取得进口许可证，则不应使用该术语。

在采用此术语时，需注意以下几点。

(1) 风险转移：货物在目的地于送达之运输工具上交买方处置为止。

(2) 费用负担：货物运抵指定目的地于送达之运输工具上，税讫交买方处置前一切成本及费用。

(3) 单据提供：①商业发票；②官方及其他正式出口、进口过境他国文件；③小提单及一般运送单据。

(4) 货物交付：卖方应于规定的期限内负担所有风险及费用直到货物运抵指定目的地于送达之运输工具上，并办妥货物进口通关手续及缴清各种进口税费后，交买方或其指定人处置。

此外，买方仅须负责将货物自送达之运输工具上卸下。

2.3.8 国际贸易术语的选用

在国际贸易中，合理地采用适当的贸易术语，对促进双方业务成交，提高经济效益和顺利履行合同，都有十分重要的意义。因此，买卖双方都希望采用对自身有利的贸易术语。由于贸易术语涉及买卖双方的利害得失，故洽商时，彼此应就采用何种贸易术语成交达成一致意见，并在买卖合同中具体订明。为了采用适当的贸易术语，需要考虑的因素很多，其中主要有下列几点。

1. 体现平等互利和双方自愿的原则

在国际贸易中，按何种贸易术语成交。买卖双方应本着平等互利的精神。从方便贸易和促进成交出发，在彼此自愿的基础上商订，不宜强加于人，一般地说，在装运地或装运港交货情况下，是否按带保险的条件成交，根据国际贸易的一般习惯做法，原则上应着重买方的意见，由买方选择。

2. 考虑运输条件

《1990运输条件》对每种贸易术语适用于何种运输方式，都分别作了明确具体的规定，因此，买卖双方采用何种贸易术语，首先应考虑采用何种运输方式，此外，买卖双方还应考虑本身的运输力量以及安排运输有无困难。在本身有足够运输能力或安排运输无困难的情况下，可争取按由自身安排运输的条件成交(如按FCA，FAS或FOB进口，按CIP，CIF或CFR出口)。否则，则应酌情争取按由对方安排运输的条件成交。

国际贸易中的货物品种很多，不同类别的货物具有不同的特点，它们在运输方面各有不同要求，故安排运输的难易不同，运费开支大小也有差异。这是选用贸易术语应考虑的因素，此外，成交量的大小，也直接关系到安排运输是否有困难和经济上是否合算。当成交量太小，又无班轮通航的情况下，负责安排运输的一方，势必会增加运输成本，故选用贸易术语时，也应予以考虑。

3. 考虑运费因素

运费是货价构成因素之一，在选取用贸易术语时，应考虑货物经由路线的运费收取情况和运价变动趋势。一般地说，当运价看涨时，为了避免承担运价上涨的风险，可以选取用由对方安排运输的贸易术语成交，如按CIP、CIF或CFR进口，按FCA、FAS或FOB出口，在运价看涨的情况下，如因某种原因不得不采用由自身安排运输条件成交，则应将运价上涨的风险考虑到货价中去以免承担运价变动的风险损失。

4. 考虑运输途中的风险

在国际贸易中，交易的商品一般需要通过长途运输，货物在运输过程中可能遇到各种自然灾害，意外事故等风险，特别是当遇到战争或正常的国际贸易遭到人为障碍与破坏的时期和地区，则运输途中的风险更大，因此，买卖双方洽商交易时，必须根据不同时期、不同地区、不同运输路线和运输方式的风险情况，并结合购销意图来选用适当的贸易术语。

5. 考虑办理进出口货物结关手续有的困难

在国际贸易中，关于进出口货物的结关手续，有些国家规定只能由结关所在国的当事人安排或代为办理，有些国家则无此项限制。因此，买卖双方为了避免承担办理进出口结关手续有困难的风险在洽商交易之前，必须了解有关政府当局关于办理进出口货物具体规定，以便选用适当的贸易术语，例如，当某出口国政府当局规定，买方不能直接或间接办理出口结关手续，则不宜按EXW条件成交，而应选FCA术语成交。

【启发思考】11种贸易术语中，采用哪一种术语卖方的责任最小？采用哪一种术语卖方的责任最大？

项目小结

贸易术语是用于表述价格的构成，说明交货地点，确定风险、责任、费用划分等的专用术语。FAS是船边交货(……指定装运港)，是指卖方在指定的装运港将货物交到船边，即完成交货。FOB是船上交货(……指定装运港)，习惯上称为装运港船上交货，FOB是最常用的国际贸易术语之一。CFR是成本加运费(……指定目的港)，采用CFR进行交易，货物在装运港装上船为止，卖方即完成交货，并支付货物运至指定目的港所需的运费和必要的费用，但交货后货物灭失或损坏的风险以及由于各种事件造成的任何额外费用，则转移到买方。CIF是成本加保险费、运费(……指定目的港)，但交货后货物灭失或损坏的风险以及由于各种事件造成的任何额外费用，则转移到买方。根据《INCOTERMS 2010》解释，这4种术语适用于水上运输。《INCOTERMS 2010》中的其他贸易术语有EXW、FCA、CPT、CIP、DAT、DAP、DDP，这些术语适用于任何运输方式。

关键概念

国际贸易术语(Trade Terms)　FOB(Free on Board)　CFR(Cost and Freight)　CIF(Cost Insurance and Freight)　装运合同(Shipment Contract)　象征性交货(Symbolic Delivery)

职业能力训练

一、讨论题

1. 从上海出口一批货物到美国西雅图，如果采用FOB术语，应如何表示？

2. 我国某公司按FOB条件进口一批货物，采用程租船运输。如果我进口方不愿承担装船费用，应采用FOB的哪个变形？

3. 在价格构成上，FOB和CFR有怎样的关系呢？

4. 在价格构成上，FOB、CFR和CIF有怎样的关系呢？在风险划分上，FOB、CFR和CIF又有怎样的关系呢？

5. FOB、CFR和CIF术语的相同点和区别有哪些？

6. 将FOB术语称为“离岸价”妥否？为什么？

7.《INCOTERMS 2010》中包括多少种贸易术语？它们是如何分组的？

8. 在国际贸易中，如何合理选用贸易术语？

二、案例分析

1. 我国某公司以FOB条件出口一批冻鸡。合同签订后接到买方来电，称租船较为困难委托我方代为租船，有关费用由买方负担。为了方便合同的履行，我方接受了对方的要求。但至装运期我方在规定装运港无法租到合适的船，且买方又不同意改变装运港。因此，到装运期满时仍未装船，买方因销售季节即将结束便来函以我方未按期租船履行交货义务为由撤销合同。试问：我方应如何处理？为什么？

2. 我出口企业按CIF条件向日本出口一批服装。合同中规定由我方中国人民保险公司投保一切险，并采用信用证方式支付。我出口企业在规定的期限、指定的港口装船完毕，船公司签发了提单，然后在中国银行议付了款项。第二天，出口企业接到客户来电称：装货的海伦在海上失火，服装全部烧毁，客户要求我企业向中国人民保险公司要求索赔，否则要求我公司退回全部货款。请问日本进口商的索赔要求合理吗？

3. 美国某贸易公司(以下简称进口方)与我国江西某进出口公司(以下简称出口方)签订合同购买一批日用碗具，价格条件为CIFLOS ANGELES，信用证结算。出口方随后与某运输公司(以下简称承运人)签订将货物运至装运港宁波的运输合同。2010年10月初出口方将货物备妥，装上承运人派来的货车。途中由于驾驶员的过失发生了车祸，耽误了时间，错过了规定的装船日期。我出口方立即与进口方洽商要求将装船期推后半个月，并告知进口方两集装箱碗具可能受损。美国进口方回电同意推后，但要求货价应降5%，我出口方回电据理力争，最终做出让步，受震荡的两集装箱降价2.5%，其余降价1.5%，为此货价、利息等有关损失共计15万美元，除承运人赔偿损失5.5万美元外，出口方实际损失9.5万美元。

试分析此案应吸取的教训？

4. 西非某公司拟向我方订购货物，要求水运到目的港。经我方调查，对方港口条件较差，卸货费用较高。正常须经阿拉伯海—红海—地中海航线，当时正值美伊战争爆发，风险较大。我方宜采用何种术语成交？

中国A公司(买方)与澳大利亚B公司(卖方)于某年3月20日订立了5 000千克羊毛的买卖合同，单价为314美元/kg，CFR张家港，规格为型号T56FNF，信用证付款，装运期为当年6月，我公司于5月31日开出信用证。7月9日卖方传真我方称，货已装船，但要在香港转船，香港的船名为Safety，预计到达张家港的时间为8月10日。但直到8月18日Safety轮才到港，我方去办理提货手续时发现船上根本没有合同项下的货物，后经多方查找，才发现合同项下的货物已在7月20日由另一条船运抵张家港。但此时已造成我方迟报关和迟提货，被海关征收滞报金人民币16 000元。我方向出口方提出索赔。问：索赔是否有道理?

5. 我国内一出口企业按CFR术语与法国一家进口商签订一批抽纱台布出口合同，货值8万美元，支付方式为D/P即期。货物于某年3月1日(周三)上午装昌盛轮完毕，当天因经办该项业务的外销员工作较忙，忘给买方发装船通知。法商收到我装船通知向当地保险公司申请投保时，不料该保险公司已获悉昌盛轮已于2日凌晨在海上遇难而拒绝承保。于是法商立即来电称：由于你方晚发装船通知，以致我方无法投保，因货轮已遇难，该批货物损失应由你方负担并应赔偿利润及费用损失8000美元。不久我方通过托收银行寄去的全部货运单证也被代收银行退回，理由是：进口商拒不赎单。问：进口商的做法合理吗?应吸取什么教训?

6. 我国A公司(买方)与澳大利亚B公司(卖方)于某年3月20日订立了5 000kg羊毛的买卖合同，单价为314美元/kg，CFR张家港，规格为型号T56FNF，信用证付款，装运期为当年6月，我公司于5月31日开出信用证。7月9日卖方传真我方称，货已装船，但要在香港转船，香港的船名为Safety，预计到达张家港的时间为8月10日。但直到8月18日Safety轮才到港，我方去办理提货手续时发现船上根本没有合同项下的货物，后经多方查找，才发现合同项下的货物已在7月20日由另一条船运抵张家港。但此时已造成我方迟报关和迟提货，被海关征收滞报金人民币16 000元。我方向出口方提出索赔。问：索赔是否有道理?

7. 买卖双方按CIF条件达成一笔交易，合同中规定的装运港是新加坡，目的港是美国纽约。装运条款中还规定，货物通过海运运往纽约。从新加坡到纽约的海上通常航线是横跨太平洋，经巴拿马运河，过加勒比海向北沿美国东海岸到纽约。但载货船只到中美洲海域时得知巴拿马运河临时封闭，不能通航，于是，该船只北上将货物卸在美国西海岸一港口，然后通过横贯东西的大铁路，用火车将货物运到纽约。这也是当时许多人的做法。但买方对于卖方单方面改变合同规定的航行路线的做法提出异议，双方为此发生争执。问：本案应如何处理?

8. 我国某内陆出口公司于2010年2月向日本出口30吨甘草膏，每吨40箱共1 200箱，每吨售价1 800美元，FOB新港，共54 000美元，即期信用证，装运期为2月25日之前，货物必须装集装箱。该出口公司在天津设有办事处，于是在2月上旬便将货物运到天津，由天津办事处负责订箱装船，不料货物在天津存仓后的第二天，仓库午夜着火，抢救不及，1 200箱甘草膏全部被焚。办事处立即通知内地公司总部并要求尽快补发30吨，否则无法按期装船。结果该出口公司因货源不济，只好要求日商将信用证的有效期和装运期各延长15天。试分析此案应吸取的教训。

9. 加拿大某出口商同时与一日本进口商和一韩国进口商分别签订了 3 000 公吨和 2 000 公吨的小麦出口合同，合同中均规定采用 CPT 术语。由于两份合同的交货时间相近，且又在同一地点分别交付指定的承运人，因此，按照约定的时间，卖方将 5 000 公吨小麦使用同一运输工具一同运往指定地点，并打算货到后再进行分拨。然而，货到后卖方并未来得及划分，遂将全部货物交付给两个承运人，请他们第二天自行划分。结果当天晚上突降暴雨，由于存放小麦的仓库进水，小麦损失了 2 500 公吨。对此，韩、日两进口商均以货物未特定化为由要求卖方赔偿，而卖方认为已经将货物交付承运人处置，风险已经转移，其不应承担损失责任。问：本案应如何处理？

项目 3　商品的名称、品质、数量和包装

工作任务

为了更好地进行国际贸易，必须深入认识和了解在国际买卖合同中列明商品品名及其品质、数量与包装的重要意义及其相关规定和办法，才能保证合同的顺利履行，保护企业的正当权益，避免贸易纠纷。

学习目标

知识目标：

1. 了解国际买卖合同中列明商品名称及其品质、数量与包装的重要意义
2. 掌握表示商品品质的方法、品质条款、计量方法和数量条款、运输标志等知识点

能力目标：

能正确制订合同的品质、数量与包装条款

导入案例

英国某公司向中方某外贸公司订购100公吨农产品，合同规定A、B、C、D、E这5种规格按同等数量搭配。卖方按照合同开立发票，买方凭发票和其他单据付了款。货到后发现所有100公吨农产品均为A规格，英方只同意接受其中的1/5，拒收其余的4/5，并要求退回4/5的货款。中方辩说，不同规格搭配不符合合同，只能给予适当经济赔偿，不能拒收，更不能退款，于是诉诸法院。

【讨论】

你认为法官该如何判决？理由何在？

【解析】

法官应该判买方有权拒收4/5的货物，要求卖方退回4/5的货款，还可以要求卖方承担违约赔偿责任。因为合同中的规格和数量条款属于合同的主要交易条款，卖方违反了规格和质量规定，按照《公约》规定，属于根本性违约，受到损害的买方不仅可以拒收货物，而且还可以提出索赔。本案例合同中要求卖方对于ABCDE这5种规格货物按照同等数量搭配，但是卖方都提供同样规格的A货物，属于违反货物规格的规定，相当于所有货物只提交了1/5符合合同约定，违反了合同中的数量条款。

任务 3.1　商品的名称和品质

商品的名称和品质是货物买卖当事人双方首先需要商定的交易条件，是买卖双方进行交

易的物质基础。如果商品的名称和品质不明确，买卖双方也就失去了洽谈的依据，无法进行交易。因此，商品的名称和品质是国际货物买卖合同中的主要条款之一。如果卖方交付的货物品质不符合合同的规定，买方可以提出拒绝接受货物或者撤销合同，还可以提出损害赔偿。

3.1.1 商品的名称

1. 商品名称的含义

商品的名称(Name of Commodity)，或称品名，是指能使某种商品区别于其他商品的一种称呼。商品的名称在一定程度上体现了商品的自然属性、用途以及主要的性能特征。

从法律角度看，在合同中规定标的物的具体名称，关系到买卖双方在货物交接方面的权利和义务。按照有关法律与商业惯例，对买卖商品的具体形象的描述，是有关商品说明的一个主要组成部分，是双方当事人交收商品的基本依据之一，是买卖合同中的主要交易条件。如果卖方交付的货物不符合合同规定的品名和说明，买方有权拒绝接受货物，撤销合同并提出损害赔偿的请求。

2. 商品的命名方法

商品的命名方法概括起来主要有以下几种，具体见表 3-1。

表 3-1 商品的命名方法

命名方法	特点	举例
以主要用途命名	这种命名在于突出其用途，便于消费者按其需要购买	如电饭锅、旅游鞋、杀虫剂、自行车等
以所使用的主要原材料命名	这种命名能通过突出所使用的主要原材料反映出商品的质量	如棉布、实木家具、羊毛衫、不锈钢锅、玻璃杯等
以主要成分命名	这种命名可使消费者了解商品的有效内涵，有利于提高商品的身价	一般适用于以大众所熟知的名贵原材料制造的商品，如西洋参蜂王浆、鹿茸酒等
以外观造型命名	这种命名有利于消费者从字义上了解该商品的特征	如绿豆、喇叭裤、高跟鞋、圆桌等
以褒义形容词命名	这种命名方法能突出商品的使用效能和特性，有利于促进消费者的购买欲望	如青春宝等
以人物名字命名	即以著名的历史人物或传说中的人物命名，其目的在于引起消费者的注意和兴趣	如东坡肉等
以制作工艺命名	这种命名方法目的在于提高商品的威望，增强消费者对该商品的信任	如二锅头烧酒、精制油、手工水饺等

【启发思考】列举你熟悉的世界知名企业的畅销商品名称，并分析其成功之处？

3.1.2 商品的品质

1. 商品品质的含义

商品品质(Quality of Goods)是商品的外观形态和内在质量的综合。外观形态是通过人们的感觉器官可以直接获得的商品的外形特征，如商品的大小、长短、结构、造型、款式、色泽、味觉以及嗅觉等。内在质量是指商品的物理性能、化学成分、生物特征、技术指标和要求等，一般需要借助各种仪器、设备分析测试后才能获得，如纺织品的断裂强度、伸长率、回潮率、缩水率、防雨防火性能、色牢度，化工商品的熔点、沸点、凝固点，机械类产品的精密度、光洁度、强度，肉禽类商品的各种菌类含量等。

《公约》规定："卖方交付的货物，必须符合约定的质量。如果卖方交货不符合合同的规定，买方有权要求损害赔偿，拒收货物，甚至撤销合同，商品的品质影响到买卖双方的权利义务。"

2. 对进出口商品品质的基本要求

1) 对进口商品品质的基本要求

进口商品关系到国内消费者、国内企业及国家的切身利益。在选购进口商品时，应了解各国对商品的具体的质量要求及其规定；应货比三家，实事求是确定进口方；在订立买卖合同时，符合有关标准、规定的进口商品可购买，减少贸易纠纷，确保国家安全，确保人民的生命财产健康安全，保护环境。

2) 对出口商品品质的基本要求

(1) 针对不同市场和不同消费者的需求来确定出口商品的品质。世界各国(地区)经济水平的不均衡，各国(地区)的消费市场、消费群体、消费习惯、销售季节、购买力、风俗习惯等存在着差异，从世界市场的各种要求出发，生产出适销对路的出口商品，满足多种市场不同档次的消费群体的需要。

(2) 适应进口国的有关法令规定和要求。各国对进口商品的质量都有某些法令规定和要求，凡质量不符合其法令规定和要求的进口商品一律不准进入，有的还要就地销毁，并由货主承担由此引起的各种费用。因此必须全面了解并且熟悉各进口国对进口商品的相关法律、贸易惯例等，促进买卖双方的贸易往来和贸易的发展。

(3) 以商品的质量为核心，建立健全企业及商品的质量、环境管理体系。特别是国际标准化组织(ISO)推出 ISO 9000"质量管理和质量保证"和 ISO 14000"环境管理"这两个系列标准，可以促进商品的国际市场竞争力。

3. 商品品质的表示方法

国际货物贸易中，概括起来，表述进出口商品的品质的方法常用的包括凭实物表示和凭文字说明表示两类。在具体业务中使用何种方式，需根据货物的种类、特性、交易习惯及交易磋商的方式而定。

1) 实物表示方法

以实物表示商品品质，是指以作为交易对象的实际商品或以代表商品品质的样品来表示商品品质。它包括凭成交商品的实际品质(Actual Quality)和凭样品(Sample)两种表示方法。前者被称为看货买卖，后者被称为凭样品买卖。

(1) 看货买卖。看货买卖(Sale After Checking Goods)是根据现有商品的实际品质进行买卖。如果买卖双方根据成交商品的实际品质进行交易，通常是先由买方或其代理人在买方所在地验看货物，达成交易后，卖方应按验看过的商品交付货物。只要卖方交付的是验看过的商品，买方就不得对商品品质提出异议。

在国际贸易中，由于交易双方远隔两地，交易洽谈多靠函电方式进行。买方到卖方所在地验看货物有诸多不便，所以采用看货买卖的很有限。它常用于寄售、展卖、拍卖当中。

(2) 凭样品买卖。样品(Sample)是指从一批商品中抽取出来的，或由生产部门、使用部门设计加工的，足以反映和代表整批商品品质的少量实物，包括参考样品和标准样品。

凭样品买卖(Sale by Sample)是指买卖双方按约定的足以代表实际货物的样品，作为交货的品质依据的买卖。

在国际贸易中，根据样品提供方的不同，凭样品买卖可分为以下3种。

① 凭卖方样品买卖(Sale by Seller's Sample)。由卖方提供的样品，称为卖方样品(Seller' s Sample)。凡是凭卖方样品作为交货品质依据的买卖，称为凭卖方样品买卖。在凭卖方样品买卖时，必须注意以下几方面的问题。

a. 样品要有足够的代表性，并妥善保管。卖方在选择提交给买方确认的样品时，要选择有代表性的样品，样品的品质既不能偏高，也不能偏低。品质过高，会给日后的交货带来困难；品质过低，难以成交，即便能成交，也会在价格上受损失。

b. 要留有复样，并编号、注明日期。卖方在将样品即原样(Original Sample)或称标准样品(Type Sample)送交买方的同时，应该保留与送交样品品质完全一致的另一样品，即留样(Keep Sample)或称复样(Duplicate Sample)，以备将来生产、交货或处理品质纠纷时做核对之用。复样除了由外贸公司自存一份外，对于须经商品检验机构检验的货物，一般还应另备一份送商品检验机构备查，争取主动。

卖方应在原样和留样上编制相同的号码，注明样品提交给买方的具体日期，以便日后查用。对留样一定要妥善保管，以防日后交货时发生品质纠纷拿不出图样，而使卖方处于被动地位。

c. 在合同中规定"交货品质与样品大体相符"。由于凭样品买卖的商品多属于品质难以规格化、标准化的商品，要求交货品质与样品完全相符，有时是难以办到的。因此，在订立合同时，可在合同中规定"交货品质与样品大体相符"，以防买方因卖方所交货物与样品有微小差异而拒收或索赔。

d. 严格区分参考样品和标准样品。参考样品(Reference Sample)通常是在用文字说明表示商品品质时，寄给买方作为参考之用，以便客户对货物品质有较多的了解。标准样品是要作为交货的品质依据的，而参考样品只是做宣传之用，不作为交货的品质依据。为了避免误解，在对外寄送参考样品时，加注"仅供参考"(For Reference Only)字样。

② 凭买方样品买卖(Sale by Buyer' s Sample)。由买方提供的样品，称为买方样品(Buyer' s Sample)。凡是凭买方样品作为交货品质依据的买卖，称为凭买方样品买卖，也称来样成交或来样制作。

在凭买方样品买卖时，对买方有利，但对卖方不利，由于原材料、加工技术、设备和生产安排等条件的局限，可能会给卖方交货带来一定困难。所以，在凭买方样品买卖时，卖方必须注意以下几方面的问题。

a. 卖方应注意对方的来样是否是反动的、淫秽的、丑陋的式样和图案。

b. 需注意原材料供应、加工生产技术和生产安排的可能性。

c. 防止侵犯第三者的工业产权。

③ 凭对等样品买卖(Sale by Counter Sample)。卖方根据买方提供的样品，加工复制出一个类似的样品提供给买方确认，经确认后的样品，叫做对等样品(Counter Sample)，也叫回样(Return Sample)或确认样(Confirming Sample)。凡是凭对等样品作为交货品质依据的买卖，称为凭对等样品买卖。

在国际贸易实务中，还经常出现类似下面一些关于“样品”的名称。

a. 船样(Shipment Sample)。卖方在装运完毕买卖合同项下的货物以后，按照买方的要求邮寄给买方的从大货中随机抽取的能够代表所装运货物整体品质水平的样品。

b. 色样或色卡(Color Swatch)。成交的商品往往具有许多不同的颜色，而且颜色品种繁多、千差万别，很难用语言去进行准确的描述，而且，就是一方描述得再好，对方也很难完全理解和把握。于是，商人们就把各种各样的颜色裁减成一小块集合起来装订成册，并将各种颜色分别编上统一的号码，买卖双方一人一册。买卖时，一方看上了什么颜色，只需向对方告知他所中意的颜色号码，对方就会毫不费劲地完全领会到。这种给颜色归类编号的小册子就叫“色样”或者“色卡”。

c. 剪样(Color Cuttings)。剪样的原理和作用与色样完全相同，只是它们的规模要比色样小得多，颜色品种也少得多。

d. 款式样(Style/Pattern Sample)。服装、鞋、帽、玩具、工艺品等很多商品的款式花样翻新，用语言也是很难叙述清楚的。为了省事省心，买卖双方就采取直接向对方寄送其所勾勒的草图或实样的方式，让对方参照着打样和生产。这些草图和实样就是“款式样”。类似还有“图片样”(Photo Sample)之说。

凭样品买卖的货物必须具备两个条件：①用文字不易描述货物的品质规格；②卖方能够保证做到未来交付货物的质量和样品一致或基本一致。卖方须承担交货时货物的品质与标准样品品质一致或基本一致的责任。

2) 文字说明表示方法

以文字说明表示商品品质，就是以文字、图表、照片等方式来说明商品品质的方法。以文字说明表示商品品质而达成的交易被称为“凭文字说明买卖”(Sale by Description)。常见的方式有以下几种。

(1) 凭规格买卖(Sale by Specification)。凭规格买卖是指买卖双方在交易中用规格表示商品的品质。商品的规格是指用来反映商品品质的一些主要指标，如成分、含量、纯度、大小、长短、粗细等。

【例3-1】

素面缎	门幅(英寸)	长度(码)	重量(千克)	成分
	55	38/42	16.5	100%真丝

(2) 凭等级买卖(Sale by Grade)。商品等级是指把同一种商品按其规格中若干主要指标

的差异，划分为不同的级别和档次，用数字、字母或文字表示商品品质上的差异程度。如甲级、乙级、丙级，A 级、B 级、C 级，一级、二级、三级，等等。

凭等级买卖是指买卖双方在交易中用等级表示商品的品质。

【例 3 - 2】 我国出口的钨砂主要根据三氧化钨和锡的含量的不同而分为不同的等级。

钨砂	三氧化钨	锡	砷	硫
	最低	最高	最高	最高
特级	70%	0.2%	0.2%	0.8%
一级	65%	0.2%	0.2%	0.8%
二级	65%	1.5%	0.2%	0.8%

(3) 凭标准买卖(Sale by Standard)。商品的标准是指经政府机关、工商团体或标准化组织统一制定、公布并在一定范围内实施的商品的规格或等级，即将商品的规格和等级予以标准化。

凭标准买卖是指买卖双方在交易中用标准表示商品的品质。

世界各国都有自己的标准，如英国为 BS，美国为 ANSI，法国为 DIN，日本为 JIS 等，另外，还有国际标准。我国有国家标准、专业标准、地方标准和企业标准。在国际贸易中，人们常常使用某种标准作为说明和评价货物品质的依据，凭标准买卖。

在国际贸易中，有些农副产品的品质变化较大，难以确定统一的标准，往往采用“良好平均品质”这一术语来表示品质。所谓“良好平均品质”是指以装船时在装船地同季节装运货物的平均品质为准。它一般是从各批次出运的货物小抽样，然后混合、调配、取其中质量中等者作为良好品质的标准；或者是指生产国有农副产品收获后，对产品进行广泛的抽样，从中制定出该年度的良好平均品质的标准。良好平均品质一般是对中等货而言，在我国实际业务中一般是指大路货。在标明大路货的同时，通常还约定具体规格作为品质依据。

【例 3 - 3】 中国桐油　　良好平均品质　　游离脂肪酸不超过 4%

(4) 凭说明书和图样买卖(Sale by Discription Illustration)。凭说明书和图样买卖是指在国际贸易中，有些机器、电器、仪表、大型设备、交通工具等技术密集型产品，因其结构复杂，制作工艺不同，无法用样品或简单的几项指标来反映其质量全貌，一般以说明书并附以图样、图片、设计图或分析表及各种数据，来说明具体的性能及构造的特点。

凭说明书和图样买卖时，要求所交的货物必须符合说明书所规定的各项指标。在合同中除了说明书的内容以外，一般还需要订立卖方品质保证条款和技术服务条款。

(5) 凭商标或品牌买卖(Sale by Trade Mark or Brand)。商品的商标(Trade Mark)是指生产或经营者用来识别其所生产或出售的商品的标志，通常是由一个或几个具有特色的词汇、字母、数字、图形或图片组成的。商品的品牌(Brand)是指工商企业给其制造或销售的产品所冠的名称，以便与其他企业的同类产品区别开来。一个品牌可以用于一种产品，也可用于一个企业的所有产品。商标是品牌的图案化，是经过注册登记的，是受法律保护的。

凭商标或品牌买卖是指买卖双方在交易中用商标或品牌表示商品的品质。

在国际贸易中，对于一些品质稳定、规格统一在国际市场上行销已久、信誉良好并为买主所熟悉的商品，交易时只要说明商标或品牌，品质即已明确，故可凭商标或品牌买卖。

(6) 凭产地名称买卖(Sale by Name of Origin)。凭产地名称买卖是指买卖双方在交易中用产地名称表示商品的品质。有些农副土特产品受产区的自然条件、传统的加工工艺等因素的影响，在品质方面具有其他产区的产品所不具有的独特风格和特色。对这类产品一般用产地名称来表示其品质，如“中国东北大米”、“长白山人参”等。

在实际业务中，用文字说明规定商品质量的办法常常与凭样品表示商品质量的方法结合使用，这时，卖方既要承担交货质量符合文字说明的规定，又要承担与样品质量完全一致的责任。

【启发思考】 外贸 OEM 业务中，通常都是采取哪些商品品质表示方法?

任务 3.2 商品的数量

商品的数量是国际货物买卖合同中不可缺少的主要条件之一。按照某些国家的法律规定，卖方交货数量必须与合同规定相符，否则，买方有权提出索赔，甚至拒收货物。

《公约》也规定，按约定的数量交付货物是卖方的一项基本义务。如卖方交货数量大于约定的数量，买方可以拒收多交的部分，也可以收取多交部分当中的一部分或全部，但应按合同价格付款。如卖方交货数量少于约定的数量，卖方应在规定的交货期内届满前补交，但不得使买方遭受不合理的不便或承担不合理的开支，即使如此，买方也有保留要求损害赔偿的权利。

3.2.1 商品数量的含义

商品的数量(Quantity of Goods)是指以一定的度量衡单位表示的货物重量、个数、长度、面积、体积或成分百分比等。从内容看，数量可分为数和量两部分。数指绝对数，量指计量单位。

3.2.2 国际贸易中常用的度量衡制度

世界各国的度量衡制度不同，致使计量单位上存在差异，即同一计量单位所表示的数量不同。

1. 英制单位(The British System of Units)

基本单位为英镑和码，为英联邦国家所采用，而英国因加入欧盟，在一体化进程中已宣布放弃英制，采用公制。

2. 美制单位(The US System of Units)

基本单位和英制相同，为磅和码，但有个别派生单位不一致。如英制为长吨等于 2 200 磅，而美制为短吨等于 2 000 磅。此外容积单位加仑和蒲式耳，英美制名称相同，大小不同。

3. 公制(The Metric System of Units)

基本单位为千克和米。为欧洲大陆及世界大多数国家所采用。

4. 国际单位制(The International System of Units)

它是国际标准计量组织在公制基础上制定公布的。其基本单位包括千克、米、秒、摩尔、坎德拉、安培和开尔文等7种。

国际单位制是我国的法定计量单位。目前，除个别特殊领域外，一般不许再使用非法定计量单位。我国出口商品，除照顾对方国家贸易习惯约定采用英制、美制或公制计量单位外，应使用我国法定计量单位。我国进口的机器设备和仪器等，应要求使用法定计量单位，否则，一般不许进口，如确有特殊需要，也必须经有关标准计量管理部门批准。

由于度量衡制度不同，即使是同一计量单位所表示的数量差别也很大。就表示重量的吨而言，实行公制的国家一般采用公吨。每公吨为1 000千克；实行英制的国家一般采用长吨，每长吨为1 016千克；实行美制的国家一般采用短吨，每短吨为907千克。此外，有些国家对某些商品还规定有自己习惯使用的或法定的计量单位。以棉花为例，许多国家都习惯于以包(bale)为计量单位，但每包的含量各国解释不一：如美国棉花规定每包净重为480磅；巴西棉花每包净重为396.8磅；埃及棉花每包为730磅。又如糖类商品，有些国家习惯采用袋装，古巴每袋糖重规定为133千克，巴西每袋糖重规定为60千克等。由此可见，了解各不同度量衡制度下各计量单位的含量及其计算方法是十分重要的。

为了解决由于各国度量衡制度不一带来的弊端，以及为了促进国际科学技术交流和国际贸易的发展，国际标准计量组织在各国广为通用的公制的基础上采用国际单位制(S1)。国际单位制的实施和推广，标志着计量制度日趋国际化和标准化，现在已有越来越多的国家采用国际单位制。

3.2.3 商品的计量单位

在国际贸易中，通常使用的计量单位有重量、个数、容积、长度、面积、体积，见表3-2。

表3-2 国际贸易中常见的计量方法

计量单位	应用情形	常见单位
重量单位	适用一般天然产品，以及部分工业制成品，如羊毛、棉花、谷物、矿产品、盐、油类等	克(g)、千克(kg)、盎司(oz)、磅(lb)、公吨(mt)、长吨(lt)、短吨(st)、公担(q)、英担(bwt)、美担(cwt)等
个数单位	适用工业制成品及杂货等，如成衣、文具、纸张、玩具、车辆、拖拉机、活牲畜、机器零件等	只(pc)、件(pkg)、双(pr)、台/套/架(st)、打(dz)、罗(gr)、大罗(ggr)、令(rm)、卷(roll or coll)、辆(unit)、头(head)、箱(c/s)、捆(bale or bdl)、桶(barrel or dr)、袋(b)、盒(bx)、听(tin or can)等
容积单位	适用谷物类及部分流体、气体物品，如小麦、玉米、汽油、天然瓦斯、化学气体、煤油、酒精、啤酒、过氧化氢等	公升(L)、加仑(gal)、蒲式耳(bu)等

续表

计量单位	应用情形	常见单位
长度单位	适用纺织品、金属绳索等，如布匹、塑料布、电线电缆、纺织品等	码(yd)、米(m)、英尺(ft)、厘米(cm)等
面积单位	适用玻璃、纺织品等，如木材、地毯、铁丝网、纺织品、塑料板、皮革商品和塑料制品	立方米(sqm)、立方英尺(sqft)、立方码(sqyd)、立方英寸(sqlnch)等
体积单位	适用化学气体、木材等	立方码(cuyd)、立方米(cum)、立方英尺(cuft)、立方英寸(cuinch)等

3.2.4 计量商品重量的方法

在国际贸易中，以重量为单位计数较为广泛。计量重量的方法有以下几种。

1. 毛重(Gross Weight)

毛重，即商品本身重量加包装的重量，是净重和皮重的总重量。有些单位价值不高的商品经常采用按毛重计量的方法，即按毛重作为计算价格的基础，如粮食、饮料等。因此，这种方法也称为以毛作净。例如，“中国东北大豆，1 000公吨，单层新麻袋包装，每袋100千克，以毛作净。”

2. 净重(Net Weight)

净重，即商品自身的实际重量，不包括皮重。这是国际贸易中最常见的计重方法。净重的计算方法是用商品的毛重减去皮重(包装的重量)。计算和去除皮重的方法有四种。

(1) 按实际皮重(Actual Tare或Real Tare)计算。实际皮重即指包装的实际重量，它是指对包装逐件衡量后所得的总和。

(2) 按平均皮重(Average Tare)计算。如果商品所使用的包装比较划一，重量相差不大，就可以从整批货物中抽出一定的件数，称出其皮重，然后求出其平均重，再乘以总件数，即可求得整批货物的皮重。近年来，随着技术的发展和包装材料及规格的标准化，用平均皮重计算净重的做法已日益普遍。有人把它称为标准皮重(Standard Weight)。

(3) 按习惯皮重(Customary Tare)计算。有些商品，由于其所使用的包装材料和规格已比较定型，皮重已为市场所公认，因此，在计算其皮重时，就毋需对包装逐件过秤，按习惯上公认的皮重乘以总件数即可。

(4) 按约定皮重(Computed Tare)计算。即以买卖双方事先约定的包装重量作为计算的基础。

国际上有多种计算皮重的方法，究竟采用哪一种方法来求得净重，应根据商品的性质、所使用包装的特点、合同数量的多寡以及交易习惯，由双方当事人事先在合同中订明，以免事后引起争议。

3. 公量(Conditioned Weight)

国际贸易中的棉毛、羊毛、生丝等商品有较强的吸湿性，其所含的水分受客观环境的影响较大，故其重量很不稳定。为了准确计算这类商品的重量，国际上通常采用按公量计算的办法。

公量，即是用科学方法抽去商品中的水分，再加上标准水分重量所得的重量。公量是以商品的标准回潮率计算出来的。回潮率，是水分与干量之比。标准回潮率是交易双方约定的商品中的水分与干量之比，如生丝、羊毛在国际上公认的标准回潮率为11%。实际回潮率是指商品中的实际水分与干量之百分比。公量计算公式有下列两种

$$公量=商品干量\times(1+标准回潮率)$$

$$公量=商品净重\times(1+标准回潮率)/(1+实际回潮率)$$

【例3-4】 某公司出口羊毛10公吨，买卖双方约定的标准回潮率为11%，其实际回潮率则从10公吨货物中抽取部分样品进行测算。假设抽取10千克，然后用科学方法去掉10千克羊毛中的水分，若净剩8千克干羊毛，则实际回潮率为25%。则公量为

$$10\times(1+11\%)/(1+25\%)=8.888(公吨)$$

4. 理论重量(Theoretical Weight)

它是指某些有固定和统一规格的商品，如马口铁、钢板等，有统一形状和尺寸，只要规格一致、尺寸符合，其重量大致相同，根据其件数即可计算出它的重量。

【启发思考】 你身边的衣食住行里有哪些需要了解商品度量衡制度的相关规定？

任务3.3 商品的包装

进出口商品一般都需要经过长距离辗转运输，有时还需要多次装卸、搬运和存储。因此，大多数商品都需要适当的包装。包装不仅能起到保护商品的使用价值、体现商品的价值、方便运输的作用，还能宣传企业形象、推销商品、指导消费。

另外，包装是国际贸易买卖合同中的主要交易条件之一。根据《公约》第三十五条的规定，卖方必须按照合同规定的方式装箱或包装。如果卖方交付的货物未按合同规定的方式装箱或包装，就构成违约。如果卖方违约，买方有权提出索赔，甚至可以拒收货物。

3.3.1 商品包装定义

商品包装(Packing of Goods)是指在商品流通过程中用于保护商品，方便储运，促进销售所采用的容器，材料及辅助物等的总称；也指为达到保护商品、方便储运、促进销售的目的而在采用容器、材料及辅助物的过程中施加一定技术方法等的操作活动。

3.3.2 商品包装的种类

1. 裸装商品、散装商品和包装商品

国际贸易的商品种类繁多，从是否需要包装来看，可以分为3类：裸装商品，是形态上

自然成件数，无须包装或略加捆扎可成件的商品，如木材、钢材、橡胶等；散装商品，无须包装，可直接装于运输工具，这类商品多为不易或不值得包装的商品，如粮食、矿砂、煤炭、石油等；包装商品是指必须经过一定包装才能进入市场的商品，大多数日用消费品和工业制成品都需包装。

2. 运输包装和销售包装

包装按其功能、性质的不同，可以分为运输包装和销售包装两大类。

1) 运输包装

运输包装(Shipping Package or Transport Packing)，又称外包装、大包装。将货物装入特定容器内，以特定方式成件或者成箱包装，可以在长途运输过程中，有效保护商品不被损坏；也便于运输，节省费用；避免气候条件对商品产生不利影响。

运输包装要根据不同的商品特性和运输方式，考虑合适的包装。例如，对于一些价格昂贵的高精密仪器，为了在运输途中更好地保护商品，可以考虑采用价格稍高但是更加结实，能够更好地保护货物的木质包装，而不宜采用纸箱包装。同时，运输包装还要考虑进口国的法律法规，不能违反进口国的有关法律法规。另外，在可能的情况下，应该考虑适当节约包装成本，并且保证该包装能够对货物起到足够的保护作用。

运输包装又分为单件运输包装和集合运输包装。

(1) 单件运输包装是指在运输过程中作为一个计件单位的包装，其具体分类见表3-3。

表3-3 运输包装分类

序号	包装方法		包装材料	适合货物
1	箱(Case) 纸箱(Carton) 板条箱(Crate)	木箱、瓦楞纸、板条箱、漏孔箱	木、纸、铁皮、塑料	不能紧压的货物，如水果等
2	包(Bale，Bundle)	棉布包、麻布包	棉布、麻布	可以紧压的货物，如羊毛、棉花、生丝等
3	袋(Bag)	麻袋、布袋、塑料袋、纸袋	麻、布、塑料、纸、纸塑复合、多层塑料复合	粉状、颗粒状和块状的农产品及化学原料
4	桶(Drum，Barrel)	木桶、铁桶、塑料桶	木、铁、塑料	液体、半液体以及粉状、粒状货物

(2) 集合运输包装是指将若干单件运输包装组合成一件大的包装，或者装入一个大的包装容器内。目前常见的集合包装有集装箱(Container)、托盘(Pallet)、集装袋(Flexible Container)，见表3-4。

表3-4 集合包装方式及其特点

集合包装方式	定义	特点
集装箱	一种运输货物的容器	既是货物的运输包装，又是运输工具的部分，一般由轮船公司提供周转使用

续表

集合包装方式	定义	特点
托盘	按一定规格制成的单层或双层平板载货工具	在平板上集装一定数量的单件货物，并按要求捆扎加固，组成一个运输单位，便于运输过程中使用机械进行装卸、搬运和堆放
集装袋	一种用合成纤维或复合材料编成的圆形大口袋或方形大包	适合运输和装卸现代化的要求，能更有效地保护货物，提高装卸效率，便于计算和节省仓储费，减少运费

2) 销售包装

销售包装(Selling Packing)又称内包装、小包装、直接包装，是直接接触货物，随着货物进入零售市场并与消费者见面的一种包装。除了保护货物外，销售包装还具有便于消费者识别、选购、携带和使用的功能，并有美化宣传和无声推销的作用。

根据商品的特征和形状，销售包装可采用不同的包装材料和不同的造型结构与样式：挂式，如包装上的挂钩、挂孔等；便携式，如手提袋等；易开式，如易拉罐等；喷雾式，如液体喷雾器等；堆叠式，如罐、盒类商品等。

销售包装应适应国际市场的需要，便于陈列展销、便于识别商品、便于携带和使用，并且尽可能具有艺术性，以吸引顾客、提高销售和扩大销售。对于包装上的标签的制作，要尽可能符合进口国的相关规定。

3. 无牌、定牌和中性包装

货物包装根据其是否注明国别产地和注明商标、牌号的特征，可以分为中性包装、无牌及定牌包装等。

1) 无牌

无牌是在出口商品上或者包装上不用任何商标和牌号，常常用于半制成品或者低值易耗品，目的是为了避免浪费、降低成本、节省费用。

2) 定牌

定牌是卖方按照买方要求，在其出售的商品或者包装上标明买方指定的商标或者品牌名。当前，世界上许多国家的超级市场、大百货公司和专业商店，对其经营出售的商品，都要在商品或者包装上标有本商店使用的商标或者品牌号，以扩大本店知名度和显示该商店的身份。许多国家的出口厂商，为了利用买主的经营能力及其商业信誉和品牌声誉，以提高商品的售价和扩大销路，也愿意接受定牌生产。

除非另有约定，采用定牌和无牌时，在我国出口货物或包装上均须标明“中国制造”字样。

3) 中性包装

中性包装是在商品上和内包装、外包装上不注明生产国别的包装。主要为了打破一些进口国家和地区的关税、非关税壁垒，或者是为了特殊贸易的需要，例如转口贸易，其目的是为了增强商品的竞争力，促进商品出口。中性包装分为无牌中性包装和定牌中性包装。无牌中性包装既没有注明生产国别和生产厂商，也不标明生产商标和牌导。定牌中性包装则只是没有注明生产国别和生产厂商，但是标明了生产商标和牌号。中性包装的做法在贸易中常引起争议，应该慎用。

3.3.3 运输包装标志

为了便于运输、仓储、商检和验关工作的进行，以及发货人与承运人和承运人与收货人之间的货物交接，避免错发错运，做到安全运输，货物在运送之前，都要按一定的要求，在运输包装上面书写、压印、刷制简单的图形、文字和数字，以作识别。这些图形、文字和数字，统称为运输包装的标志。

运输包装上的标志，根据其作用的不同，可分为运输标志、指示性标志和警告性标志3种。

1. 运输标志

运输标志(Shipping Mark)又称作唛头，是指在商品的运输包装上书写，压印或刷制的图形、文字和数字。其主要作用是便于装卸、运输、保管过程中的有关人员识别，以防止错发错运。

传统的运输标志中包括几何图形、收货人代号、参考号码、原产地、目的地、体积、重量、件号等。后来，联合国欧洲经济委员会制定的简化的运输标志中只包括4项内容：收货人代号、参考号码、目的地名称和货物件数。如

ABC——收货人代号
S/C2002——参考号
LONDON——目的地
1/25——件数代号

按国际贸易的惯例，运输标志可以由卖方提供，并且可以不在合同中做出具体规定。如果由买方提供，应在合同中规定提出唛头后通知交方的日期以免影响备货、出运和结汇等一系列工作。

2. 指示性标志

指示性标志(Indicative Mark)用于提醒人们在装卸、运输和保管过程中，对于某些商品要特别留意。尤其对一些易碎、易损、易变质的商品，在商品包装上标示醒目的图形和文字标志，以引起装运人员的注意，便于运输、仓储，保护人员、货物的安全。例如，"怕湿"、"向上"、"小心轻放"等。如图3.1所示。

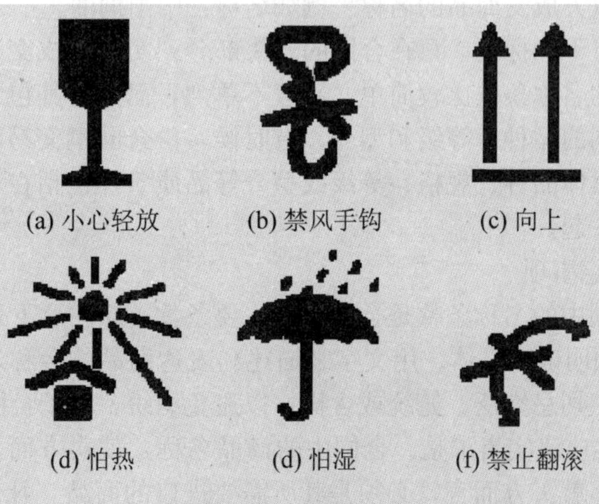

图3.1 指示性标志

3. 警告性标志

警告性标志(Warning Mark)又称危险品标志。是在装有危险品、易燃、易爆品、有毒气体、腐蚀性物品和放射性物品的运输包装上，用文字或者图形表示各种危险品的标志，使工作人员提高警惕，从而采取安全措施，保护工作人员、货物的安全。如图 3.2 所示。

(a) 爆炸品标志（符号, 黑色, 底色, 橙红色）　(b) 易燃气体标志（符号, 黑色或白色, 底色, 正红色）　(c) 有毒气体标志（符号, 黑色, 底色, 白色）

图 3.2　警告性标志

联合国海事协商组织规定，在出口危险品的外包装上要刷写“国际海运危险品标志”。在制作危险品标志时，我国颁布有《包装储运标志》和《危险货物包装标志》。

【启发思考】 你注意过你家中的电器包装吗？你知道电器包装上各类运输标志的含义吗？

任务 3.4　贸易合同中的名称、品质、数量和包装条款概述

3.4.1　名称与品质条款

1. 名称条款

1）名称条款的内容

国际货物买卖合同中的名称条款没有统一格式，通常都在“商品名称”或“商品品名”的标题下，列明交易双方成交商品的名称。例如名称：中国桐油。

有时为了省略也可不加标题，只在合同的开头部分列明双方成交某种货物的文句。在国际贸易实务中，商品的名称条款比较简单，一般不单列，而是将其包含在品质条款中，因为许多货物往往具有不同的品种、等级和型号，有时候一份合同里交易的货物不止一种，为了明确起见，便把有关具体品种、规格、等级或型号等品质条件包括在名称中，实际上是把名称和品质条件合并在一起。

2）名称条款的注意事项

国际货物买卖合同中的名称条款是合同中的主要条款，应注意下列事项。

(1) 商品名称必须明确、具体。用文字来描述和表达商品的名称，应能确切地反映商品的用途、性能和特点，切忌空泛、笼统或含糊，以避免纠纷，利于合同的履行。

(2) 商品名称描述应该实事求是。合同中的商品名称，就卖方而言，必须是其所能生产或供应的品种和型号；就买方而言，必须是其所需要进口的商品。凡做不到或不必要的描述性词句，都不应列入。

(3) 商品名称的使用应该国际化。一般一种货物有一个名称，但有的货物名称繁多，叫法不一。为了避免给履行合同带来麻烦，应该采用国际上通行的名称，特别是使用外文和中文对照的名称，一定要使外文和中文名称意思一致，防止产生纠纷。

(4) 必须考虑商品名称与运费关系和海关税则的规定。目前通行的运送商品的班轮运费是按照商品名称规定收费标准的，但由于商品的名称不统一，存在着同一商品因名称不同而收取的费率迥异的现象。为了节省运费开支，降低成本应采用运费较低的货物名称为宜，同时还要注意货物名称与有关国家的海关税则和进出口限制规定的关系。

2. 品质条款

1) 品质条款的基本内容

合同中的品质条款一般要列明货物的品名、规格或等级、标准和商标等。凭货物买卖时，应列明样品的编号及寄送日期，并规定交货品质与样品相同。例如5678，中国红茶一级；东北大豆，水的质量分数(最高)1%、不完善颗粒(最高)6%、油的质量分数(最低)17%。

2) 品质条款的注意事项

(1) 根据商品的特性，正确使用表示商品品质的方法。在出口交易中，凡可用一种方式表示的，就不要采用两种或两种以上的方法表示；如果必须采用两种以上的方法来表示时，则须在合同中做出明确规定，以免引起争议。特别值得注意的是，凭样品与凭规格、等级、标准等表示品质的方法不宜混合使用。根据某些国家法律的解释，凡是既凭样品，又凭规格、等级、标准达成交易，则所交商品必须既与样品一致，又须符合规格、等级、标准的要求，否则，买方有权拒收并可索赔。

(2) 要从生产实际出发，实事求是。品质条款要根据国际市场的需求并结合国内生产的实际来订立，不能订得过高，以免造成生产和对外履约的困难；也不能订得过低，以免影响售价和销路，甚至降低我国出口货物的信誉。

(3) 要有科学性和灵活性。品质条款的内容和文字应注意科学性、严密性、准确性。但在国际贸易实务中，由于生产条件、产品特征、运输条件以及气候等方面因素，卖方要使商品完全符合合同规定的品质条款并非易事。因此，在拟订合同的品质条款时，要有一定的灵活性，规定合理的品质机动幅度和品质公差条款。

① 品质机动幅度。品质机动幅度是指允许卖方所交商品的品质指标在一定的幅度内机动。这种做法一般适合于农副产品等初级产品的交易，主要办法有规定范围、极限和上下差异。

规定范围，指对某项品质指标允许有差异的范围。

【例3-5】　棉布幅阔 40/43″

规定极限，指对所交货物的品质规格，规定上下极限。

【例3-6】

鱼粉	蛋白质	55%以上
	脂肪	最高9%
	水分	最高11%
	盐分	最高4%

规定上下差异，即在规定某一具体质量指标的同时，规定必要的上下变化幅度。

【例3-7】 C708中国灰鸭绒，含绒量为90%，允许±1%

② 品质公差。品质公差是指在工业制成品中，国际同行业所公认的产品误差。只要卖方交货品质在公差范围内，不能视作违约。

交货品质在品质机动幅度和品质公差范围内如有上下浮动，一般均按合同单价计价。

3.4.2 数量条款

数量条款是合同中的一项主要条款，也是买卖双方交接货物和处理数量争议的依据。

1. 数量条款的基本内容

合同中的数量条款的基本内容包括买卖双方成交商品的数量、计量单位、计量方法，若以重量计算的方法，还要表明按毛重还是按净重计算等。

在数量条款中，应对货物成交数量作出明确具体的规定，但在实际履约过程中，由于商品特性、生产条件、运输工具的承载能力，以及包装方式的限制，要求准确的按约定数量交货，有时存在一定的困难。为了使交货数量具有一定的灵活性和便于履行合同，买卖双方可在合同中合理规定数量机动幅度，方法如下。

1)“约”量(About/Approximate)

在商品数量前加上“约”字，表示卖方交货数量可以有一定的灵活性。根据《跟单信用证统一惯例》的规定，信用证如果规定有“约”字，应解释为交货数量有不超过10%的增、减幅度。

2) 溢短装

溢短装(More or Less)，即在合同中规定卖方在交货时有权根据交货时的具体情况多装或少装一定数量的货物，但以不超过成交数量的一个确定的百分比为限。

溢短装的具体内容有以下几个方面。

(1) 可溢短装的百分比。

(2) 溢短装的选择权在买方或卖方。

(3) 溢短装的计价，一般按合同价格计算，也可以按装船日或到货日的国际市场价格计算。

根据《跟单信用证统一惯例》规定，商品数量的伸缩幅度允许为5%，但商品数量按包装单位或个体计数时，此项伸缩则不适用。

溢短装一般由卖方决定，但是在由买方派船装运的情况下，为了便于适应船的装载能力，也可规定由买方决定。

2. 数量条款的注意事项

(1) 正确掌握成交商品的数量。在出口商品数量的掌握上，首先要考虑国外市场的需求量、市场趋势、运输能力、季节因素，保证及时供货；其次，还必须考虑国外客户的资信及其经营能力，防止发生货、款落空，造成经济损失。在进口商品数量的掌握上，首先要根据生产和人民生活的需要。其次，还应考虑外汇支付能力和运输条件。

(2) 数量条款的规定应明确、具体。在订立数量条款时，关于计量单位、计算方法以及机动幅度等项内容的规定必须明确具体，避免使用含义笼统的字眼，使买卖双方的责任分明，以避免履约时的纠纷。例如关于溢短装条款必须同时确定选择权为何方及价格的计算和支付方式等。同时，也必须掌握有关国际惯例的规定。如根据《跟单信用证统一惯例》第三十条 b 款规定："在信用证未以包装单位件数或货物自身件数的方式规定货物数量时，货物数量允许有 5％的增减幅度，只要总支取金额不超过信用证金额。"

3.4.3　包装条款

1. 包装条款的基本内容

国际货物买卖合同中的包装条款的内容一般包括包装材料、包装方式、包装费用和运输标志等。

2. 包装条款的注意事项

订立包装条款时，需注意以下事项。

(1) 规定包装时应明确、具体，不宜采用"海运包装"、"习惯包装"等含糊其辞的词语，这种词语缺乏统一的解释，易引起贸易纠纷。

(2) 为履行合同，应考虑世界各国对包装的特殊要求，考虑交易方的风俗习惯、贸易惯例等。

(3) 按《公约》规定：卖方交付的货物，需按照合同规定的方式装箱或包装。

(4) 在包装条款中明确使用的包装方式和包装材料。

(5) 包装条款中应规定所用的运输标志。

(6) 包装条款中对包装费用应规定清楚。

为了订好包装条款，以利于合同的履行，在商议包装条款时，还应明确包装由谁供应和包装费用由谁负担。包装由谁供应，通常有下列 3 种做法。

(1) 由卖方提供，包装连同商品一块将回买方。

(2) 由卖方供应包装，但交货后，卖方将原包装收回，关于原包装返回给专访的运费由何方负担，应作具体规定。

(3) 由买方供应包装或包装物料，采用此种做法时，应明确规定买方提供包装或包装物料的时间，以及由于包装或包装物料未能及时提供而影响发运时买卖双方所负的责任。

按照国际惯例，包装费用一般包括在货物价格中，不另计价，实际上由卖方负担。但如买方要求采用特殊包装，其额外的包装费用应由买方承担。即使由买方负担包装费用，如果卖方技术达不到要求，则不能轻易答应买方的条件，以免引起纠纷。为慎重起见，包装费用由谁负担，应在合同中规定清楚。

【启发思考】溢短装和约量的要点有哪些？

项目小结

本项目阐述了在国际买卖合同中列明商品品名及其品质，数量与包装的重要意义，介绍了交易的标的及其品质，数量与包装条款的具体内容及其规定办法，以及表示商品品质的方法和品质条款、计量方法和数量条款、运输包装和销售包装、运输标志等知识点。

关键概念

品名(Name of Commodity)　品质(Quality of Goods)　商品数量(Quantity of Goods)　商品包装(Packing of Goods)　样品(Sample)　约量(About/Approximate)　溢短装(More or Less)

职业能力训练

一、讨论题

1. 商品的命名方法有哪些?
2. 表示商品品质的方法有哪些?
3. 国际贸易中常见的商品计量单位有哪些，其中计重办法有哪些?
4. 运输包装和销售包装各有哪些种类?
5. 运输包装的标志有哪些?
6. 签订书面合同时名称条款，品质条款的注意事项有哪些?

二、案例分析

1. 某国外公司向我国某公司订购一批货物，出口合同规定的商品名称为“手工制造藤椅”。外方收到货物后，在进行货物检验时，发现其中部分加工工序是采用机械加工，但我方所提供的货物单据都显示为手工制造，按该国法律应属“不正当表示”和“过大宣传”，并且在销售过程中遭用户退货，致使外方蒙受巨大损失，外方遂向我方提出赔偿。我方认为不应赔偿，理由有二：①该商品的生产工序基本上是手工操作，在关键工序上完全采用手工制作；②该笔交易是经买方当面先看样品成交的，而实际货物质量又与样品一致，因此应认为该货物与双方约定的品质相符。后又经有关机构调解后，最终双方在通过协商取得谅解。

请对本案例给予评论。

2. 马来西亚某商行向华南某市企业按FOB条件订购2 000吨铸管，合同总金额为500万美元。货物由买方提供加工设计图给卖方组织加工生产。该合同品质条款规定：铸管表面应光洁；铸管不得有裂纹、气孔、砂眼、缩孔、夹渣和其他铸造缺陷。

合同规定(1)：订约后15天内卖方须向买方预付约人民币50万元的“反保证金”，交第一批货物后5天内退还保证金。

合同规定(2)：货物装运前，卖方应通知买方前往产地抽样检验，并签署质量合格确认书；若质量不符合同要求，买方有权拒收货物；不经双方一致同意，任何一方不得单方面终止合同，否则由终止合同的一方承担全部经济损失。

请分析本案例中卖方存在的风险，并就合同品质条款制定提出风险防范措施。

3. 我国某农产品贸易公司与波兰商人订立了一份出口柳橙合同，支付方式为货到验收后付款。但货到经买方验收后发现柳橙总重量缺少10%，而且每个柳橙的重量也低于合同规定，波兰商人既拒绝付款，也拒绝提货。后来柳橙全部腐烂，波兰海关向中方收取仓储费和处理柳橙费用5万美元。我出口公司陷于被动。

从本案例中可以吸取什么教训?

4. 为迎接2012年伦敦奥运会，2011年英国某饮料公司为了促销运动饮料，向我国某出口商订购T恤衫，要求以红色为底色，并印制“伦敦奥运会”字样，此外不需印制任何标志，以作为促销手段随饮料销售赠送顾客，合同规定2011年5月20日为最后装运期，我方组织生产后于5月25日将货物按质按量装运出港，并备齐所有单据向银行议付货款。然而货到时由于市场发生变化，英方估计到可能的积压损失，以单证不符为由拒绝赎单，在多次协商无效的情况下，我方只能将货物运回以在国内销售减少损失，但是在货物途径海关时，海关认为由于“伦敦奥运会”字样及英文标志的知识产权为国际奥林匹克委员会(简称国际奥委会)所持有，而我方不能出具真实有效的商业使用权证明文件，因此海关以侵犯知识产权为由扣留并销毁了这一批T恤衫。

请分析海关的处理是否正确。

项目 4 进出口商品的价格

工作任务

在国际货物买卖中，如何确定进出口商品价格和规定合同中的价格条款，是交易双方最为关心的一个重要问题，一旦出现问题就会直接影响到买卖双方的经济利益。因此，从事外贸的人员必须正确掌握进出口商品的价格，合理采用各种作价方法，选好有利的计价货币，才能更好地应对各项事件。

学习目标

知识目标：

1. 了解进出口商品价格确定的原则和作价方法
2. 熟悉计价货币的选用
3. 了解买卖合同中价格条款的规定方法

能力目标：

1. 能正确计算出口换汇成本和盈亏率
2. 能熟练 FOB 价格计算方法
3. 能正确计算佣金和折扣

导入案例

国内某公司向国外出口女士衬衣，单价为每件 2.10 美元，共 2 000 件。国外开来的信用证中规定的金额为"about USD4,200, CIF London, less 5% commission and 5% discount"（约 4 200 美元，CIF 伦敦，减 5%的佣金和 5%的折扣）。该公司将衬衫装船发运后，向银行交单议付时，需要缮制出口商业发票。该公司的经办人员认为信用证规定"减 5%佣金和 5%的折扣"，那么 CIF 净价就是在 4 200 美元的总价上直接减 10%就可以了。于是将发票缮制为

Ladies Blouse	Unit Price	Amount
2,000 pieces	USD2.10	USD4,200.00
Less 5% commission and 5% discount		

CIF London net： USD 3,780.00

【讨论】

这样缮制发票对吗？

【解析】

按照商业习惯做法，在缮制出口发票时，应在总金额(单价×数量)中先扣除 5%优惠(折扣)，得出一个毛净价；然后在此基础上再扣除 5%的佣金，得出净价。在既有折扣又有佣金的交易时，应先扣除折扣，然后再扣佣金，因为折扣部分是不应该支付佣金的。

任务 4.1 进出口商品价格确定原则和作价方法

在国际货物买卖中，如何确定进出口商品价格和规定合同中的价格条款，是交易双方最为关心的一个重要问题。在实际业务中，正确掌握进出口商品价格，合理采用各种作价方法，选用有利的计价货币，适当运用与价格有关的佣金和折扣，并订好合同中的价格条款，对体现对外政策、完成进出口任务和提高外贸经济效益，都具有十分重要的意义。

4.1.1 合同中的价格条款

1. 价格条款的内容

合同中的价格条款，一般包括商品的单价和总值两项基本内容，至于确定单价的作价办法和与单价有关的佣金与折扣的运用，也属价格条款的内容，商品的单价通常由 4 个部分组成，即包括计量单位、单位价格总额、计价货币和贸易术语。在价格条款中可规定“每公吨 200 美元，CIF 伦敦”。总值是指单价同成交商品数量的乘积，即一笔交易的货款总金额。

【例 4-1】 下列出口单价的写法是否正确?

(1) USD3.68CIFC HONGKONG。

(2) 300 英镑每箱 CFR USA。

(3) USD Per Ton FOB London。

(4) Fr98.50 Per Doz FOBD2%。

(5) DM28.85 CIFC2% Shanghai。

2. 价格条款示例

(1) HKD5.00 per dozen net CIF Hong Kong.

每打 5 港元 CIF 香港净价。

(2) USD21 per set FOB Shanghai including your commission 5% on FOB basis.

每套 21 美元 FOB 上海在 FOB 基础上包含你方 5%佣金。

(3) USD30.00/mt FOB Dalian including 5% commission shall be payable only after seller has received the full amount of all payment due to seller.

每公吨 300 美元含 5%佣金 FOB 大连。佣金以收付全部货款为条件。

(4) Seller reserves the right to adjust the contracted price, if prior to delivery, there is any variation in the cost of labor or raw material or component parts.

如果在交货前劳动力原材料成本或其组成部分发生任何变化，卖方有权调整合同价格。

(5) Exchange risks, if any, for buyer’ s account.

如果有任何汇率风险，则由买方承担。

4.1.2 价格的掌握

在进出口贸易中，价格是一项十分重要的因素。报价时需在掌握市场行情及其动态的基础上，应参照近期的进出口成交价格、市场竞争情况，结合我方的经营意图，拟定出价格掌握幅度。应该考虑两个效果：既是对我方最为有利的，又是成功的可能性最大。

1. 正确贯彻作价原则

国际市场价格受供求关系的影响，围绕着商品的价值上下波动。国际市场价格是指一种商品在国际贸易中，在一定时期内，具有代表达式性的成交价格，通常是指以下几个方面。

(1) 商品在国际集散中心的市场价格。如纽约市场的棉花价格，伦敦市场的茶叶、有色金属价格，芝加哥的小麦价格等。

(2) 指主要进口国家或地区对某商品的进口价格。

(3) 指主要出口国家或地区对某商品的出口价格，以该商品输往当地市场的国际贸易价格为依据。

某些没有国际市场价格的商品，也应参照类似商品的国际市场价格作价。

2. 贯彻国别(地区)政策

在一般情况下，商品要按国际市场价格水平作价，但有时为了配合我国的外交政策，对有些国家或地区的价格，可以略低于国际价格水平出售，也可以略高于国际市场价格购买。

3. 结合购销意图

在制定某商品的进出口商品价格时，应该结合购销意图。滞销积压商品可考虑适当降低价格以刺激需求；畅销商品则应稳价上调，但也不宜过快过猛。为了控制市场，与对手竞争，有时需低价销售。有些商品是为了开拓市场、打开销路，价格也可以适当低于当地的价格水平。

4. 注意国际市场价格动态

国际市场价格因供求关系的影响而经常波动，不断变化。因此，在确定进出口价格时，必须注意市场供求关系的变化，对国际市场价格走势做出正确判断，避免价格掌握上的盲目性。

1) 考虑商品的质量和档次

在国际市场上，一般都贯彻按质论价的原则，即优质优价劣质劣价。品质的优劣、档次的高低，包装装潢的好坏，商标、牌号的知名度，都影响商品的价格。

2) 要考虑成交数量

按国际贸易的习惯做法，成交量的大小影响价格。成交数量大应予以数量折扣，数量过小应适当提高售价。

3) 要考虑运输距离

国际货物买卖，一般都要通过长途运输。运输距离的远近，影响运费和保险费的开支，从而影响商品的价格。因此，确定商品价格时，必须核算运输成本，做好比价工作，以体现地区差价。

4) 要考虑交货地点和交货条件

在国际贸易中，由于交货地点和交货条件的不同，买卖双方承担的责任、费用和风险也不同，在确定进出口商品价格时，必须考虑这些因素。例如，同一运输距离内成交的同一商品，按 CIF 条件成交同按 DAT 条件成交，其价格应当不同。

5）要考虑季节性需求的变化

在国际市场上，某些节令性商品，如赶在节令前到货，抢行应市，既能卖上好价；过了节令的商品，往往售价很低，甚至以低于成本的“跳楼价”出售。因此，应充分利用季节性需求的变化，掌握好季节性差价，争取按对我方有利的价格成交。

6）要考虑支付条件和汇率变动的风险

支付条件是否有利和汇率变动风险的大小，都影响商品的价格。例如，同一商品在其他交易条件相同的条件下，一般应争取采用对自身有利的货币成交；如采用不利的货币成交时，应当把汇率变动的风险考虑到货价中去，即适当提高出售价格或压低购买价格。

此外，交货期的远近、市场销售习惯、市场竞争的激烈程度和消费者的爱好等因素，对确定价格也有不同程度的影响，必须通盘考虑和正确掌握。

4.1.3 掌握价格的换算方法

在国际贸易中，不同的贸易术语表示其价格构成因素不同，即包括不同的从属费用。例如，FOB术语中不包括从装运港至目的港的运费和保险费；CFR术语中则包括从装运港至目的港的通常运费；CIF术语中除包括从装运港至目的港的通常运费外，还包括保险费。在对外磋商交易过程中，有时一方会按某种贸易术语报价，而对方要求改报其他术语所表示的价格，如一方按FOB报价，对方要求改按CIF或CFR报价，这就涉及价格的换算问题。了解贸易术语的价格构成及其换算方法，乃是从事国际贸易人员所必须掌握的基本知识和技能。现将常用的FOB、CFR和CIF三种价格的换算方法及公式介绍如下。

1. FOB价格折算为其他价格

$$\text{CFR 价} = \text{FOB 价} + \text{运费} = \text{FOB} + \text{F(运费)}$$
$$\text{CIF 价} = \text{FOB 价} + \text{运费}/(1 - \text{投保加成率} \times \text{保险费率})$$
$$= (\text{FOB} + \text{F})/(1 - \text{保险费率} \times \text{投保加成率})$$

即

$$\text{CIF} = (\text{FOB} + \text{F})/[1 - (1 + \text{R}) \times \text{r}]$$

其中，F代表运费，R为投保加成率，r为保险费率。

2. CFR价换算为其他价

$$\text{FOB 价} = \text{CFR 价} - \text{F}$$
$$\text{CIF 价} = \text{CFR 价}/[1 - (1 + \text{R}) \times \text{r}]$$

3. CIF价换算为其他价

$$\text{FOB 价} = \text{CIF 价} \times [1 - (1 + \text{R}) \times \text{r}] - \text{F}$$
$$\text{CFR 价} = \text{CIF 价} \times [1 - (1 + \text{R}) \times \text{r}]$$

【例4-2】 我某企业向巴黎出口100公吨焦炭，已知该产品在天津新港装船后的全部成本(包括产品成本)为每公吨120美元，要求利润为每公吨30美元，到巴黎的海运费为每公吨35美元。

(1) 试求该批货物的FOB、CFR单价。

(2) 若按发票金额的110%投保一切险，已知保险费率为0.5%，请报CIF价。

解：(1) FOB＝120＋30＝150(美元)

USD150.00/MT FOB Xingang

CFR＝FOB＋F

＝150＋35

＝185(美元)

USD185.00/MT CFR New York

(2) $\text{CIF}=\dfrac{\text{CFR}}{1-\text{保险费率}\times(1+\text{投保加成率})}$

$=\dfrac{185}{1-0.5\%\times(1+10\%)}$

$=\dfrac{185}{1-0.5\%\times110\%}$

＝186.02

USD186.02/MT CIF New York

4.1.4 商品作价的基本方法

国际进出口贸易中的商品种类成千上万，行情变化各自不一，有的商品行情变化剧烈，从双方签约到履约，价格往往波动较大，而有的商品行情稳定，从订约到履约这段期限，商品价格少有变化。针对商品行情变化的特点，采用不同的作价方法，也是外贸人员必备的技能。进出口商品的作价方法主要有以下几种。

1. 固定价格

我国进出口合同，绝大部分都是在双方协商一致的基础上，明确地规定具体价格。这也是国际上常见的做法。

按照各国法律的规定，合同价格一经确定，就必须严格执行。除非合同另有约定，或经双方当事人一致同意，任何一方都不得擅自更改。固定价格具有明确、具体、肯定和便于核算的特点，如图 4.1 所示。

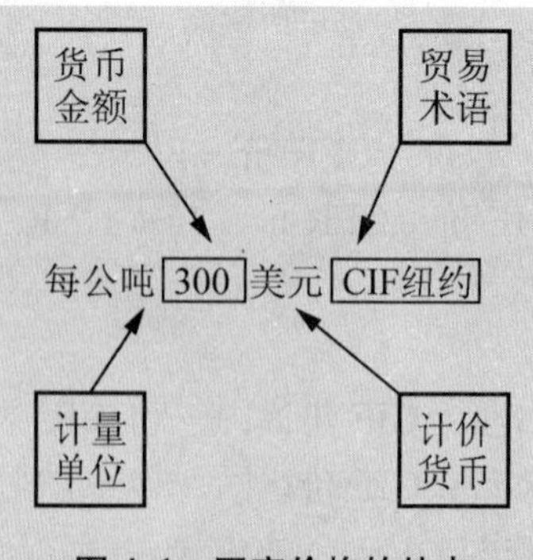

图 4.1 固定价格的特点

然而，由于商品市场行情变化频繁，价格涨落不定，因此，在合同中采用固定价格，就意味着买卖双方要承担从计约到交货付款以至转售时价格变动的风险。为了减少风险，促成交易，提高合同的履约率，买卖商品的作价也就逐渐采取一些变通的做法。

【启发思考】在进出口贸易业务中常采用固定价格作价方法有何实际效果？

2. 非固定价格

1) 非固定价格的种类

非固定价格，大体上可分为以下几种。

(1) 暂不固定价格。在合同中只规定作价方式，具体价格留待以后确定。它又可分为：①在价格条款中明确规定计价方法(如装运月份前 50 天，参照当地及国际市场价格，确定正式价格)；②只规定作价时间，这种方式由于未就作价方式作出规定，容易给合同带来较大的不稳定性，这种方式一般只应用于有长期贸易关系的老客户(如双方在 2010 年 12 月 4 日确定价格)。

(2) 暂定价。即由双方在合同中先订立一个初步价格，作为开立信用证和初步付款的依据，待日后确定最后价格再进行最后清算，多退少补。例如：

每件 5,000 港元 CIF 香港

备注：上列价格为暂定价，于装运月份 15 天前由买卖双方另行协商确定价格。

HKD5,000 per pcs CIF Hong Kong

Remarks：The above is a provisional price，which shall be determined through negotiation between the Buyer and the Seller 15 days before the month of shipment.

(3) 部分固定价格，部分非固定价格。交货期近的价格在订约时固定下来，余者在交货前一定时期内作价。

2) 采用非固定价格条款时应注意的问题

(1) 作价标准的确定。作价标准可根据不同商品，分别采用下述几种规定：①以有代表性的商品交易所公布的价格为准；②以国际市场价格为准；③以国际市场结合销售地市场价格为准；④由双方协商决定。

(2) 作价时间的确定。①装船前作价，一般是规定在合同签订后若干天或装船前若干天作价；②装船时作价，一般是指按提单日期的行市或装船时的平均价作价；③装船后作价，一般是指在装船后若干天，甚至在船到目的地后进行作价。

3. 滑动价格(Sliding - Scale Price)

滑动价格是指根据合同的规定，在一定条件下货价可以在将来调整的价格，合同中的价格实际上只是暂定价格。滑动价格的使用，主要针对交易周期较长的商品，如成套机器设备的买卖，从合同成立到结汇，时间较长，为了避免因原材料、物价、工资等的变化而承担风险，就需要对成交时的价格进行适当的调整。滑动价格的计算公式为

$$P=P_0\times(\mathrm{A}+\mathrm{B}\frac{M}{M_0}+\mathrm{C}\frac{W}{W_0})$$

式中：P 为交货时的最终价格；P_0 已为签约时的暂定价格；M 是计算 P 时的有关物价指数；M_0 是签约时的有关物价指数；W 是计算 P 时的有关工资指数；W_0 是签约时的有关工资指数。

A、B、C 都是常数，各占价格若干百分比由买卖双方在签约时商定；采用哪一种物价指数和工资指数也由双方签约时商定。以上做法，也称为“价格的调整”。

【例 4-3】 1981 年 3 月国外某公司得到订货供应一台 10 万瓦汽轮机组，签约时合同基价(1981 年 1 月时的工资和材料价)等于 450 万英镑，基期 1981 年 1 月该国电机制造业的材

料国内批发价指数为100(1980年等于100)，基期1981年1月该国电机制造业工人工资指数为115.8(1980年1月等于100)。

滑动期限：已知交货月为1983年4月，则材料费滑动期从交货月的第6个月(1982年10月)到前10个月(即1982年6月)，即从1982年6月到10月5个月材料费价格指数算术平均价，工资费用滑动期限从交货月的前1个月(1983年3月)到前7个月(1982年9月)，即从1982年9月到1983年3月7个月工资指数的算术平均值。

先从该国官方统计月报中查出1982年6月到10月材料滑动期的价格指数分别是：6月为108.1，7月为109.1，8月为109.6，9月为110.3，10月为110.7。则合同执行期间原材料价格指数算术平均值(1982年6月至10月的材料费用指数平均值)＝执行期各月指数之和/月数＝547.8/5＝109.6。

工资指数1982年9月为140.2，10月为143.2，11月为144.1，12月为146.3。1983年1月为147.0，2月为147.1，3月为150.1。则合同执行期工资指数的算术平均值应为合同执行期间各月执行指数之和/月数＝1 018/7＝145.4。

汽轮机1983年4月交货时结算价按滑动价格公式计算应增加到112.1。

价格组成	基期月/%	按指数平均值到交货月的变动值/%
材料费用	46	材料费用变动值＝46×109.6/100＝50.4
工资费用	29	工资费用变动值＝29×145.4/115.8＝36.4
固定支出	25	固定部分25
合计	100	合计＝111.8

交货价格＝合同基价×111.8%＝450×111.8%＝503.10万英镑。

在国际贸易中，进口大型设备时经常要应用滑动价格公式，对滑动价格公式的主要条款的认真研究在提高大型机器设备、船舶进口的经济效益方面起着很重要的作用。

任务4.2　出口商品的核算

在价格掌握上，要注意加强成本核算，以提高经济效益。尤其是在出口方面，要注意对出口总成本、出口销售外汇净收入和人民币净收入、出口换汇成本、出口盈亏率等指标的核算和分析，防止出现不记成本、不记盈亏、单纯追求成交量的现象。

出口总成本是指出口商品的进货成本加上出口前的一切费用和税金。出口销售外汇净收入是指出口商品按FOB价出售所得的外汇净收入。出口销售人民币净收入是指出口商品FOB价按当时外汇牌价折成人民币的数额。根据上述这些数据，可以计算出出口商品的盈亏率、出口商品换汇成本和出口创汇率。

4.2.1　出口商品盈亏率

出口商品盈亏率是指出口商品盈亏额与出口总成本的比率。出口盈亏额是指出口销售人民币净收入与出口总成本的差额，前者大于后者为盈利，反之为亏损。

出口商品盈亏率＝(出口销售人民币净收入－出口总成本)/出口总成本×100%

【例 4-4】 某公司以每公吨 1 000 美元 CIF 价格出口商品，已知该笔业务每公吨需要支付国际运输费用 100 美元，保险费率为 0.1%，国内商品采购价格为 5 000 元人民币，其他商品管理费为 500 元，试计算该笔业务的出口盈亏率(汇率为 1∶7.25)。

解： 出口成本＝5 000＋500＝5 500

出口净收入(FOB)＝CIF－F－I

＝CIF－F－110%CIF×I%

＝1 000－100－1.1×1 000×0.001

＝898.9(美元)

出口人民币净收入＝898.9×7.25＝6 517.03(元)

出口盈亏率＝(6 517.03－5 500)/5 500＝18.49%

4.2.2 出口商品换汇成本

以某种商品的出口总成本与出口所得的外汇净收入之比，得出用多少元人民币换回一单位外汇(例如 1 美元)。出口商品换汇成本若高于当前银行的外汇牌价，该笔出口业务为亏损；反之，则为盈利。

出口换汇成本计算公式为

出口商品换汇成本＝出口总成本(人民币元)/出口销售外汇净收入(美元)

出口总成本＝外贸公司进货成本＋国内费用

在 FOB、CFR 和 CIF 这 3 种术语中，出口总成本也就是出口商把货“装上船”所花费的成本。

式中的出口销售外汇净收入是指出口外汇总收入中扣除劳务费用等非贸易外汇后的外汇收入，也就是 FOB 价格术语下的外汇收入。如果是以 CIF 价格成交，则应扣除海洋运费和保险费。

【例 4-5】 某公司以每公吨 1 000 美元 CIF 价格出口商品，已知该笔业务每公吨需要支付国际运输费用 100 美元，保险费率为 0.1%，国内商品采购价格为 5 000 元人民币，其他商品管理费为 500 元，试计算该笔业务的出口换汇率。

解： 出口成本＝5 000＋500＝5 500

出口净收入(FOB)＝CIF－F－I

＝CIF－F－110%CIF×I%

＝1 000－100－1.1×1 000×0.001

＝898.9(美元)

换汇成本＝5 500/898.9＝6.12 人民币/美元

4.2.3 出口创汇率

出口创汇率是指加工后成品出口的外汇净收入与原料外汇成本的比率。如果原料为国产品，其外汇成本可按原料的 FOB 出口价计算。如果原料是进口的，则按该原料的 CIF 价计算。

出口创汇率＝(成品出口外汇净收入－原料外汇成本)/原料外汇成本×100%

【例 4-6】 某公司进口原料 FOB1 000 元，经过加工后出口 CIF1 700 元。假设进口和出口的运费均为50元，进口和出口的保险费率均为0.1%，试求外汇增值率。

解：原料外汇成本(CIF)＝FOB＋F＋I

＝FOB＋F＋CIF×I%

＝1 000＋50＋1 000×0.001%

＝1 051(元)

原料外汇净收入(FOB)＝CIF—F－I

＝CIF－F－I

＝CIF－F－110×CIF×I%

＝1 700－50－1.1×1 700×0.001

＝1 648.1(元)

外汇增值率＝(1 648.1－1 051)/1 051＝56.8%

任务4.3　汇率对出口盈亏的影响

4.3.1　计价货币的选择

计价货币是指合同中规定用来计算价格的货币。根据国际贸易的特点，用来计价的货币，可以是出口国家货币，也可以是进口国家货币或双方同意的第三国货币，还可以是某一种记账单位，由买卖双方协商确定。在选用计价货币时应注意以下问题。

1. 尽量使用可自由兑换货币

进出口业务中，通常选用可自由兑换货币进行计价和支付。使用可自由兑换货币，有利于调拨和运用，还有助于在必要时刻转移汇价风险。

可自由兑换货币主要指美元、日元、欧元、英镑等。其中，欧元于2002年1月1日正式进入流通领域，并于2002年3月1日取代欧盟12国原有货币，成为比利时、德国、西班牙、法国、爱尔兰、意大利、卢森堡、荷兰、奥地利、葡萄牙、芬兰、希腊等12国的统一货币。在我国进出口贸易中，大多使用美元作为计价货币。

2. 出口争取使用“硬币”，进口争取使用“软币”

(1) 币值比较稳定且趋势上浮的货币俗称为“硬币”，汇价比较疲软且趋势下浮的货币即“软币”。从理论上说，对于出口交易，采用硬币计价比较有利，而进出口合同却用软币计价比较合算。但在实际业务中，以什么货币作为计价货币，还应视双方的交易习惯、经营意图以及价格而定。如果为达成交易而不得不采取对我国不利的货币，则可设法用下述两种办法补救。一是根据该种货币今后可能的变动幅度，相应调整对外报价；二是在可能条件下，争取订立保值条款，以避免计价货币汇率变动的风险。

(2) 按国际上的一般习惯做法，如两种货币的汇率是按付款时的汇率计算，则不论计价和支付用的是什么货币，都可以按计价货币的量收回货款。对卖方来说，如果计价货币是硬币，支付货币是软币，基本上不会受损失，可起到保值的作用；如果计价货币是软币，支付货币是硬币，它所收入的硬币就会减少，对卖方不利，而对买方有利。

(3) 如果计价货币和支付货币的汇率在订约时已经固定，那么，在计价货币是硬币，支付货币是软币的条件下，卖方在结算时所收入的软币所代表的货值往往要少于按订约日的汇率应收入的软币所代表的货值，也就是说对买方有利，对卖方不利。反之，如果计价货币是软币，支付货币是硬币，则对卖方有利，对买方不利。

4.3.2　计价货币换算

1. 底价为本币改报外币

底价为本币改报外币，以中国银行公布的人民币对外币的买入价进行折算。

外币价＝人民币底价/人民币对外币买入价

【启发思考】 这里所说的买入价和卖出价是站在哪一方面而言？银行还是结汇人？

【例4-7】　我国某出口商的某出口商品单价为人民币300CIF HAMBURG。如改报美元价，应为多少？已知当日银行外汇牌价为USD100＝CNY695.50(买入价)/698.03(卖出价)。

解： 美元价＝300×100/695.5＝43.13(美元)

2. 底价为外币改报本币

底价为外币改报本币，以中国银行公布的人民币对外币的卖出价进行折算。

本比价＝外币低价×人民币对外币的卖出价

【例4-8】　我国某出口商品单价为GBP56 CIF LONDON。如改报人民币价，应为多少？已知当日外汇牌价为GBP100＝CNY1 305.89(买入价)/1 312.42(卖出价)。

解： 人民币价＝56×13.1242＝734.96(元人民币)

3. 由一种外币改报另一种外币

由一种外币改报另一种外币，均以买入价换算或均以卖出价换算。

【例4-9】　我出口商的某出口商品单价为USD200 CFR KARACHI。如改报英镑价，应为多少？已知当日外汇牌价USD100＝CNY695.50/698.03；GBP100＝CNY1 305.89/1 312.42。

解： 先求出1美元等于多少英镑，再以求出的金额乘以原报美金数。如用买入价换算，则两种汇率都用买入价换算。

(1) USD1＝695.50/1 305.89＝GBP0.5326

英镑价应为USD200×0.5326＝GBP106.52

(2) USD1＝698.03/1 312.42＝GBP0.5319

英镑价应为USD200×0.5319＝GBP106.38

两种换算方法得出的尾数有一定的出入，可选择对我方有利的一种报价。

4.3.3　外汇保值条款

(1) 计价货币和支付货币均为同一“软币”，确定订约时这一货币与另一“硬币”的汇率，折算成硬币，支付时再按当日汇率折算成原货币支付。

(2) 按“软币”计价，“硬币”支付。

(3) 按“软币”计价，“软币”支付。

4.3.4 主要国家或地区货币名称

主要国家或地区货币名称见表 4－1。

表 4－1 主要国家或地区货币名称

指标 序号	国家或地区	英文名称	货币名称	英文缩写
1	中国	China	人民币元	CNY
2	澳大利亚	Australia	澳大利亚元	AUD
3	加拿大	Canada	加拿大元	CAD
4	日本	Japan	日元	JPY
5	英国	Britain	英镑	GBP
6	中国香港	Hong Kong	港元	HKD
7	欧洲联盟	E. U	欧元	EUR
8	瑞士	Switzerland	瑞士法郎	CHF
9	美国	U. S. A	美元	USD
10	俄罗斯	Russia	卢布	SUR
11	韩国	Korea	韩国元	KRW
12	新加坡	Singapore	新加坡元	SGD

任务 4.4 佣金与折扣

在价格条款中，有时会涉及佣金和折扣。价格条款中所规定的价格，可分为包含有佣金或折扣的价格和不包含这类因素的净价。包含有佣金的价格，在业务中通常称为“含佣价”。

4.4.1 佣金

1. 佣金的含义

在国际贸易中，有些交易是通过中间代理商进行的。因中间商介绍生意或代买代卖而向其支付一定的酬金，此项酬金叫佣金。凡在合同价格条款中，明确规定佣金的百分比，叫做明佣。不标明佣金的百分比，甚至连佣金字样也不标示出来，有关佣金的问题，有双方当事人另行约定，这种暗中约定佣金的做法叫做暗佣。佣金直接关系到商品的价格，货价中是否包括佣金和佣金比例的大小，都影响商品的价格。显然，含佣价比净价要高。正确运用佣金，有利于调动中间商的积极性和扩大交易。

2. 佣金的规定方法

(1) 在商品价格中包括佣金时，通常应以文字来说明。例如“每公吨200美元CIF旧金山包括2%佣金”。(U. S. $200 PER U/T CIF San Francisco including 2% commission)

(2) 也可以在贸易术语上加注佣金的缩写英文字母“C”和佣金的百分比来表示。例如：“每公吨200美元CIF C 2%旧金山”(U. S. $200 PER U/T CIF San Francisco including 2% commission)。

(3) 商品价格中所包含的佣金除用百分比表示外，也可以用绝对数来表示。例如：“每公吨付佣金25美元。”

如中间商为了从买卖双方获取“双头佣金”或为了逃税，有时要求在合同中不规定佣金，而另按双方暗中达成的协议支付。佣金的规定应合理，其比率一般掌握为1%～5%，不宜偏高。

3. 佣金的计算方法

在国际贸易中，计算佣金的方法不一，有的按成交金额约定的百分比计算，也有的按成交商品的数量来计算，即按每一单位数量收取若干佣金计算。在我国进出口业务中，计算方法也不一致，按成交金额和成交商品的数量计算的都有。在按成交金额计算时，传统的做法是以发票总金额作为计算佣金的基数，如果发票金额为含佣价(CIFC3%)，则计算佣金时就直接以该发票价格乘以佣金率。有的则以CIF净价为基数计算佣金，有的以FOB总值为基数来计算佣金。具体来说，计算佣金可以有以下几种方法。

(1) 不管买卖双方以何种价格成交，均按FOB价计算佣金。理由是：运费、保险费是卖方固定支付的，而不是卖方销售收入，因此不应支付佣金。

例如：CIF价格为1 000美元，运费为100美元，保险费为10美元，佣金率为2.5%。则

$$佣金=(1\ 000-100-10)\times 2.5\%=22.25(美元)$$

这种方法在实际业务中很少采用。因为对卖方和中间商均无好处。对卖方来说，在计算佣金时虽然事先扣除了运费和保险费，可以少支付一点佣金，但由于佣金直接从原来的成交价格中扣除，减少了卖方的外汇收入。对中间商来说，按FOB价格计算佣金，中间商所得的佣金较少，挫伤了中间商的积极性。

(2) 按成交价格计算佣金。例如，CIF2.5%的价格为1 000美元，则

$$佣金=含佣价\times佣金率=1\ 000\times 2.5\%=25.00(美元)$$

$$净价=1\ 000-25=975(美元)$$

这两种方法是最为常用的一种。它是按含佣价来计算佣金的，然后从含佣价中扣除佣金，即可得出净价。净价是指在进出口合同中订立的不包括佣金和折扣的价格。如“每公吨1 000美元FOB净价广州”。这是在不降低出口商净收入的基础上给予中间商一定比率的佣金，应根据下列公式计算含佣价

$$含佣价=净价/(1-佣金率)$$

则

$$佣金=含佣价\times佣金率$$

【例4-10】 我国某出口商品报价为：USD300 per set CFRC3% NEWYORK。试计算

CFR净价和佣金各位多少？如果对方要求将佣金增加到5%，我方同意，但出口净收入不变。试问CFRC5%应如何报价？

解：CFR净价=含佣价×(1-佣金率)=300×(1-3%)=291(美元)

佣金=含佣价-净价=300-291=9(美元)

CFRC5%=CIF净价/(1-佣金率)=291÷(1-5%)=306.3(美元)

因此在保持我方净收入不变的情况下，应该报含佣价为306.3美元。

4. 佣金的支付方法

买卖双方签订合同时，应就支付佣金的办法取得协议，在合同中订明。支付佣金的方法一般有3种。

(1) 从发票中直接扣除。有些中间商以买方身份同卖方签订合同，并承担履行合同的责任。为简化手续，卖方在履行交货、开具发票向买方收取货款时，在发票金额中直接扣除佣金，按净价收款。

(2) 由银行从汇款金额中扣除，直接汇付中间商。在信用证支付方式下，买方开来的信用证中规定，议付行议付受益人汇票时，从议付金额中扣除约定比率的佣金，由议付行直接汇给信用证中指定的中间商。这样，卖方实收货款为扣除佣金后的净价货值。

(3) 卖方收到货款后，按约定佣金率，将佣金汇给中间商。这种支付佣金的办法比较常用，特别是同那些贸易往来较多或有代理协议的客户，一般都是卖方受妥货款后另行汇付佣金，可以逐笔汇付，也可按月或按季累总汇付。

4.4.2 折扣

1. 折扣的含义

折扣是指卖方按原价给予买方一定百分比的减让，即在价格上给予适当的优惠。国际贸易中使用的折扣，名目很多，除一般折扣外，还有为扩大销售而使用的数量折扣，为实现某种特殊目的而给予的特别折扣，以及年终回扣等。凡在价格条款中明确规定折扣率的，叫做“明扣”。折扣直接关系到商品的价格，货价中是否包括折扣和折扣率的大小都影响商品价格，折扣率越高，则价格越低。

2. 折扣的规定方法

在国际贸易中，折扣通常在规定价格条款时，用文字明确表示出来。

(1) 例如“CIF伦敦每公吨200美元，折扣3%”(U. S. $200 per metricton CIF London including 3% discount)。此例也可以这样表示“CIF伦敦每公吨200美元，减3%折扣”(U. S. $200 per metricton CIF London less 3% discount)。

(2) 折扣也可以用绝对数来表示，例如每公吨折扣6美元。

在实际业务中，也可以用CIFD或CIFR来表示CIF价格中包含的折扣。这里的D和R是Discount和Rebate的缩写。鉴于贸易术语中加注的D或R含义不清，可能引起误解，故最好不使用此缩写语。

3. 折扣的计算方法

折扣通常是以成交额或发票金额为基础计算出来的。其计算方法如下。

单位货物折扣额=原价(或含折扣价)×折扣率

卖方实际净收入=原价-单位货物折扣额

4. 折扣的支付方法

折扣一般是在买方支付货款时预先予以扣除。也有的折扣金额不直接从货价中扣除，而按暗中达成的协议另行支付给买方，这种做法通常在给暗扣或回扣时采用。

项目小结

合同的报价核算是交易磋商的重要环节之一。价格是国际货物买卖合同的核心，是买卖双方最关心的问题之一。国际贸易中的商品报价比国内贸易要复杂得多。本项目主要围绕 FOB、CFR、CIF 这 3 个国际贸易中常用的价格术语，明确成本、费用及利润的含义及核算原理，根据各价格术语的特点和要求合理报出进出口商品的价格，尤其是出口商品的报价，并通过案例详细操作步骤和程序。本项目着重应掌握在给定报价资料的条件下出口商品的报价及还价核算方法。

关键概念

成本核算(Calculating of The Exporting Cost)　佣金(Commission)

职业能力训练

一、讨论题

1. FOB、CIF 和 CFR 这 3 种术语的价格构成的主要异同点是什么?
2. 确定对外成交价格时，应考虑哪些问题?
3. 选择计价货币时，应注意哪些问题?
4. 固定价格法、暂不固定价格法和暂定价格法的优缺点分别有哪些?
5. 国际贸易中有关佣金和折扣如何使用?

二、改错题

1. USD3.68 CIFC HONGKONG。
2. 300英镑每箱 CFR USA。
3. USD Per Ton FOB London。
4. EUR098.50 Per Doz FOBD2%。
5. EUR028.85 CIFC2% Shanghai。

三、计算题

1. 某商品的出口总成本为每公吨 2 100 元人民币，出口 FOB 价为 300 美元，按折算率 7.42 计算，求其换汇成本和盈亏率，并按换算公式进行验算。

2. 某合同中的价格条款是，UNIT PRICE：CIFC5%LONDON GBP5.00 PIECE，这样出口商实际的货款收入是多少呢?

3. 某公司出口棉针织品每打出口总成本 105 元人民币，出口价格为每打 48 美元 FOB 某港，则该商品的换汇成本为多少？

4. 某批货物按“CIFC3R2”价格出口，出口总值为USD15万，其中，国外段运杂费为USD2 300.00，保险费为USD300.00，佣金为USD4 500.00，折扣为USD3 000.00。试计算该批货物的出口外汇净收入。

5. 我国某外贸公司出口某商品1 000箱，该货每箱收购价人民币200元，国内费用为收购价的15%，出口后每箱可退税人民币14元，外销价每箱CFRC2%曼谷30美元，每箱货应付海运运费2.40美元，银行外汇牌价100美元=825元人民币。试计算该商品的出口换汇成本及盈亏率。

6. 某笔进料加工生意，进口原料的FOB价值为EUR10万元，从欧洲运到国内的运杂费为EUR1 800.00，保险费EUR330.00；加工成成品后的CIF出口价格为USD18.3万元，其中，国外运杂费为USD3 300.00，保险费USD604.00，出口收汇当天欧元与美元的汇率为100∶122。试计算该笔生意的出口创汇率。

项目5 国际货物运输

工作任务

国际货物的运输方式有很多，每种运输方式都有自己的特点和独特的经营方式。交易双方合理选择并约定好运输方式，有利于完成进出口货运任务。

学习目标

知识目标：

1. 熟练掌握各种国际货物运输方式
2. 熟悉掌握装运条款
3. 熟悉各种运输单据

能力目标：

1. 能对国际货运流程各环节进行相关操作
2. 能制作海运托运单、海运提单和航空运单等各种单据

导入案例

某对外贸易进出口公司于2011年7月23日接到国外开来的一张信用证，信用证规定受益人为对外贸易进出口公司(卖方)，申请人为L贸易有限公司(买方)，信用证对装运期和议付有效期条款规定：Shipment must be effected not prior to 31st July. The draft must be negotiated not later than 30th August.

对外贸易进出口公司发现信用证装运期太紧，23日收到信用证，31日装运就到期，所以有关人员即于7月26日(24日和25日系双休日)按装运期7月31日通知储运部安排装运，储运部根据信用证分析单上规定的7月31日装运期向货运代理公司配船，因装运期太紧，经多方努力才设法商洽将其他公司已配上的货退载，换上对外贸易进出口公司的货，勉强挤上有效地船期。

对外贸易进出口公司经各方努力，终于7月30日装运完毕，并取得7月30日签发的提单。8月2日备齐所有单据向开证行交单。8月16日开证行来电提出：“提单记载7月30日装运货物，不符合信用证规定的装运期限，不同意接受单据……”

【讨论】

为什么开证行不同意接受单据?

【解析】

信用证规定的是“装运必须不得早于7月31日(not prior to 31st July)，议付有效期规定为最迟不得晚于8月30日”，即装运期与议付有效期都是在8月1日至8月30日之间，而卖方却于31日以前装运，所以不符合信用证要求。

一般信用证对装运期习惯规定为：最迟装运期某年某月，或不得晚于某年某月装(not later than)。有关审证人员没有认真地审查信用证条款，误解信用证装运期的规定。

任务 5.1 运输方式

在国际货物运输中，涉及的运输方式很多，其中包括海洋运输、铁路运输、航空运输、河流运输、邮政运输、公路运输、管道运输、大陆桥运输，以及由各种运输方式组合的国际多式联运等。现将我国常用的几种方式简略加以介绍。

5.1.1 海洋运输

在国际货物运输中，运用最广泛的是海洋运输(Ocean Transport)，如图 5.1 所示。

图 5.1 海洋运输图

1. 海洋运输的特点

目前，海运量在国际货物运输总量中占 80%以上。海洋运输之所以被如此广泛采用，是因为它与其他国际货物运输方式相比，主要有下列明显的优点。

(1) 天然航道。海洋运输借助天然航道进行，不受道路、轨道的限制，通过能力更强。随着政治、经贸环境以及自然条件的变化，可随时调整和改变航线完成运输任务。

(2) 载运量大。随着国际航运业的发展，现代化的造船技术日益精湛，船舶日趋大型化。超巨型油轮已达 60 多万吨，第五代集装箱船的载箱能力已超过 5 000TEU。

(3) 运费低廉。海上运输航道为天然形成，港口设施一般为政府所建，经营海运业务的公司可以大量节省用于基础设施的投资。船舶运载量大、使用时间长、运输里程远，单位运输成本较低，为低值大宗货物的运输提供了有利条件。

(4) 运输的国际性。海洋运输一般都是一种国际贸易，它的生产过程涉及不同国家或地区的个人和组织，海洋运输还受到国际法和国际管理的约束，也受到各国政治、法律的约束和影响。

海洋运输虽有上述优点，但也存在不足之处。例如，海洋运输受气候和自然条件的影响较大，航期不易准确，而且风险较大。此外，海洋运输的速度也相对较低。

2. *海洋运输船舶的经营方式*

按照船舶的经营方式的不同，海洋运输可分为班轮运输(Liner Transport)和租船运输(Shipping by Chartering)。

1) 班轮运输

(1) 班轮运输的特点。

① 班轮运输有固定的船期、航线、停靠港口和相对固定的运费率。

② 班轮公司“管装管卸”，相关装卸费用均已包含在费率表中一并收取，不计算滞期费和速遣费。

③ 船货双方的运输契约和权利义务以船公司或其代理人签发的班轮提单为依据。

④ 班轮承运货物的数量比较灵活，货主按需订舱，特别适合于一般件杂货和集装箱货物的运输。

(2) 班轮运费。班轮运费包括基本运费和各种附加费。基本运费是指货物运往班轮航线基本港口所收取的费用。附加费是船方根据不同情况为弥补运输中额外开支或费用而加收的费用。

基本运费按班轮运价表规定的计收标准收取，计费标准主要有以下几种。

① 按货物毛重计收，运价表内用“W”表示。

② 按货物的体积计收，运价表内用“M”表示。

③ 按重量或体积两种标准中选较高的一种计算，运价表上用“W/M”表示。

④ 按商品的价值计收，运价表上用“Ad. Val”表示。

⑤ 按货物的件数计收。

⑥ 货主和船公司临时议定。

班轮运费中的附加费名目繁多，其中包括超长附加费、超重附加费、选择卸货港附加费、变更卸货港附加费、燃油附加费、港口拥挤附加费、绕航附加费、转船附加费和直航附加费等。

2) 租船运输

租船运输，又称租船，是海洋运输的一种方式，是指租船人向船东租赁船舶用于货物运输的一种方式。租船运输适用于大宗货物运输，有关航线和港口、运输货物的种类以及航行的时间等，都按照承租人的要求，由船舶所有人确认。租船人与出租人之间的权利义务以双方签订的租船合同确定。

租船运输的方式有如下几种。

(1) 定程租船(Voyage Charter)，又称程租船或航次租船，它是根据船舶完成一定航程(航次)来租赁的，租船市场上最活跃，且对运费水平的波动最为敏感的一种租船方式。一般可分为按单航次、来回航次、连续单航次和连续来回航次等方式租赁船舶。在国际现货市场上成交的绝大多数货物(主要包括液体散货和干散货两大类)都是通过航次租船方式运输的。程租船的“租期”取决于航次运输任务是否完成，由于航次租船并不规定完成一个航次或几个航次所需的时间。因此，船舶所有人对完成一个航次所需的时间是最为关心的，其特别希望缩短船舶在港停泊时间。而承租人与船舶所有人对船舶的装卸速度又是对立的，所以在签订租船合同时，承租双方还需约定船舶的装卸速度以及装卸时间的计算办法，并相应地规定延滞费和速遣费率的标准和计算方法。

定程租船的特点是：无固定航线、固定装卸港口和固定航行船期，而是根据租船人(货主)的需要和船东的可能，经双方协商，在程租船合同中规定；程租船合同需规定装卸率和滞期、速遣费条款；运价受租船市场供需情况的影响较大，租船人和船东双方的其他权利、义务一并在程租船合同中规定。定程租船以运输货值较低的粮食、煤炭、木材、矿石等大宗货物为主。它是指由船舶所有人负责提供一艘船舶在指定的港口之间进行一个航次或几个航次运输指定货物的租船；船舶的营运调度由船舶所有人负责，船舶的燃料费、物料费、修理费、港口费、淡水费等营运费用也由船舶所有人负担；船舶所有人负责配备船员，负担船员的工资、伙食费。航次租船的“租金”通常称为运费，运费按货物的数量及双方商定的费率计收。规定计算运费的方法有 3 种：按装货吨数计算；按卸货吨数计算；按包干运费，包价支付。

(2) 定期租船(Time Charter)，又称期租船，是指按一定期限租赁船舶的方式，即由船东(船舶出租人)将船舶出租给租船人在规定期限内使用，在此期限内由租船人自行调度和经营管理。租期可长可短，短则数月，长则数年。这种租船方式不以完成航次数为依据，而以约定使用的一段时间为限。

定期租船的特点是：在租赁期间，船舶交由租船人管理、调动和使用。货物的装卸、配载、理货等一系列工作都由租船人负责，由此而产生的燃料费、港口费、装卸费、垫舱物料费等都由租船人负担。租金是按月(天或日历月)以每一夏季载重吨为计算单位计收。租金一经约定即固定不变。船方负担船员薪金、伙食等费用，并负责保持船舶在租赁期间的适航状态(Seaworthy)以及因此而产生的费用和船舶保险费用。所谓适航状态一般是指使船舶能够正常运转，具有航海安全能力，能够适用接受和保管货物。

(3) 光船租船(Bareboat Charter)，又称船壳租船，净船期租船。这种租船不具有承揽运输性质，它只相当于一种财产租赁。光船租船是指船舶所有人将船舶出租给承租人使用一定期限，但船舶所有人提供的是空船，承租人要自己任命船长、配备船员，负责船员的给养和船舶(经营管理所需的一切费用)。也就是说，船舶所有人在租期内除了收取租金外，不再承担任何责任和费用。因此，一些不愿经营船舶运输业务，或者缺乏经营管理船舶经验的船的所有人也可将自己的船舶以光船租船的方式出租，虽然这样的利润不高，但船舶所有人可以取得固定的租金收入。光船租船的特点是：船舶所有人只提供一艘空船，全部船员由承租人配备并听从承租人的指挥，承租人负责船舶的经营及营运工作，并承担在租期内的时间损失，即承租人不能“停租”；除船舶的资本费用外，承租人承担船舶的全部固定的及变动的费用；租金按船舶的装载能力、租期及商定的租金率计算。光船租船是通过船舶所有人与承租人订立光船租船合同，由船舶所有人将船舶的占有权和使用权转移给承租人、船舶所有人仍然保留船舶的所有权。所以说，光船租船合同是财产租赁合同而不是海上运输合同。

(4) 航次期租船(Trip Charter on Time Basis)，又称日租租船，它是一种以完成一个航次运输为目的，但租金以航次所需的时间(天)为计算标准。这种租船方式不计滞期、速遣费用，船方不负责货物运输的经营管理。在装货港和卸货港的条件较差，或者航线的航行条件较差，难以掌握一个航次所需时间的情况下，这种租船方式对船舶所有人比较有利。因为采用这种租船方式，可以使船舶所有人避免难以预测的情况而使航次时间延长所造成的船期损失。

5.1.2　铁路运输

在国际货物运输中，铁路运输(Rail way Transport)是仅次于海洋运输的主要运输方式，海洋运输的进出口货物，也大多是靠铁路运输进行货物的集中和分散的，如图5.2所示。

图5.2　铁路运输图

铁路运输有许多优点，一般不受气候条件的影响，可保障全年的正常运输，而且运量较大，速度较快，有高度的连续性，运转过程中可能遭风险也较小。办理铁路货运手续比海洋运输简单，而且发货人和收货人可以在就近的始发站(装运站)和目的站办理托运和提货手续。

1. 国内铁路运输(Domestic Railway Transportation)

它是指仅在本国范围内按《铁路货物运输规程》的规定办理的货物运输。我国出口货物经铁路运至港口装船及进口货物卸船后经铁路运往各地，均属国内铁路运输的范畴。供应香港、澳门地区的物资经铁路运往香港九龙，也属于国内铁路运输的范围。对港铁路运输是由国内段运输和港段铁路运输两部分构成的。它是一种特殊的租车方式的两票运输。具体做法是：从发货地至深圳北站的国内段运输，由发货人或发货地外运机构依照对港铁路运输计划的安排，填写国内铁路运单，先行运往深圳北站，收货人为中国对外贸易运输公司深圳分公司。深圳分公司作为各外贸企业的代理，负责在深圳与铁路局办理货物运输单据的交换，并向深圳铁路局租车，然后申报出口，经查验放行后，将货物运输至九龙港。货车过轨后，由深圳外运分公司在香港的代理人——香港中国旅行社向香港九广铁路公司办理港段铁路运输的托运、报关等工作，货车到达九龙目的站后，由香港中国旅行社将货物卸交给香港收货人。

2. 国际铁路货物运输

凡使用一份统一的国际铁路联运票据，由铁路部门承担，经过两国或两国以上铁路的全程运输，并由一国铁路向另一国铁路移交货物时不需发、收人参加的运输方式称为国际铁路货物联运。国际铁路联运运单属于《跟单信用证统一惯例》规定的公路、铁路或内河运单的范畴，它仅具有运输合同证明和货物收据的功能，不具有物权凭证的功能，不具有流通性。因此，《国际货约》和《国际货协》均明确规定铁路联运运单中的收货人一栏必须是记名的。

5.1.3 航空运输

航空运输(Air Transport)是一种现代化的运输方式，如图 5.3 所示，它与海洋运输、铁路运输相比，具有运输速度快、货运质量高、且不受地面条件的限制等优点。因此，它最适宜运送急需物资、鲜活商品、精密仪器和贵重物品。

图 5.3 航空运输图

1. 班机运输(Scheduled Airline)

班机是指定期开航的定航线、定始发站、定目的港、定途经站的飞机。一般航空公司都使用客货混合型飞机(Combination Carrier)。一方面搭载旅客，一方面又运送少量货物。但一些较大的航空公司在一些航上开辟定期的货运航班，使用全货机(All Cargo Carrier)运输。

2. 包机运输(Chartered Carrier)

包机运输方式可分为整包机和部分包机两类。整包机即包租整架飞机，指航空公司按照与租机人事先约定的条件及费用，将整架飞机租给包机人，从一个或几个航空港装运货物至目的地。部分包机是指由几家航空货运公司或发货人联合包租一架飞机或者由航空公司把一架飞机的舱位分别卖给几家航空货运公司装载货物，适用于托运不足一架整飞机舱但货量又较重的货物运输。

3. 集中托运(Consolidation)

将若干票单独发运的、发往同一方向的货物集中起来作为一票货，填写一份总运单发运到同一到站的做法。货物到达目的地站机场后，当地的货运代理公司作为总运单的收货人负责接货、分拨，按不同的分运单制定各自的报关单据并代为报关、为实际收货人办理有关接货关货事宜。

4. 航空快递(Air Express)

航空快递是指航空快递企业利用航空运输，收取收件人托运的快件并按照向发件人承诺的时间将其送交指定地点或者收件人，掌握运送过程的全部情况并能将即时信息提供给有关人员查询的门对门速递服务。

5.1.4 公路运输

公路运输(Highway Transport)是在公路上运送旅客和货物的运输方式，如图 5.4 所示。它是交通运输系统的组成部分之一，主要承担短途客货运输。现代所用运输工具主要是汽车。因此，公路运输一般即指汽车运输。在地势崎岖、人烟稀少、铁路和水运不发达的边远和经济落后地区，公路为主要运输方式，起着运输干线作用。

图 5.4 公路运输图

5.1.5 内河运输

内河运输(Inland Water Transport)是指使用船舶通过国界内江湖河川等天然或人工水道，运送货物和旅客的一种运输方式，如图 5.5 所示。它是水上运输的一个组成部分，是内陆腹地和沿海地区的纽带，也是边疆地区与邻国边境河流的连接线，在现代化的运输中起着重要的辅助作用。早期在我国南方就存在，主要用于“盐”“茶叶”“丝绸”的货物运输。

图 5.5　内河运输图

5.1.6　邮包运输

邮包运输(Parcel Post Transport)是一种较简便的运输方式，如图 5.6 所示。各国邮政部门之间订有协定和合约，通过这些协定和合约，各国的邮件包裹可以相传递，从而形成国际邮包运输网。由于国际邮包运输具有国际多式联运和“门到门”运输的性质，加之，手续简便，费用也不高，故其成为国际贸易中普遍采用的运输方式中之一。

图 5.6　邮包运输图

邮包运输是一种简便的运输方式，具有“门到门”的特点。卖方只需按规定的时间将商品包裹送交邮局，付清邮资并取回收据，就完成了交货义务，邮件到达目的地后，收件只可凭邮局到件通知提取。它一般适合于量轻体小的货物，邮件一般不能超过 20 千克，长度不能超过 1 米。

5.1.7　管道运输

管道运输(Pipeline transport) 是用管道作为运输工具的一种长距离输送液体和气体物资

的输方式，是一种专门由生产地向市场输送石油、煤和化学产品的运输方式，是统一运输网中干线运输的特殊组成部分，如图 5.7 所示。管道运输石油产品比水运费用高，但仍然比铁路运输便宜。大部分管道都是被其所有者用来运输自有产品。

图 5.7 管道运输图

5.1.8 集装箱运输

集装箱运输(Container Transport)，是指以集装箱这种大型容器为载体，将货物集合组装成集装单元，以便在现代流通领域内运用大型装卸机械和大型载运车辆进行装卸、搬运作业和完成运输任务，从而更好地实现货物“门到门”运输的一种新型、高效率和高效益的运输方式，它可适用于海洋运输、铁路运输及国际多式联运等，如图 5.8 所示。

图 5.8 集装箱运输图

5.1.9 国际多式联运

国际多式联运(International Multimodal Transport)简称多式联运，是在集装箱运输的基础上产生和发展起来的，是指按照多式联运合同，以至少两种不同的运输方式，由多式联运经营人将货物从一国境内的接管地点运至另一国境内指定交付地点的货物运输，如图 5.9 所示。国际多式联运适用于水路、公路、铁路和航空多种运输方式。在国际贸易中，由于 85%～90%的货物是通过海运完成的，故海运在国际多式联运中占据主导地位。

图 5.9 国际多式联运运输图

进行国际多式联运应具备以下条件。

(1) 多式联运经营人与托运人之间必须签订多式联运合同，以明确承、托双方的权利、义务和豁免关系。多式联运合同是确定多式联运性质的根本依据，也是区别多式联运与一般联运的主要依据。

(2) 必须使用全程多式联运单据(Multimodal Transport Documents，M. T. D.，我国现在使用的是 C. T. B/L)。该单据既是物权凭证，也是有价证券。

(3) 必须是全程单一运价。这个运价一次收取，包括运输成本(各段运杂费的总和)、经营管理费和合理利润。

(4) 必须由一个多式联运经营人对全程运输负总责。他是与托运人签订多式联运合同的当事人，也是签发多式联运单据或多式联运提单者，他承担自接受货物起至交付货物止的全程运输责任。

(5) 必须是两种或两种以上不同运输方式的连贯运输。如为海/海、铁/铁、空/空联运，虽为两程运输，但仍不属于多式联运，这是一般联运与多式联运的一个重要区别。同时，在单一运输方式下的短途汽车接送也不属于多式联运。

(6) 必须是跨越国境的国际间的货物运输。这是区别国内运输和国际运输的限制条件。

5.1.10 大陆桥运输(Land Bridge Transport)

大陆桥运输是指利用横贯大陆的铁路(公路)运输系统，作为中间桥梁，把大陆两端的海洋连接起来的集装箱连贯运输方式。简单地说，就是两边是海运，中间是陆运，大陆把海洋连接起来，形成海——陆联运，而大陆起到了“桥”的作用，所以称之为“陆桥”。而海——陆联运中的大陆运输部分就称之为“大陆桥运输”。世界的大陆桥主要是北美大陆桥、西伯利亚大陆桥以及新亚欧大陆桥。

1. 北美大陆桥

北美大陆桥包括美国大陆桥运输和加拿大大陆桥运输。美国大陆桥有两条运输线路：一条是从西部太平洋沿岸至东部大西洋沿岸的铁路和公路运输线，另一条是从西部太平洋沿岸至东南部墨西哥湾沿岸的铁路和公路运输线。北美大陆桥是世界上历史最悠久、影响最大、服务范围最广的陆桥运输线。

2. 西伯利亚大陆桥

西伯利亚大陆桥利用俄罗斯西伯利亚铁路作为陆地桥梁，把太平洋远东地区与波罗的海和黑海沿岸以及西欧大西洋口岸连起来。此条大陆桥运输线东自海参崴的纳霍特卡港口起，横贯欧亚大陆，至莫斯科，然后分3路，一路自莫斯科至波罗的海沿岸的圣彼得堡港，转船往西欧、北欧港口；一路从莫斯科至俄罗斯西部国境站，转欧洲其他国家铁路(公路)直运欧洲各国；另一路从莫斯科至黑海沿岸，转船往中东、地中海沿岸。所以，从远东地区至欧洲，通过西伯利亚大陆桥有海、铁、海，海、铁、公路和海、铁、铁3种运送方式。西伯利亚大陆桥的营运情况及主要问题：从20世纪70年代初以来，西伯利亚大陆桥运输发展很快。目前，它已成为远东地区往返西欧的一条重要运输路线。日本是利用此条大陆桥的最大“顾主”，整个20世纪80年代，其利用此大陆桥运输的货物数量每年都在10万个集装箱以上。为了缓解运力紧张情况，苏联又建成了第二条西伯利亚铁路。但是，西伯利亚大陆桥也存在3个主要问题：运输能力易受冬季严寒影响，港口有数月冰封期；货运量西向大于东向约2倍，来回运量不平衡，集装箱回空成本较高，影响了运输效益；运力仍很紧张，铁路设备陈旧。随着新亚欧大陆桥的正式营运，这条大陆桥的地位正在下降。

3. 新亚欧大陆桥

亚欧第二大陆桥，也称新亚欧大陆桥，如图5.10所示。该大陆桥东起我国的连云港，西至荷兰鹿特丹港，全长10 837km，其中在我国境内4 143km，途径哈萨克斯坦、俄罗斯、白俄罗斯、波兰、德国，可辐射到30多个国家和地区。1990年9月，中国铁路与哈萨克铁路在德鲁日巴站正式接轨，标志着该大陆桥的贯通。1991年7月20日开办了新疆—哈萨克斯坦的临时边贸货物运输。1992年12月1日由连云港发出首列国际集装箱联运“东方特别快车”，经陇海、兰新铁路，西出边境站阿拉山口，分别运送至阿拉木图、莫斯科、圣彼得堡等地，标志着该大陆桥运输的正式开启。近年来，该大陆桥运量逐年增长，并具有巨大的发展潜力。

图 5.10 新亚欧大陆桥图

任务 5.2 装运条款

买卖双方洽商交易时，必须就各项装运条款谈妥，并在合同中订明，以利于合同的履行。装运条款的内容同国际货物买卖合同的性质和运输方式有着密切的关系，不同性质的运输方式，其装运条款也不尽相同。鉴于我国大部分进出口货物是通过海洋运输，而且对外签订的进出口合同大部分属 FOB、CIF、CFR 合同。按照国际惯例，在上述条件下，卖方只要将合同规定的货物在装运港履行交货手续，即算完成交货义务。因此，上述合同的装运条款应包括装运时间、装运港、目的港、是否分批和转船、装运通知以及滞期费、速遣费等内容。

5.2.1 装运时间

装运时间又称装运期，是指卖方将合同规定的货物装上运输工具或交给承运人的期限。

1. 装运时间的规定方法

1）规定明确、具体的装运时间

(1) 规定在某年某月内装运。例如：2006 年 5 月份交货(装运)(Delivery or Shipment during May 2006)。

(2) 规定在某年某月月底以前装运。例如：2006 年 5 月底前装运(Shipment on or before the end of May 2006)。

(3) 规定在某年某月某日前装运。例如：2006 年 11 月 15 日前装运(Shipment on or before 15th November 2006)。

(4) 规定在某几个连续月内装运。例如：2006 年 5～6 月装运(Shipment during May/June 2006)。

此种规定方法明确、具体，使用较为广泛。

2）规定收到信用证后若干天装运

如规定："收到信用证后30天内装运"（Shipment within 30 days after receipt of L/C）。为防止买方不按时开证，一般还规定："买方必须不迟于某月某日将信用证开到卖方"（The relevant L/C must reach the seller not later than…）的限制性条款。对某些进口管制较严的国家或地区，或专为买方制造的特定商品，或对买方资信不够了解，为防止买方不履行合同而造成损失，可采用此种规定方法。

3）规定近期装运术语

如规定"立即装运"（Immediate Shipment）、"即期装运"（Prompt Shipment）、"尽快装运"（Shipment as Soon as Possible）等。由于这些术语在各国、各行业中解释不一，不宜使用。国际商会制订的《跟单信用证统一惯例》也明确规定不宜使用此类词，如果使用，银行将不予置理。

2. 规定装运时间应注意的问题

（1）买卖合同中装运时间的规定，要明确具体，装运期限应当适度。

（2）应注意货源情况、商品的性质和特点以及交货的季节性等。

（3）应结合考虑交货港、目的港的特殊季节因素。

5.2.2 装运港(地)和目的港(地)

装运港(Port of Shipment)是指货物起始装运的港口。目的港(Port of Destination)是指最终卸货的港口。在国际贸易中，装运港(地)一般由卖方提出，经买方同意后确认，目的港(地)一般由买方提出，经卖方同意后确认。

1. 装运港(地)和目的港(地)的规定方法

在买卖合同中，装运港和目的港的规定方法有以下几种。

（1）在一般情况下，装运港和目的港分别规定各为一个。如装运港：上海(Port of Shipment：Shanghai)，目的港：伦敦（Port of Destination：London）。

（2）有时按实际业务的需要，也可分别规定两个或两个以上的装运港或目的港。如装运港：新港/上海(Xingang/Shanghai)，大连/青岛/上海（Dalian/Qingdao/Shanghai）；目的港：伦敦/利物浦(London/Liverpool)。

（3）在磋商交易时，如明确规定装运港或目的港有困难，可以来用选择港(Optional Ports)办法规定。选择港有两种方式：一种是在两个或两个以上港口中选择一个，如CIF伦敦选择港汉堡或鹿特丹(CIF London，Optional Hamburg/Rotterdam)，或者CIF伦敦/汉堡/鹿特丹(CIF London/Hamburg/Rotterdam)；另一种是笼统规定某一航区为装运港或目的港，如"地中海主要港口"，即最后交货则选择地中海的一个主要港口为目的港。

2. 确定国内外装运港(地)和目的港(地)的注意事项

1）规定国外装运港和目的港应注意的问题

（1）对国外装运港或目的港的规定，应力求具体明确。

（2）不能接受内陆城市为装运港或目的港的条件。

（3）必须注意装卸港的具体条件。

（4）应注意国外港口有无重名问题。

(5) 如采用选择港口规定，要注意各选择港口不宜太多，一般不超过3个，而且必须在同一航区、同一航线上。同时在合同中应明确规定：如所选目的港要增加运费、附加费，应由买方负担，同时要规定买方宣布最后目的港的时间。

2) 规定国内装运港(地)或目的港(地)应注意的问题

在出口业务中，对国内装运港的规定，一般以接近货源地的对外贸易港口为宜，同时考虑港口和国内运输的条件和费用水平。

总之，买卖双方在确定装运港时，通常都是从本身利益和实际需要出发，根据产、销和运输等因素考虑的。为了使装运港和目的港条款订得合理，必须从多方面加以考虑，特别是国外港口很多，情况复杂，在确定国外装运港和目的港时，更应格外谨慎。

5.2.3 分批装运和转运

1. 分批装运

分批装运(Partial Shipment)，又称分期装运(Shipment by Installments)，是指一个合同项下的货物分若干批或若干期装运。

国际上对分批装运的解释和运用有所不同。按有些国家的合同法规定，如合同对分批装运不作规定，买卖双方事先对此也没有特别约定或习惯做法，则卖方交货不得分批装运；国际商会制定的《跟单信用证统一惯例》规定，除非信用证另有规定，允许分批装运。因此，为了避免不必要的争议，争取早出口、早收汇，防止交货时发生因难，除非买方坚持不允许分批装运，原则上应明确在出口合同中订入"允许分批装运"(Partial shipment to be allowed)。

2. 转运(Transhipment)

卖方在交货时，如驶往目的港没有直达船或船期不定或航次间隔太长，为了便于装运，则应在合同中订明"允许转船"(Transhipment to be allowed)。

特别提示

《UCP600》规定：除非信用证另有规定，可准许转运。

3. 合同中的分批、转运条款

国际货物买卖合同中的分批、转运条款通常是与装运时间条款结合起来规定的。合同中分批、转运条款举例如下。

(1) 5/6/7月装运，允许分批和转运(Shipment during May/June/July, with partial shipments and transhipment allowed)。

(2) 6/7月分两批装运，禁止转运(During June/July in two shipments, transhipment is prohibited)。

(3) 11/12月分两次平均装运，由香港转运(During Nov./Dec. in two equal monthly shipment, to be transhipped at Hong Kong)。

5.2.4　装运通知

装运通知(Advice of Shipment)是装运条款中不可缺少的一项重要内容。不论按哪种贸易术语成交，交易双方都要承担相互通知的义务。规定装运通知的目的在于明确买卖双方的责任，促使买卖双方互相配合，共同搞好车、船、货的衔接，并便于办理货物保险。因此，为有利于合同的履行，需要订明装运通知条款。

特别是，买卖双方按 CFR 条件成交时，装运通知具有特殊重要的意义，所以卖方应在货物装船后，立即向买主发出装运通知，以便于买方安排保险事宜。

5.2.5　装卸时间、装卸率、滞期、速遣条款

在实际业务中，负责装卸货物的不一定是租船人，而是买卖合同的一方当事人，如 FOB 合同的租船人是买方，而装货是由卖方负责；反之，CIF 合同的租船人是卖方，而卸货是由买方负责，因此，负责租船的一方为了促使对方及时完成装卸任务，故在买卖合同中也要求规定装卸时间、装卸率和滞期、速遣条款。

特别提示

本条款只在程租船运输方式下才出现，而且实际业务中，负责装卸货物的不一定是租船人，而是买卖合同中的一方当事人，所以在买卖合同中要规定以上几项。

1. 装卸时间

装卸时间是指允许完成装卸任务所约定的时间，它一般以天数或小时数来表示。装卸时间的规定方法很多，其中主要有下列几种。

(1) 日(Days)或连续日(Running Days；Consecutive Days)。

(2) 累计 24 小时好天气工作日(Weather Working Days of 24 Hours)。

这是指在好天气情况下，不论港口习惯作业为几小时，均以累计 24 小时作为一个工作日。如果港口规定每天作业 8 小时，则一个工作日便跨及几天的时间。这种规定对租船人有利，而对船方不利。

(3) 连续 24 小时好天气工作日(Weather Working Days of 24 Consecutive Hours)。

这是指在好天气情况下，连续作业 24 小时算一个工作日，中间因坏天气影响而不能作业的时间应予扣除。这种方法一般适用于昼夜作业的港口。当前，国际上采用这种规定的较为普遍，我国一般都采用此种规定办法。

除了具有一定含义的日数表示装卸时间的办法外，有时关于装卸时间并不按日数或每天装卸货物的吨数来规定，而只是按“港口习惯速度尽快装卸”(To load/discharge in customary quick dispatch，CQD)，这种规定不明确，容易引起争议，故采用时应审慎行事。

为了计算装卸时间，合同中还必须对装卸时间的起算和止算时间加以约定。

关于装卸时间的起算时间，各国法律规定或习惯并不完全一致，一般规定在船长向承租人或其代理人递交了“装卸准备就绪通知书”(Notice of Readiness，N/R)以后，经过一定的规定时间后，开始起算。关于止算时间，现在世界各国习惯上都以货物装完或卸完的时间，作为装卸时间的止算时间。

2. 装卸率

装卸率是指每日装卸货物的数量。装卸率的具体确定，一般应按照港口习惯的正常装卸速度，掌握实事求是的原则。装卸率的高低，关系到完成装卸任务的时间和运费水平，装卸率规定过高或过低都不合适。

3. 滞期费和速遣费

滞期费(Demurrage)是指在规定的装卸期限内，租船人未完成装卸作业，给船方造成经济损失，租船人对超过的时间应向船方支付的一定罚金。

速遣费(Dispatch Money)是指在规定的装卸期限内，租船人提前完成装卸作业，使船方节省了船舶在港的费用开支，船方应向租船人就可节省的时间支付一定的奖金。按惯例，速遣费一般为滞期费的一半。滞期费和速遣费通常约定为每天若干金额，不足一天者，按比例计算。

5.2.6 其他装运条款

在同美国进行贸易时，为了取得运费上的优待，可以采用 OCP 条款。“OCP”是 Overland Common Points 的缩写，意为“内陆地区”。所谓“内陆地区”，是根据美国运费率规定，以美国西部 9 个州为界，也就是以落基山脉为界，其以东地区，均为内陆地区范围。按 OCP 运输条款达成的交易，出口商可享受美国内陆运输的优惠费率。因此，对美交易中，采用 OCP 运输条款，对进出口双方均有利。

注意下列问题。

(1) 货物最终目的地必须属于 OCP 地区范围。

(2) 货物必须经由美国西海岸港口中转。因此，签订 CFR 和 CIF 出口合同时，目的港必须是美国西海岸港口。

(3) 提单上必须标明 OCP 字样，并且在提单目的港一栏中除填明美国西部海岸港口名称外，还要加注内陆地区的城市名称。

任务 5.3 运输单据

运输单据(Transport Documents)是承运人收到出口商交给的承运货物后签发给出口商的证明文件。运输单据通常是出口商处理索赔和向银行办理收取货款或进行议付的重要单据。在国际贸易运输中，由于运输方式不同，所以使用的运输单据不同，其中主要包括海运提单、铁路运单、航空运单、邮包收据和多式联运单据等。

5.3.1 海运提单(Ocean Bill of Lading)

海运提单是承运人或其代理人收到其承运的货物后签发给托运人的货物收据，如图 5.11 所示。

托运人 Shipper	中国对外贸易运输总公司 CHINA NATIONAL FOREIGN TRADE TRANSPORTATION CORP 直运或转船提单 DIRECT OR WITH TRANSSHIPMENT	
收货人或提示 Consignee or order		
通知地址 Notify address	Cable SINOTRANS BEIJING Guangzhou 44464 Cgtrs CN Shanghai 33040 Cnccs CN Qingdao 32134 Chtqd CN Tianjin 23141 Tjftt CN Dalian PG 165 Cnccd CN Xiamen 93011 Xmftb CN Fuzhou 92129 Cfttf CN	Telex Huangpu 44797 Tcahp CN Foshan 44775 Fatrs CN Zhanjiang 45237 CN Shantou 45404 Cnccs CN Yantai 32603 Cftyt CN Jiangsu 34003 Njfft CN Ningbo 37034 Ntran CN

	装运港 Port of transshipment
船名 Vessel	装货港 Port of loading
卸货港 Port of discharge	最后目的地 Final destination

标志和号码 Marks and Nos	件数和包装种类 Number and kind of packages	货名 Description of Goods	毛重(千克) Gross weight (kgs)	尺码(立方米) Measurement(m^3)
	以上细目由托运人提供 ABOVE PARTICULARS FURNISHED BY SHIPPER			

运费和费用 Freigh and charges	SHIPPED on board in apparent good order and condition(unless otherwise indicated)the goods or packages specified here in and to be discharged at the mentioned port of discharge or as near thereto as the vessel may safely get and be always afoat. The weight measure.marks and numbers.quality contents and value being particulars furnished by the Shipper are not checked by the Carrier on boarding. The Shipper.Consignee and the Holder of this Bill of loading heredy expressly accept and agree to all printed.written or stamped provisions. exceptions and conditions of this Bill of loading including those on the back hereof. IN WITNESS whereof the numter of original Bills of Loading stated below have been signed.one of which being accomplished.the other(s) to be void:	
	运费支付地 Freight payable at	正本提单份数 Number of original Bs/L
	货单地点和日期 Place and the ofissue	代表船长签字 Signed for or on behalf of the Master 代理 as Agent

图5.11 海运提单

1. 海运提单的性质和作用

(1) 提单是承运人或其代理人出具的货物收据，证实其已按提单上所列的内容收到托运人的货物。

(2) 提单是代表货物所有权的凭证，提单的持有人拥有支配货物的权利。因此，提单可以用来向银行议付货款和向承运人提取货物，也可用来抵押或转让。

(3) 提单是承运人和托运人双方订立的运输契约，或是运输契约的证明。由于运输契约是在装货前商订的，而提单一般是在装货后签发的，故提单本身不是运输契约，而只是运输契约的证明。

2. 海运提单的种类

海运提单包括班轮提单和租船合同项下的提单，前者，提单正面作了有关货物和运费事项的记载外，在提单背面还有印好的运输条款。为了统一提单背面的运输条款的内容，国际上曾先后签署了《海牙规则》、《维斯比规则》和《汉堡规则》3 项国际公约。

提单可以从各种不同的角度分类，在国际贸易中使用的提单主要有下列几种。

(1) 按签发提单的时间是在货物装船之前还是在装船之后来分类，可以分为已装船提单和备运提单。

① 已装船提单(Shipped or On board bill of lading)是指货物装上船舶以后，由承运人签发给托运人提单。这种提单必须载明装货船名和装船日期。由于已装船提单对收货人按时收到货物较有保障，因此在买卖合同中一般都规定卖方须向买方提供已装船提单。

② 备运提单(Received for Shipment bill of loading)又称收货待运提单。这是承运人在收到货物但尚未把货物装上船只以前签发给托运人的一种提单。由于备运提单没有肯定的装船日期而且往往不注明装运船舶的名称，将来货物能否出运、何时装运都很难预料。因此，买方一般都不愿意接受这种提单。

备运提单可以改变为已装船提单，其做法是当承运人已签发备运提单之后，如他已把货物装上船只，则承运人可在提单的正面加注“已装船”字样和装船日期，并在其上签字，这样就可以使备运提单成为已装船提单。

目前，随着集装箱运输的发展，备运提单的使用日益增多。因为集装箱船公司需要在内陆收货站收货装箱，内陆收货站无法确定船名和装船日期，所以无法签发已装船提单，而只能签发备运提单，这是集装箱运输的正常做法。

(2) 按承运人在提单上对货物的外表状态加列批注来分类，可以分为清洁提单与不清洁提单。

① 清洁提单(Clean bill of lading)是指承运人对货物的表面状况未加批注提单。这种提单表明货物是在表面状况良好的条件下装船的。在承运人签发了清洁提单的情况下，如果在目的港卸货时发现货物表面有缺陷，承运人须承担损害赔偿的责任。但对于经过合理检查不能发现的缺陷，以及因免责海难所遭受的损失，承运人可以免责。在国际货物买卖合同中，一般都规定卖方必须提供已装船的清洁提单。

② 不清洁提单(Unclean bill of lading, or Foul bill of lading)是指承运人对货物的表面状况加有不良批注的提单，如注明“包装不固”、“破包”、“沾有油污”等。这种提单表明，货物是在表面状况不良的条件下装上船舶的。如卸货时发现货物遭受损害或灭失，而致损的原因可以归咎于这些批注事项的话，就可以减免承运人的责任。因此，在提单上加列批注，是承运人保护其自身利益的一种手段。

(3) 按提单收货人抬头分类，有记名提单(Straight bill of lading)、不记名提单(Open bill of lading)和指示提单(Order bill of lading)。

① 记名提单是指在提单收货人栏内具体指定收货人名称的提单。记名提单只能由指定的收货人提货，它不能转让流通。

② 不记名提单是指在提单收货人栏内不填写收货人名称而留空，故又称空名提单。不记名提单，仅凭单交货，风险较大，在国际贸易中不经常使用。

③ 指示提单是指在提单的收货人栏内填写“凭指示”(To order)或“凭某人指示”(To order of...)字样的提单，此种提单可通过背书转让，因而又称为可转让的提单。背书的方法有两种：由背书人单纯签字盖章的称作空白背书；除背书人签字盖章外，还列明被背书人名称的，称作记名背书，提单经背书后，可转让给其他第三者。由于指示提单可以背书转让，故其在国际贸易中被广为使用。在我国贸易中，通常采用凭指定空白背书提单，习惯上称为“空白抬头、空白背书提单”。

(4) 按运输方式分类则有直达提单(Direct bill of lading)、转船提单(Transshipment bill of lading)和联运提单(Through bill of lading)。

① 直达提单是指轮船装货后中途不经过转船而直接驶往目的港，承运人所签发的提单。如在装运港装货的船舶，不直接驶往目的港，而需中途其他港口换装另一船只后再驶往目的港，由第一承运人在装运港签发运往最后目的港的是转船提单。在直达提单中，不得有中途转船的批语；而在转船提单中，一般注明“在某港转船”的字样。

② 联运提单是在由海运和其他运输方式所组成的联合运输时使用。它是由承运人或其代理人在货物起运地签发运往货物最终目的地的提单，并收取全程运费。由于联运提单包括全程运输，所以第一承运人或其代理人应将货物转交给下一程承运人，有关货物中途转换运输工具和交接工作，均不需托运人办理。转运提单和联运提单的区别在于前者仅限于转船，后者可在中途转换其他运输工具

(5) 其他种类的提单。

① 集装箱提单(Container B/L)。集装箱提单是指以集装箱装运货物而由承运人签发给托运人的提单。

② 舱面提单(On deck B/L)。舱面提单是指货物装在船舶甲板上运输所签发的提单，又称甲板提单。在这种提单中应注明“在舱面”字样。

③ 过期提单(Stale B/L)。关于过期提单有两种说法：一种是提单晚于货物到达目的港，叫过期提单。在远洋运输中难免会出现这种情况，因此，买卖合同中一般都规定“过期提单可以接受”的条款。另一种是向银行交单时间超过提单签发日期 21 天，这种滞期交到银行的提单，也称为过期提单，银行有权拒收。

④ 正本提单和副本提单。正本提单(Original B/L)是指提单上有承运人、船长或其代理人签字盖章，并注明签发日期的提单。这种提单在商业上和法律上都是公认有效的单证。

副本提单(Copy B/L)是指提单上没有承运人、船长或其代理人签字盖章，仅供工作上参考使用的提单。

提单的种类很多，因此买卖双方在洽商交易时，究竟采用哪一种提单，应在合同中具体订明。

⑤ 电子提单。电子提单是利用电子数据交换(EDI)系统传送的非书面化提单。电子提单采用了 EDI 传递，与传统的纸面文件传递相比节省了时间和费用。

电子提单的具体操作程序是卖方、发货人、银行、买方、收货人均以承运人为中心，通过 EDI 系统通告运输途中货物所有权的转移时间和对象。电子提单完全改变传统提单通过背书转让物权的方式，取而代之的是以电子密码通知来实施货物所有权的转移，谁拥有密码，谁就拥有货物所有权。

5.3.2 海上货运单

海上货运单，简称海运单(Sea Waybill)，是证明海上运输货物已由承运人接管装船，并保证将货物交给单证上指定的收货人的一种不可流通的单证，因此又称“不可转让海运单”，如图 5.12 所示。

Shipper
SHANGHAI INPORT & EXPORT TRADE
CORPORATION

COSCO B/L No.:××××××

中国远洋运输公司
CHINA OCEAN SHIPPING COMPANY

Consignee
TO ORDER OF SHIPPER

Notify Party
YIYANG TRADING CORPORATION
88 MARAHALLAVE.
DONCASTER VIC 3108
MONTREAL,CANADA

Commbined Transport BILL OF LADING

Pre-carriage by	Place of Recipt	Ocean Vessel Voy.No.	Port of Loading	Port of Dischrge	Place of Delivery
		Mayer 05W	SHANGHAI CHINA	MONTERAL, CANADA	

Container No.	Marks & Nos	Number and Kind of Packages Description of goods	Gross weight	Measurement
	Y.Y.T.C MONTREAL C/No.1-330	COTTON TEATOWELS THREE HUNDRED AND THIRTY（330） CARTONS TOTAL ONE 20’ CONTAINER CY TO CY FREIGHT PREPAID ON BOARD	825kgs	6.6cbm

TOTAL NUMBER OF CONTAINERS(IN WORDS)
SAY THREE HUNDRED AND THIRTY CARTONS ONLY.

FREIGHT & CHARGES	Revenus Tons	Rate	Per	Prepaid	Collect
Ex.Rate.	Prepaid at	Payable at		Place and date of Issue SHANGHAI,CHINA	
	Total Prepai No.of original B(s)/L THREE			Signed for the Carrier	

LADEN ON BOARD THE VESSEL
Date OCT.20,2005
By...×××...

图 5.12 海上货运单

海运单不是物权凭证，所以它不可转让。收货人不凭海运单提货，承运人也不凭海运单而凭海运单载明的收货人的提货或收货凭条交付货物，只要该凭条能证明其为运单上指明的收货人即可。目前，欧洲、斯堪的那维亚半岛、北美和某些远东、中东地区的贸易界越来越倾向于使用不可转让的海运单，主要是因为海运单能方便进口人及时提货，简化手续，节省费用，还可以在一定程度上减少以假单据进行诈骗的现象。另外，由于 EDI 技术在国际贸易中的广泛使用，不可转让海运单更适宜于使用这种新技术。

5.3.3 铁路运单(Rail Waybill)

铁路运输分为国际铁路货物联运和国内铁路运输两种方式。国际铁路货物联运使用国际铁路货物运单，国内铁路运输使用国内铁路运单，如图 5.13 所示。

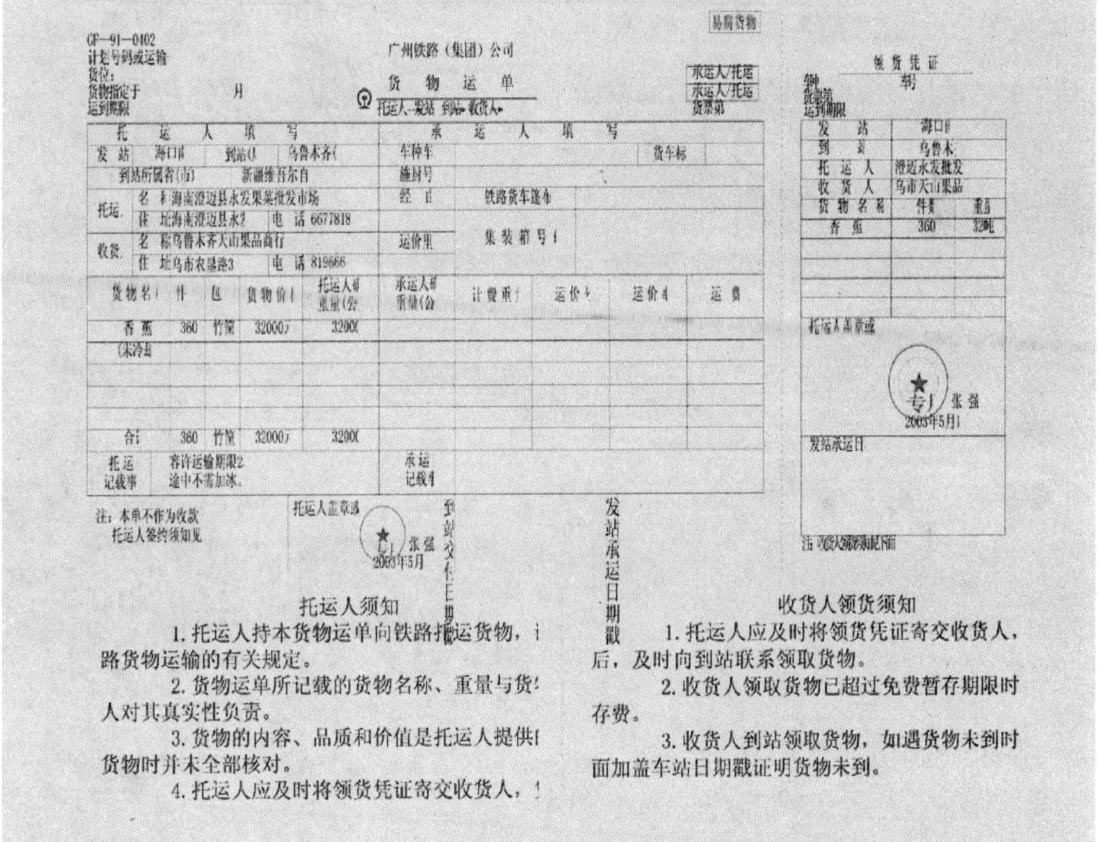

图 5.13 铁路运单

1. 国际铁路货物联运运单(International Through Rail Waybill)

国际铁路货物联运运单是指国际货协的各国之间办理铁路联运时所使用的单据。运单由 5 张组成：第 1 张正本和第 5 张货物到达通知，由铁路局送交收货人；第 2 张运行报单和第 4 张货物交付单，有铁路局交给到达站；第 3 张运单副本交发货人。运单不是物权凭证，不能转让。运单副本在铁路加盖戳记证明运输合同已订立之后，退还给发货人。运单是卖方通过有关银行向买方结算货款的主要单证之一。

2. 承运货物收据(Cargo Receipt)

通过铁路对香港、澳门地区出口的货物，由于国内铁路运单不能作为对外结汇的凭证，所以使用承运货物收据这种特定性质和格式的单据。

5.3.4 航空运单(Air Waybill)

航空运单是由承运的航空公司或其代理人出具的承运货物的收据，如图5.14所示。它是发货人与承运人缔结的运输契约，但不能作为物权凭证进行转让和抵押。航空运单也是海关查验放行的一项基本单据。在航空运单的收货人栏内，必须详细填写收获人的全称和地址，而不能做成指示性抬头。

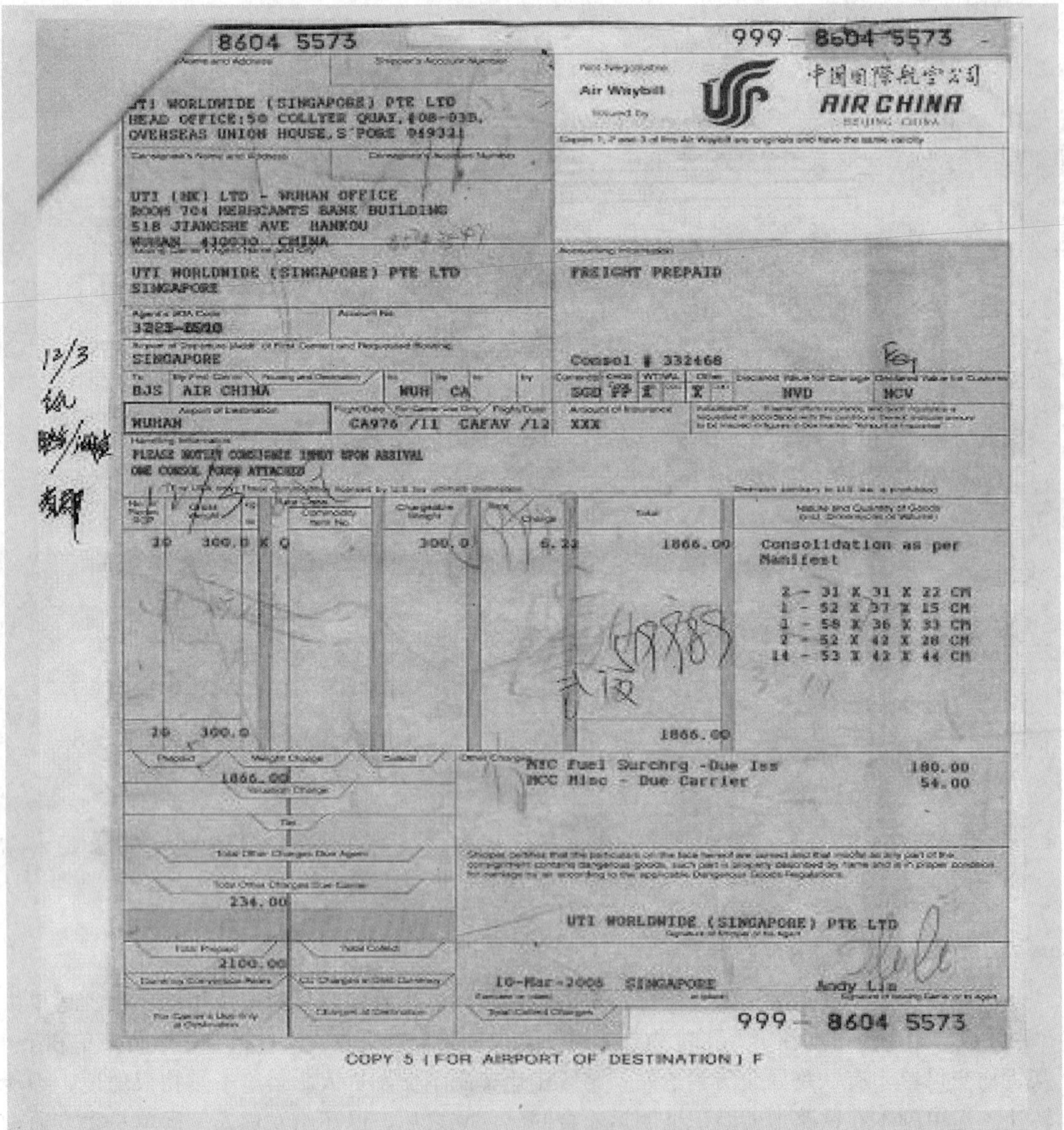
8604 5573

999-8604 5573

Not Negotiable
Air Waybill
Issued by

中国国际航空公司
AIR CHINA
BEIJING CHINA

UTI WORLDWIDE (SINGAPORE) PTE LTD
HEAD OFFICE:50 COLLYER QUAY,#08-03B,
OVERSEAS UNION HOUSE,S'PORE 049321

UTI (HK) LTD - WUHAN OFFICE
ROOM 704 MERCHANTS BANK BUILDING
518 JIANGSHE AVE HANKOU
WUHAN 430030 CHINA

UTI WORLDWIDE (SINGAPORE) PTE LTD
SINGAPORE

FREIGHT PREPAID

3223-5510

SINGAPORE

Consol # 332468

BJS AIR CHINA WUH CA SGD PP NVD NCV

WUHAN CA976 /11 CA/AV /12 XXX

PLEASE NOTIFY CONSIGNEE IMMT UPON ARRIVAL
ONE CONSOL POUCH ATTACHED

20 300.0 K Q 300.0 6.22 1866.00

Consolidation as per Manifest

2 - 31 X 31 X 22 CM
1 - 52 X 37 X 15 CM
1 - 58 X 36 X 33 CM
2 - 52 X 42 X 28 CM
14 - 53 X 42 X 44 CM

20 300.0 1866.00

1866.00

MYC Fuel Surchrg -Due Iss 180.00
MCC Misc - Due Carrier 54.00

234.00

UTI WORLDWIDE (SINGAPORE) PTE LTD

2100.00

10-Mar-2006 SINGAPORE Andy Liu

999- 8604 5573

COPY 5 (FOR AIRPORT OF DESTINATION) F

图5.14 航空运单

航空运单共有正本一式 3 份：第 1 份正本注明 "Original for the shipper"，交托运人；第 2 份正本注明 "Original for the issue carrier"，由航空公司留存；第 3 份正本注明 "Original for the consignee"，由航空公司随机带交收货人；副本若干份，分别注明 "for air destination"、"delivery receipt"、"for second carrier"、"extra copy" 等，由航空公司按规定和需要分发。

5.3.5 邮包收据(Parcel Post Receipt)

邮包收据是邮包运输的主要单据，是邮局收到寄件人的邮包后出具的收据，它是收件人以提取邮包的凭证，当邮包发生灭失或损坏时，它还可作为索赔和理赔的依据，如图 5.15 所示。但邮包收据不是物权凭证。

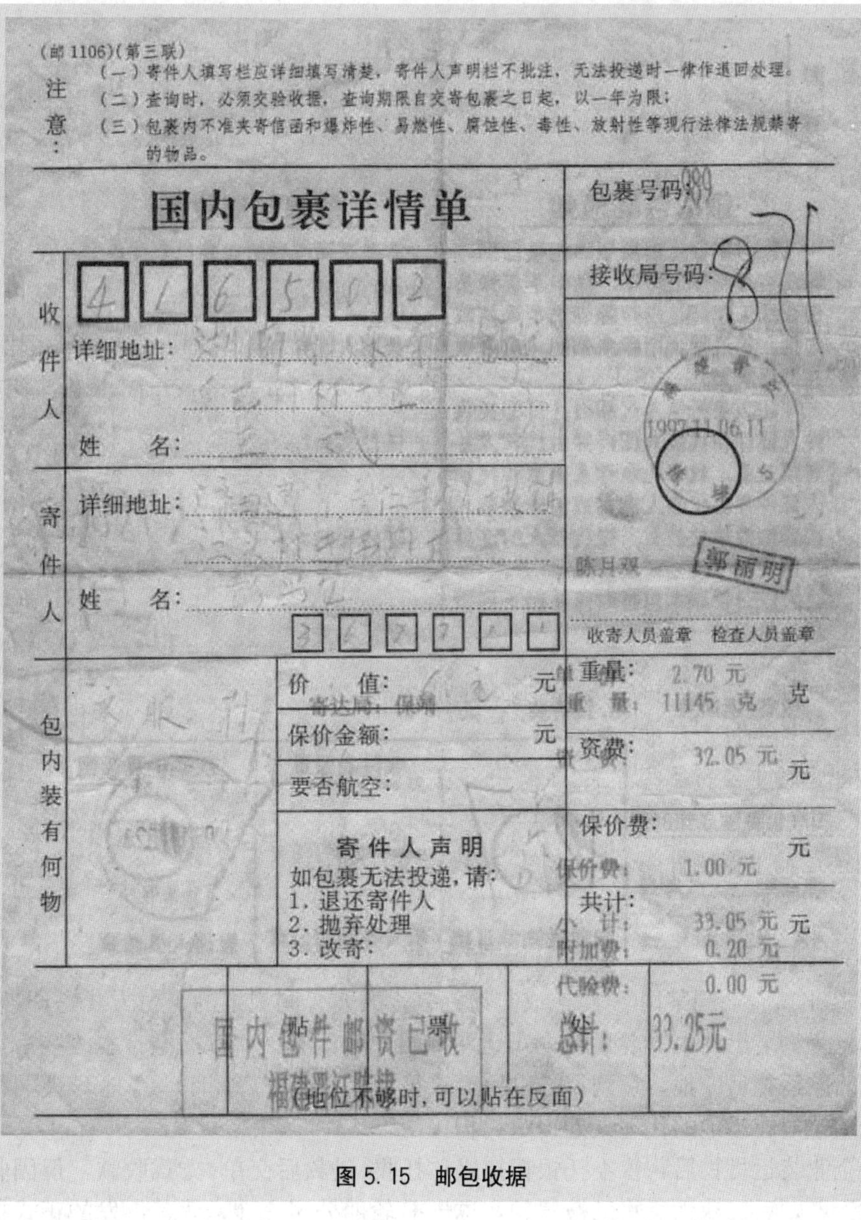

(邮 1106)(第三联)

注意：
(一) 寄件人填写栏应详细填写清楚，寄件人声明栏不批注，无法投递时一律作退回处理。
(二) 查询时，必须交验收据，查询期限自交寄包裹之日起，以一年为限；
(三) 包裹内不准夹寄信函和爆炸性、易燃性、腐蚀性、毒性、放射性等现行法律法规禁寄的物品。

国内包裹详情单

包裹号码：

接收局号码：871

收件人 416502
详细地址：
姓　名：

寄件人
详细地址：
姓　名：

收寄人员盖章　检查人员盖章

包内装有何物

价　值：　元
保价金额：　元
要否航空：

寄件人声明
如包裹无法投递，请：
1. 退还寄件人
2. 抛弃处理
3. 改寄：

重量：　克
资费：　元
保价费：　元
共计：　元

重量：2.70 元
重　量：11145 克
32.05 元
保价费：1.00 元
小　计：33.05 元
附加费：0.20 元
代验费：0.00 元
总计：33.25元

国内包件邮资已收

贴邮票
(地位不够时，可以贴在反面)

图 5.15　邮包收据

5.3.6 多式联运单据(Multimodal Transport Documents)

多式联运单据是在多种运输方式情况下使用的一种运输单据。它由多式联运经营人签发。签发这种单据的多式联运经营人必须对全程运输负责，即不论货物在哪种运输方式下发生属于承运人责任范围内的灭失或损害，都要对托运货物的人负赔偿责任。多式联运单据与海运中的联运提单有相似之处，但其性质与联运提单有别。联运提单限于在由海运与其他运输方式所组成的联合运输时使用，而多式联运单据既可用于海运与其他运输方式的联运，也可用于不包括海运的其他运输方式的联运。

除上述各种主要的装运单据外，在实际业务中，还有些其他装运单据，如重量单和装箱单等。

项目小结

本项目介绍了几种主要的运输方式，及海洋运输的营运方式、集装箱运输，装运港(地)和目的港(地)的规定方法，分批装运和转运的相关规定、装运时间的规定方法、海运提单的性质和种类、海洋运费的计算。

关键概念

班轮运输(Liner Transport)　租船运输(Shipping by Chartering)　国际多式联运(International Multimodal Transport)　分批装运(Partial Shipment)　运输单据(Transport Documents)　海运提单 (Ocean Bill of Lading)

职业能力训练

一、讨论题

1. 什么叫班轮运输？班轮运输有哪些特点？
2. 班轮运输的计费标准有哪些？
3. 租船运输主要有哪些方式？
4. 买卖中的装运条款主要有哪些？
5. 简述运输单据的种类。
6. 什么叫国际多式联运？

二、案例分析

1. 我某出口企业同某国A商达成交易一笔，买卖合同规定的支付方式是即期付款交单。我方按期将货物装出并由B轮船公司承运，并出具转运提单，货物经日本改装后，再由其他轮船公司船舶运往目的地。货到目的港后，A公司已宣告破产倒闭，当地C公司伪造假提单向第二船舶公司在当地的代理人处提走货物。

我方企业装运货物后，曾委托银行按跟单托收(付款后交单)方式收款，但因收货人已倒闭，货款无着，后又获悉货物已被冒领，遂于B轮船公司交涉，凭其签发的正式提单要求交出承运货物。B公司却借口依照13条规定的“承运人只对第一程，对第二程运输不负运输责任”为由，拒不赔偿。于是，诉诸法院。

2.2011年，我国某国际贸易公司对国外某公司出口500吨大豆，买方申请开来的信用证规定：“分5个月装运，3月份80吨；4月份120吨；5月份140吨；6月份110吨；7月份50吨。每月不许分批装运，装运从中国港口到伦敦。”国际贸易公司接到信用证后，根据信用证规定于3月19日在南京港装运了80吨；于4月22日在南京港装运了120吨，均顺利收回了货款。

国际贸易公司后因货源不足于5月20日在南京港只装了70.5吨，经联系得知青岛某公司有一部分同样规格的货物，所以国际贸易公司要求货轮再驶往青岛港继续装其不足之数，船方考虑目前船舱空载，所以同意在青岛港又装了64.1吨。国际贸易公司向银行提交了两套单据：一套是在南京于5月20日签发的提单，其货量为70.5吨；另一套是在青岛于5月26日签发的提单，货量为64.1吨。

银行认为单据有两处不符点：①在南京和青岛分批装运货物；②短量。

问题：不符点是否成立？

3. 某A进出口公司向巴西某B有限公司出口一批电器电料。B公司开来信用证有关条款规定：“电器电料100箱，从中国港口至里约热内卢，禁止分批装运与转运，全套清洁已装船提单，注明‘费用已付’，发货人抬头背书KT银行，通知买方。”A公司审证无误后，即装集装箱运输，随后备妥各种单据向银行交单，要求付款。但却遭到开证行拒付，其理由是我方提交的是“联合运输单据”，不符合信用证不许转运的要求。

试分析其中的原因？

4. 某年我国某公司与拉丁美洲客户签订一项商品销售合同。当年10月起至次年4月交货。每月等量装运，定量来，凭不可撤销信用证，提单签发60天付款。对方按时开来信用证，证内装运条件仅规定：最迟装运期为4月30日，分数批装运。我方经办人员见证内未有“何月等量装运”字样，为了早日出口，早收汇，便不顾合同装运条款，除当年10月按合同规定等量装运第一批外，其余货物分别于次年1月底2月底装完，我银行凭单认附。

问题：这样交货有无问题？

项目 6　国际货物运输保险

工作任务

国际货物运输保险已经成为国际贸易的必要组成部分，因为它将运输过程中的意外损失以保险费的形式固定下来，计入货物成本，可以保证企业的经济核算和经营的稳定，避免由于意外损失引起买卖双方和有关利益方面之间的经济纠纷；可以使保险公司从自己经营成果考虑，注意对承保货物的防损工作，有利于减少社会财富损失。所以，了解和掌握国际货物运输保险的范围，种类，条款和使用，对于保障企业在国际贸易中降低风险有着重要的意义和作用。

学习目标

知识目标：

1. 初步了解国际货物运输保险的基本知识
2. 掌握实际全损、推定全损、共同海损、单独海损的含义及构成条件
3. 了解国内外国际货物运输保险条款的险别的基本内容
4. 理解国际货物运输保险的重要性及约定保险条款的意义

能力目标：

学会运用以上知识解决国际货物运输保险问题

导入案例

国内某进出口公司从国外进口散装磷化肥一批，并向保险公司投保海运一切险。货物抵达港口后全部卸至港口码头仓库。在卸货过程中，该进出口公司与港口装卸公司签订了一份包装协议，并立即执行。由于台风来临，有一部分还未包装，仍停留在码头仓库内待包装的磷化肥遭受严重湿损。该进出口公司就遭受湿损的货物提出向保险公司索赔，但被保险公司拒绝。

【讨论】

保险公司能否拒绝赔偿?

【解析】

保险公司不需赔偿，因为根据保险责任起讫条款，保险责任在货物到达目的地进入指定仓库时终止，而本案例中的货损发生在仓库内，所以不属于保险公司责任范围。

任务 6.1　海上货物运输保险的承保范围

在国际贸易中，每笔成交的货物，从卖方交至买方手中，一般都要经过长途运输。在此

过程中，货物可能遇到自然灾害或意外事故，从而使货物遭受损失。货主为了转嫁货物在运输途中的风险，通常都要投保货物运输险。

海上货物运输承保的范围，包括海上风险、海上损失与费用，以及海上风险以外的其他外来原因所造成的风险与损失。

6.1.1 风险

1. 海上风险(Perils of the Sea)

海上风险又称为海难，是指船舶或货物在海上运输过程中所遇到的自然灾害和意外事故。在现代海上保险业务中，保险人所承担的海上风险是有特定范围的，一方面它并不包括一切在海上发生的风险，另一方面它又不局限于航海中所发生的风险，具体可以分为自然灾害和意外事故两种，见表6-1。

1) 自然灾害(Natural Calamities)

自然灾害是指出不以人们的意志为转移的自然界力量所引起的灾害。但在海上保险业务中，它并不是泛指一切由于自然力量所造成的灾害，而是仅指恶劣气候、雷电、海啸、地震或火山爆发等人力不可抗拒的灾害。

2) 意外事故(Fortuitous Accidents)

意外事故一般是指由于偶然的、非意料之中的原因造成的事故。但意外事故并不是泛指海上所有的意外事故，而仅指运输工具遭遇的以下事故。

2. 外来风险(Extraneous Risks)

外来风险是指由于自然灾害和意外事故以外的其他外来原因造成的风险，但不包括货物的自然损耗和本质缺陷。外来风险可分为一般外来风险和特殊外来风险两种。见表6-1。

1) 一般外来风险

一般外来风险是指由于一般外来原因引起风险而造成的损失。海上货运保险业务中承保的一般外来风险主要有偷窃、提货不着、渗漏、短量、碰损破碎、钩损、淡水雨淋、生锈、混杂玷污、受潮受热、串味、包装破裂等。

2) 特殊外来风险

略。

表6-1 风险种类及其含义

风险		种类	含义
海上风险	自然灾害	恶劣气候	又叫暴风雨(Wing Storm)，是指海上发生的飓风、大浪引起船只颠覆和倾斜造成船体机械设备的损坏或者因此引起的船上所载货物相互折压碰撞而导致破碎、泄漏、凹瘪等损失
		雷电	指被保险货物在海上或陆上运输过程中，由雷电所直接造成的，或者由于雷电引起火灾所造成的损害
		地震	指由于地壳发生急剧的自然变化，使地面发生震动、坍塌、地陷、地裂等造成的保险货物的损失
		海啸	指由于海底地壳发生变异，有的地方下陷，有的地方升高引起剧烈震荡而产生巨大波浪，致使保险货物遭受损害或灭失

续表

风险		种类	含义
海上风险	自然灾害	火山爆发	指由于火山爆发产生的地层以及喷发出的火山岩灰造成的保险货物的损失
		洪水	指因江河泛滥、山洪暴发、湖水上岸及倒灌或暴雨等致使保险货物遭受泡损、淹没、冲散等损失
		浪击落海	指存放在舱面上的货物在运输过程中受海浪的剧烈冲击而落海造成的损失。我国现行海运货物保险条款的基本险条款不保此项风险，但该项风险可以通过附加投保舱面险而获得保障
	意外事故	搁浅	指船舶在航行中，由于意外或异常的原因，船底与水下障碍物紧密接触牢牢地被搁住，并且持续一定时间失去进退自由的状态
		触礁	指船舶在航行中触及海中岩礁或其他障碍物如木桩、渔栅等造成的一种意外事故
		沉没	指船舶因海水浸入失去浮力，船体全部沉入水中，无法继续航行的状态，或虽未构成船体全部沉没，但是大大超过船舶规定的吃水标准，使应浮于水面的部分浸入水中无法继续航行，由此造成保险货物损失属沉没责任。如果船体只有部分浸入水中而仍能航行，则不能视为船舶沉没
		碰撞	指载货船舶同水以外的外界物体发生的猛力接触，如与码头、船舶、灯塔、流冰等相撞，由此造成的船上货物的损失。船只同海水的接触以及船只停泊在港口内与其他船并排停靠码头旁边，因为波动相互挤擦，均不能作为碰撞
		倾覆	指船舶在航行中遭受自然灾害或意外事故导致船体翻倒或倾斜，失去正常状态，非经施救不能继续航行，由此造成保险货物的损失，属倾覆责任
		火灾	指由于意外、偶然发生的燃烧失去控制，蔓延扩大而造成的船舶和货物的损失。海上货物运输保险不论是直接被火烧毁、烧焦、烧裂，或者间接被火熏黑、灼热或为救火而致损失，均属火灾风险
		爆炸	指物体内部发生急剧的分解或燃烧，迸发出大量的气体和热力，致使物体本身及其周围的其他物体遭受猛烈破坏的现象
外来风险	一般外来风险	偷窃	指暗中的窃取，不包括公开的攻击性的劫夺
		短少和提货不着	指货物在运输途中被遗失而未能运到目的地，或运到目的地发现整件短少，未能交给收货人
		渗漏	指流质或者半流质的物质因为容器的破漏引起的损失
		短量	指货物在运输过程中发生重量短少
		碰损	指金属制品在运输中因受震动、受挤压而造成变形等损失
		钩损	指货物在装卸搬运的操作过程中，由于挂钩或用手钩不当而导致货物的损失
		淡水雨淋	指由于淡水、雨水或融雪而导致货物水残的损失
		生锈	指货物在运输过程中发生锈损现象

续表

<table>
<tr><th colspan="2">风险</th><th>种类</th><th>含义</th></tr>
<tr><td rowspan="4">外来风险</td><td rowspan="3">一般外来风险</td><td>受潮受热</td><td>指由于气温的骤然变化或者船上的通风设备失灵，使船舱内的水汽凝结，引起发潮发热导致货物的损失</td></tr>
<tr><td>串味</td><td>指货物受到其他异味物品的影响而引起串味导致的损失</td></tr>
<tr><td>玷污</td><td>指货物在运输中受到其他物质的污染所造成的损失</td></tr>
<tr><td>特殊外来风险</td><td colspan="2">特殊外来风险是指由于战争和种族冲突或一国的军事、政治、国家政策法律，以及行政措施等的变化所造成的全部或部分损失，包括战争、罢工、交货不到、进口关税拒收等</td></tr>
</table>

6.1.2 损失

货物在海上运输过程中，可能面临各种海上风险及外来风险，由于这些风险的客观存在，必然会给运输途中的货物造成各种损失，人们把被保险货物在运输途中因遭遇海上风险所造成的各种损失称为海上损失，按损失的程度不同可分为全部损失与部分损失。

1. 全部损失(Total Loss)

全部损失简称全损，包括实际全损和推定全损。

1) 实际全损(Actual Total Loss)

实际全损，是指货物完全灭失或变质而失去原有用途即货物完全损失已经发生或者不可避免，也称为绝对全损。实际全损有下列 4 种情况。

(1) 被保险货物完全灭失。如船只遇海难后沉没，货物同时沉入海底。

(2) 被保险货物遭受严重损害，已丧失了原有的用途和价值。如水泥被海水浸泡后变成水泥硬块，无法使用；茶叶被海水浸泡后，丧失了茶叶的香味，无法再食用。

(3) 被保险人对被保险货物的所有权已无可挽回地被完全剥夺，如船、货被海盗劫去或被敌对国扣押。

(4) 载货船舶失踪达到一定时期仍无音讯。

2) 推定全损(Constructive Total Loss)

推定全损又称商业全损，是指被保险货物在海上运输途中遭遇到承保风险之后，虽未达到完全灭失的状态，但是可以预见到它的全损将不可避免；或者为了避免全损，需要支付的抢救、修理费用加上继续将货物运抵目的地的费用之和将超过货物的保险价值或超过货物到达目的地时的价值，这种情况下，放保险人可以推定货物发生了全部损失。

推定全损主要有以下 4 种情况。

(1) 被保险货物遭受严重损害，完全灭失已不可避免，或者为了避免实际全损需要施救等所花费用，将超过获救后被保险货物的价值。

(2) 被保险货物受损害后，修理费用估计要超过货物修复后的价值。

(3) 被保险货物遭受严重损害之后，整理和续运目的地的运费超过了残存货物到达目的地的价值。

(4) 被保险货物遭受责任范围内的事故，使被保险人失去被保险货物所有权，而收回这一所有权，其所需费用将超过收回被保险货物的价值。

实际全损和推定全损虽然都各为全损，但两者是有区别的：被保险货物遭受实际全损时，被保险货物确定已经或不可避免地完全丧失，被保险人自然可以向保险人要求全部赔偿，而不需要办理委付手续；在被保险货物遭受推定全损时，被保险货物并未完全丧失，是可以修复或者可以收回的，只是支出的费用将超过被保险货物的价值或者收回希望很小。因此，被保险人可以向保险人办理委付，要求保险人按全部损失赔偿，也可以不办理委付，由保险人按部分损失进行赔偿。

2. 部分损失(Partial Loss)

部分损失是指被保险货物没有达到全部损失的程度，包括共同海损与单独海损。

1) 共同海损(General Average，GA)

共同海损，是指载货船舶在海运途中遇到危难，船长为了维护船舶和所有货物的共同安全或使航程得以继续完成，而采取的有意并且合理的行为，所产生的某些特殊牺牲或支出的特殊费用。常见的共同海损种类见表6-2。

表6-2　共同海损种类及其定义

序号	共同海损种类及其定义
1	抛弃。指抛弃船上载运购货物或船舶物料
2	救火。为扑救船上的火灾，向货舱内灌浇海水成舱内货物或船舶的灭失
3	自动搁浅。为了共同安全，采取紧急的人为搁浅措施造成舱内货物或船舶的灭失
4	起浮脱浅。船舶因海上自然灾害或意外事故而造成舱内货物或船舶的损失
5	船舶在避难港卸货、重装或倒移货物、燃料或物料，这些操作造成货物或船舶的损失
6	将船上货物或船舶物料当做燃料以保证船舶继续航行
7	割断锚链。为避免发生碰撞等紧急事故，停泊的船舶来不及进行正常起锚，有意识地砍断锚链、丢弃锚具，以便船舶启动，由此造成的断链、弃锚损失

构成共同海损必须具备以下条件：一是船方在采取措施时，必须确有危及船、货共同安全的危险存在而不是臆测的，或者是不可避免地发生的；二是船方所采取的措施，必须是为了解除船、货的共同危险，有意识而且是合理的，其费用支出是额外的；三是必须是属于非常情况下的损失。

根据惯例，共同海损的牺牲和费用，应由受益方，即船方、货方和运费方按最后获救的价值多少，按比例分摊。这种分摊叫做共同海损分摊(General Average Contribution)。

2) 单独海损(Particular Average，PA)

单独海损，是指除共同海损以外的，由海上风险直接导致的船舶或货物的部分损失。这种损失只属于特定利益方，而不属于所有其他的货主或船方，由受损方单独承担。例如，在运输过程中，有面粉、机器设备、钢材3种货物，途中遇到暴风雨，部分海水进入船舱，海水浸泡了部分面粉，使其变质。面粉的损失只是使面粉一家货主的利益受到影响，跟同船所装的其他货物的货主和船东利益无关，因而属于单独海损。

共同海损与单独海损都属于部分损失，两者的主要区别如下。

(1) 损失的构成不同。单独海损一般是指货物本身的损失，不包括费用损失，而共同损失既包括货物损失，又包括因采取共同海损行为而引起的费用损失。

(2) 造成损失的原因不同。单独海损是海上风险直接导致的货物损失，而共同海损是为了减轻船、货、运三方共同危险而人为造成的损失。

(3) 损失的承担者不同。单独海损由受损方自行承担损失，而共同海损则由船、货、运费三方按获救财产价值大小的比例分别承担。

6.1.3　费用

海上费用是指保险人即保险公司承保的费用。保险货物理遇保险责任范围内的事故，除了能使货物本身受到损毁导致经济损失外，还会产生费用方面的损失。这种费用，保险人也给予赔偿。主要有施救费用和救助费用。

1. 施救费用(Sue & Labour Expenses)

施救费用是指被保险货物在遭受保险责任范围内的灾害事故时，被保险人或其代理人为防止损失扩大而采取抢救所支出的费用。此项费用由保险人给予补偿。

2. 救助费用(Salvage Charges)

救助费用是指被保险货物在遭遇保险责任范围内的灾害事故时，由保险人和被保险人以外的第三者对受损货物采取抢救措施而支付的费用。对于此种救助行为，按照国际法的规定：获救方应向救助方支付相应的报酬，所支付的该项费用被称为救助费用，属于保险赔付范围。

【启发思考】风险、损失和货物保险之间的关系是如何形成的？

任务6.2　我国海运货物保险条款

为了适应国际货物海运保险的需要，中国人民保险公司根据我国保险业务的实际需要，并参照国际保险市场的习惯做法，分别制定了海洋、陆上、航空以及邮包运输方式的货物运输保险条款，总称为“中国保险条款”(China Insurance Clauses，CIC)。

我国现行的《海洋运输货物保险条款》于1981年1月1日修订实施，主要包括基本险、附加险的责任范围、除外责任、保险期限、被保险人义务及索赔期限等内容。

6.2.1　基本险

基本险又称为主险，是可以单独投保的险种。我国海洋运输货物保险的基本险有3类即平安险、水渍险和一切险。

1. 保险责任范围

1) 平安险(Free from Particular Average，FPA)

平安险的英文含义是“单独海损不赔”。“平安险”一词为我国保险业的习惯叫法。平安险在3个基本险中，承保责任范围最小。平安险的具体责任范围包括以下8个方面。

(1) 货物在海运途中，遇到自然灾害或者意外事故，造成被保险货物的全部损失，包括实际全损和推定全损。

(2) 在海运途中，运输工具遭到搁浅等意外事故造成的被保险货物的部分损失。

(3) 运输工具途中遇到意外事故、意外事故前后又遇到自然灾害导致被保险货物的部分损失。

(4) 在装卸或者转运时，由于一件或者数件货物落海造成的全部或者部分损失。

(5) 被保险人对遭受承保责任范围内危险的货物采取抢救、防止或者减少货损的措施而支付的合理费用，但是以不超过该批被抢救货物的保险金额为限。

(6) 运输工具遭遇自然灾害和意外事故，需要在中途的港口或者在避难港口停靠，因而引起的卸货、装货、存仓以及运送货物所产生的特别费用。

(7) 发生共同海损所引起的牺牲、分摊费用和救助费用。

(8) 运输契约订有“船舶互撞责任”条款，则根据该条款规定由货方偿还船方的损失。

平安险是3种基本险别中保险人责任最小的。在CIF条件下，除非合同另有规定，一般卖方只负责投保平安险。

2) 水渍险(With Particular Average，W. P. A.)

水渍险的责任范围除包括平安险的各项责任外，还负责被保险货物由于自然灾害所造成的部分损失。但是，和平安险一样，水渍险也只对由于海水造成的损失负责赔偿；而对由于淡水原因造成的损失，这两种保险均不负责赔偿。

3) 一切险(All Risks)

一切险的责任范围除了包括平安险和水渍险的所有责任外，还包括货物在运输过程中，因一般外来原因所造成的全部或者部分损失。所以，一切险实际上是平安险、水渍险和一般附加险的总和。

2. 除外责任

除外责任是保险人不负责赔偿的损失和费用。海运基本险的除外责任包括以下几个方面。

(1) 被保险人的故意行为或者过失所造成的损失。故意行为是指知道自己的行为可能造成损害，但是仍然希望结果发生或者不采取任何措施。过失行为是指应该能够预料自己的某种行为会造成损失，但是由于疏忽大意或者侥幸地认为能够避免而没有采取措施，最终却发生这种损害结果。

(2) 属于发货人责任所引起的损失，包括由于发货人故意或者过失而造成的货物损失。

(3) 在保险责任开始前，被保险货物已经存在的品质不良或者数量短差所造成的损失。

(4) 被保险货物的自然损耗、本质缺陷、货物特性以及市价跌落、运输延迟等引起的损失或费用。

自然损耗是指在由于货物的自身特性，导致在运输途中必然会发生的损欠。本质缺陷是指货物在运输前就已经存在的质量上的问题或者货物本身原有的缺陷。货物特性是指没有其他外来原因或者事故，货物本身的性能变化而引起的损坏。运输延迟是指由于种种原因，货物没有在约定的时间内，运到指定的目的港，因此而导致的风险。

(5) 战争险和罢工险的除外责任。战争险和罢工险属于特殊附加险，需要另外投保。

3. 保险期限(Duration of Insurance)

保险期限也称为“责任起讫”，是保险人对货物承担保险责任的责任期间。基本险的责任起讫期限采用国际保险业惯用的“仓至仓条款”(Warehouse to Warehouse Clause，W/W Clause)，即保险责任从被保险货物运离保险单所载明的起运地发货人仓库或者储存处所时开始，直至货物到达保险单所载明的目的地收货人仓库或者储存处所时为止。如果未抵达上述仓库或者储存处，则在以被保险货物在最后卸货港全部卸离海轮后60天为止。如果在上述60天内，被保险货物需要转运到非保险单所载明的目的地时，则以该项货物转运时，保险责任终止。如果由于被保险人无法控制的因素，导致被保险货物被运到不是保险单所写明的地点时，被保险人应该将了解到的情况及时通知保险人，必要时要补交保险费。在这种情况下，保险责任继续有效。

4. 索赔期限(The Time of Validity of Claim)

索赔期限是指被保险货物发生保险事故损失时，被保险人向保险人提出索赔的有效期限。我国条款规定的索赔时效为：自被保险货物在目的港卸离海轮之口起算，最多不超过两年。

上述3种基本险别，被保险人可以从中选择一种投保。

5. 被保险人的义务

1) 及时提货

被保险人应该在被保险货物抵达目的港后，及时提取货物。如果发现货物遭受任何损失，要立即向保险单上规定的理赔代理人申请检验，并索取相关的证明。如果是第三者的原因造成的损失，应该向其提出书面索赔。

2) 施救

如果货物遭受风险，被保险人应该采取合理的必要措施，避免或者减少损失。保险公司对于施救费用应该予以赔偿。

3) 更正保险单内容

如果由于航程改变或者粗心大意，被保险人填写的保险单上的货物名称、船名或者航程有错误，应该立即向保险公司提出更改，否则可能使保险单无效。

4) 提供索赔单据

被保险人向保险公司提出索赔时，应该提供相关的单证，包括保险单、发票、提单、装箱单、检验报告、货损货差证明和索赔清单等。

5) 对属于承运人的责任造成的货损，及时告知

如果被保险人了解到由于承运人没有对承运货物进行充分监管或者船舶状况不适合航行，应该及时通知保险公司，以便保险公司以被保险人名义向承运人提出索赔。

6.2.2 附加险

附加险是对基本险的补偿和扩大，不能单独投保。投保人必须在投保一种基本险的基础上才能加保一种或者数种附加险。

附加险一般有两类：一般附加险和特殊附加险。

1. 一般附加险(General Additional Risks)

一般附加险包括下列11种险别。

1) 偷窃提货不着险(Theft, Pilferage and Non—Delivery, TPND)

如果偷窃行为导致部分损失，被保险人必须及时提货，并在提货后10天申请商检。如果整件货物都丢失，必须要求责任方提供整件提货不着的证明。

2) 淡水雨淋险(Fresh water/Rain Damage)

如果被保险货物被淡水浸湿或者雨淋，造成损失，此保险负责赔偿。但是被保险人必须提供适当证明，并在提货后10天内申请检验。

3) 短量险(Shortage)

如果被保险货物在运输过程中，由于外包装破裂或者散装货物发生数量短少，保险公司负责赔偿。但是如果属于正常的途中损耗，保险公司不负责赔偿。

4) 混杂玷污险(Intermixture and Contamination)

如果被保险货物在运输过程中，内于混杂而导致损失，保险公司负责赔偿。

5) 渗漏险(Leakage)

如果被保险货物在运输过程中，由于容器损坏而引起渗漏损失，或者若货物用液体储藏，由于液体渗漏而引起货物腐败，保险公司负责赔偿。

6) 破碎险(Clash and Breakage)

如果被保险货物在运输过程中，由于震动、碰撞等因素造成的破碎和碰撞损失，保险公司负责赔偿。

7) 串味险(Taint of Odour)

如果被保险货物在运输过程中，由于受其他货物的影响而引起的串味损失，保险公司负责赔偿。

8) 受热受潮险(Sweat and Heating)

如果被保险货物在运输过程中，由于气温变化或者船上通风设备失灵导致船舱内水汽凝结、发热或者发潮而造成的损失，保险公司负责赔偿。

9) 钩损险(Hook Damage)

如果被保险货物在运输过程中，由于遭受钩损而造成损失，保险公司负责赔偿。

10) 包装破裂险(Breakage of Packing)

如果被保险货物在运输过程中，由于搬运或者装卸不慎，包装破裂而造成损失，保险公司负责赔偿。

11) 锈损险(Rust)

如果被保险货物在运输过程中，由于发生锈蚀而造成损失，保险公司负责赔偿。

2. 特殊附加险

特殊附加险承保由于特殊外来风险所造成的全部或者部分损失。特殊附加险一般包括下列8种险别。

1) 战争险(War Risk)

战争险是指承保战争或者类似战争行为等引起货物直接损失。保险公司对此种险别的承保责任范围包括由于战争、类似战争行为和敌对行为、武装冲突或者海盗行为，以及由此而引起的捕获、拘留、禁制、扣押所造成的损失，或者由于各种常规武器(包括水雷、色雷、炸弹)所造成的损失，由于上述原因所引起的共同海损的牺牲、分摊和救助费用。但是对原子弹、氢弹、核武器所造成的损失，保险公司不予赔偿。

战争险的保险责任起讫与基本险的保险责任起讫不同，它不采用“仓至仓”条款，仅限于“水上危险”。保险责任自货物装上保险单所载明的启运港的海轮或者驳船时开始，直到保险申所载明的目的港卸离海轮或者驳船时为止。如果货物不卸离海轮或者驳船，则保险责任最长延长至货物到达目的港当日午夜起算 15 天为止。如果在中途港转船，则不论货物在当地卸载与否。保险责任以海轮到达该港口或者卸货地点的当日午夜起算，满 15 天为止，等到再装上海轮，继续运输时保险责任恢复有效。

2) 罢工险(Strike Risk)

承保由于罢工者、被迫停工工人或者参加罢工期、暴动、民众斗争的人员的行为，或者任何人的恶意行为造成的直接损失及由此引起的共同海损牺牲、分摊和救助费用。

但是与罢工有关的间接损失，例如在罢工期间由于劳动力短缺或者不能正常履行职责所致的货物的损失，包括因此而引起的动力或者燃料缺乏使冷藏机停止工作所致的冷藏货物的损失，皆不在保险人的责任范围之内。罢工险对保险责任的起讫的规定与其他海运货物保险险别一样，采取“仓至仓”条款。按照国际保险业惯例，已经投保战争险后另外加保罢工险，不再另外收保险费。如果仅要求加保罢工险，则只按照战争险费率收费。

3) 舱面险(On Deck Risk)

对于装载于舱面的货物，保险人除了按照保险单所载条款负责外，还赔偿货物被抛弃或者被风浪冲力落水的损失。

4) 进口关税险(Import Duty Risk)

当货物遭受保险责任范围内的损失，而被保险人仍然需按照完好货物价值完税时，保险人对损失部分货物的进口关税负责赔偿，但是不能超过受损部分的保险价值。

5) 拒收险(Rejection Risk)

拒收险承保被保险货物在进口港被进口国有关当局拒绝进口或者没收所产生的损失。

6) 黄曲霉素险(Aflatoxin Risk)

黄曲霉素险承保被保险货物，在保险责任有效期内，因所含黄曲霉毒素超过进口国的限制标准，被拒绝进口、没收或者强制改变用途而致的损失。此时，保险公司对按照上述原因而产生的损失，进行赔偿。

7) 交货不到险(Failure to Deliver)

无论何种原因，从被保险货物装上船舶时开始，不能在预定抵达目的地日期起 6 个月内交货的，按照全损赔偿。但是被保险人保证已经获得一切许可证，同时被保险货物的所有权益需要转移给保险公司。但是如果属于运输险和战争险应该负责的损失，则本保险不负责。

8) 货物出口到香港(包括九龙)或者澳门地区存仓火险责任扩展条款(Fire Risk Extension Clause，F. R. E. C—for Storage of Cargo at Destination Hong Kong，including Kowloon，or Macao)

被保险货物到达目的地卸离运输工具后，如果直接存放于保险单裁明的银行所指定的仓库，本保险对存仓火险的责任至银行收回押款解除货物的权益为止，或者运输责任终止时起算满 30 天为止。

被保险人在投保了基本险中任何一种的基础上，均可另行加保有关的特殊附加险。

【启发思考】为什么我国的保险条款要参照国际保险惯例？

任务 6.3　伦敦保险协会海运货物保险条款

在世界保险业务中，英国的海运货物保险历史悠久，业务完善。它所制定的保险条款对世界保险业影响很大。目前，世界上大部分国家和地区的保险公司在国际货物运输保险业务中都采用英国伦敦保险协会制定的《协会货物条款》(Institute Cargo Clause，ICC)。我国在海上保险业务中，虽然一般以中国人民保险公司所制定的保险条款为依据，但是，在我国对外贸易中，外贸公司可以接受外商按照 ICC 投保的要求。

现行 ICC 是于 2009 年 1 月 1 日起正式实行的，共有 6 种险别：①协会货物(A)险条款；简称 ICC(A)；②协会货物(B)险条款；简称 ICC(B)；③协会货物(C)险条款；简称 ICC(C)；④协会货物战争险条款(Institute War Clauses——Cargo)；⑤协会货物罢工险条款(Institute Strike Clauses——Cargo)；⑥恶意损害险条款(Malicious Damage Clause)。

以上 6 种险别中，A、B、C 这 3 种险别是基本险，类似于我国《海洋运输货物保险条款》中的一切险、水渍险和平安险。战争险、罢工险及恶意损害险是附加险别。但是，协会的战争险和罢工险在需要时能单独投保，而恶意损害险则不能单独投保。即上述 6 种险别中除恶意损害险之外，其他 5 种险别都可以单独投保。由于恶意损害险的承保责任范围已被列入 A 险的承保风险，所以只有在投保 B、C 险时才在需要时加保。

6.3.1　ICC(A)险条款

1. 承保范围

ICC(A)的承保责任范围较大，类似于我国的一切险，采用“一切风险减除外责任”的方式，即除了“除外责任”项下所列风险导致的损失保险人不予负责外，其他风险所致损失均予以承保。

2. 除外责任

ICC(A)的除外责任共有 4、5、6、7 这 4 个条款，包括不适航、战争、罢工等各类情形在内，但是“海盗行为”和“恶意损害险条款”不属于除外责任。

6.3.2　ICC(B)险条款

1. 承保范围

采用“列明风险”方式，其范围仅次于 ICC(A)，类似于“水渍险”，即货物的灭失或者损失归因于下列之一者，属于该条款的责任范围之内。

(1) 火灾、爆炸。

(2) 船舶或者泊船触礁、搁浅、沉没或者倾覆。

(3) 陆上运输工具倾覆或者出轨。

(4) 船舶、驳船或者运输工具同除水以外的外界物体碰撞。

(5) 在避难港卸货。

(6) 地震、火灾爆发、雷电。

(7) 共同海损牺牲。

(8) 抛货或者浪击落海。

(9) 海水、湖水或者河水，进入船舶、驳船、运输工具、集装箱、大型海运箱或者储存处所。

(10) 货物在装卸时落海或者摔落造成整件的全损。

2. 除外责任

除ICC(A)的除外责任，还将“海盗行为”与“恶意损害险条款”作为除外责任。

6.3.3 ICC(C)险条款

1. 承保范围

ICC(C)的承保范围也采用“列明风险”的方式，但ICC(C)险的承保责任更小，它只承保“重大意外事故”风险，对非重大事故(如装卸过程中的整件灭失等)和ICC(B)中的自然灾害风险均不负责。

具体承保的风险如下。

(1) 火灾、爆炸。

(2) 船舶或者驳船触礁、搁浅、沉没或者倾覆。

(3) 陆上运输工具倾覆或者出轨。

(4) 船舶、驳船或者运输工具同除水以外的外界物体碰撞。

(5) 在避难港卸货。

(6) 共同海损牺牲。

(7) 抛货。

2. 除外责任

ICC(C)的除外责任与ICC(B)完全相同。

英国伦敦保险协会海运货物保险条款保险期限的规定同我国海运货物保险期限大致相同，也是“仓至仓”。

6.3.4 协会货物战争险

1. 承保范围

(1) 直接由于战争、内战、革命、造反、叛乱，或者由此引起的内乱或者任何交战方之间的敌对行为所造成的运输货物的损失。

(2) 由上述原因所引起的捕获、扣押、扣留或者羁押，以及此种行为结果或者任何进行此种行为的企图所造成的运输货物的损失。

(3) 水雷、鱼雷等各种常规武器，所造成的运输货物的损失。

2. 除外责任

协会货物战争险的一般除外责任与ICC(A)除外责任相同。除此之外，还包括以下几个方面。

(1) 基于航程或者冒险的损失或者受阻的任何赔偿。

(2) 因敌对性使用原子或者核裂变和/或者聚变或者其类似反应或放射性力量或物质所制造的战争武器产生的损失、损害或者费用。

协会货物战争险的责任起讫适用于“水面”条款，以“水上危险”为限。

6.3.5 协会货物罢工险

1. 承保范围

(1) 由于罢工者、被迫停工工人，或者参加工潮、暴动、民众斗争的人员的行为造成的直接损失。

(2) 由于恐怖分子或者其他任何人出于政治动机而采取的行动所造成的货物的损失。

2. 除外责任

协会货物罢工险一般除外责任与ICC(A)险的一般责任相同，除此之外，还包括以下几个方面。

(1) 因罢工、关厂、工潮、暴动或者民变造成的各种劳动力缺乏，短缺或者抵制引起的损失、损害或者费用。

(2) 基于航程或者冒险的损失或者受阻的任何索赔。

(3) 战争、内战、革命、造反、叛乱，或者由此引起的内乱或者交战方之间的敌对行为造成的损失、损害或者费用。

协会货物罢工险的责任起讫适用于“仓至仓”条款。

6.3.6 恶意损害险

恶意损害险是新年增加的附加险别，它所承保的是被保险人以外的其他人(如船长、船员)的故意破坏行为所致被保险货物的灭失或损害。但是，恶意损害如系出于政治动机的人的行动，便不属于该险别的承保风险，而属罢工险的承保范围。恶意损害的内附除了在(A)险中被列为承保风险外，在(B)及(C)险中都列为“除外责任”。因此，在投保(B)和(C)险时，如果被保险人需要对这种风险取得保障，就需另行加保“恶意损害险”。

【启发思考】 为什么ICC条款会被大多数国家接受和采用？你了解英国海运保险的发展历史吗？

任务6.4　其他运输方式下的货运保险

在国际贸易中，不仅海洋运输的货物需要办理保险，陆运、航空运输、邮包运输也都需要办理保险。中国人民保险公司现行的保险条款中，除了以上介绍的海洋运输货物保险外，还包括陆上运输货物保险、航空运输货物保险和邮包运输货物保险。

6.4.1 陆上运输货物保险

中国人民保险公司1981年1月1日修订的《陆上运输货物保险条款》规定：陆上运输分为陆运险和陆运一切险两种基本险别。

1. 承保范围

1) 陆运险(Overland Transportation Risks)

陆运险的承保责任范围是指保险公司负责赔偿被保险货物在运输途中遭受暴风、雷电、洪水、地震等自然灾害，或者由于运输工具遭受碰撞、倾覆、出轨，或者在驳运过程中因驳运工具遭受搁浅、触礁、沉没、碰撞，或者由于遭受隧道坍塌、崖崩或者失火、爆炸等意外事故所造成的全部或者部分损失。此外，被保险人对遭受承保责任内危险的货物采取抢救、防止或者减少货损的措施而支付的合理费用，保险公司也负责赔偿，但是以不超过该批被救货物的保险金额为限。

陆运险类似于海运货物保险中的“水渍险”。

2) 陆运一切险(Overland Transportation All Risks)

陆运一切险的承保责任范围与海洋运输货物保险条款中的“一切险”相似。保险公司除了承担上述陆运险的赔偿责任外，还负责保险货物在运输途中由于一般外来原因所造成的全部或者部分损失。以上责任范围均适用于火车和汽车运输，并以此为限。

2. 除外责任

(1) 被保险人的故意行为或过失所造成的损失。

(2) 属于发货人责任范围的或被保险货物的自然消耗所引起的损失。

(3) 由于战争、罢工或运输延迟所造成的损失。

3. 责任起讫期限

陆上运输货物保险的责任开始和结束的时间，也采用“仓至仓”条款。保险人的责任从被保险货物运离保险单所载明的启运地发货人的仓库或者储存处所开始运输时生效，直至货物送交保险单所载明的目的地收货人仓库或者储存处所为止。但是最长不超过被保险货物到达最后卸载的车站后60天。如果在中途转车，不论货物在当地卸车与否，保险责任从火车到达中途站的当日午夜起满10天为止。如果在10天内重新装车续运，则保险责任继续生效。

陆运险及陆运一切险的索赔时效为从被保险货物在最后目的地车站全部卸离车辆后起算，最多不超过2年。

在投保陆上货运险时，还可加保一种或若干附加险。如陆运战争险(火车)，它是指承保直接由于战争、类似战争行为，以及武装冲突所造成的损失，保险人的具体责任同海运战争险基本相似。加保陆运战争险时，保险人的责任起讫期限为自货物装上火车时开始，到在目的地卸离火车为止。如果被保险货物不卸离火车，则以抵达目的地当日午夜起算，满48小时为止。

此外，陆上货物运输罢工险也是一种陆运附加险，其保险手续的办理也与海运货物罢工险相同，即在加保战争险的同时加保罢工险，不另收费，若仅要求加保罢工险，则按战争险费率收费。

6.4.2 航空运输货物保险

中国人民保险公司1981年1月1日修订的《航空运输货物保险条款》规定，航空运输货物保险分为航空运输险和航空运输一切险两种基本险别。

1. 承保范围

航空运输险的承保责任范围与海运水渍险大体相同。

航空运输一切险的承保责任范围与海洋运输保险条款中的“一切险”相似，保险公司除承担包括航空运输险的责任外，还对被保险货物在运输途中由于一般外来原因所造成的包括被偷窃、短少等全部或部分损失负责赔偿。

2. 除外责任

航空运输货物保险的除外责任与海洋运输货物基本险的除外责任相同。

3. 责任起讫期限

航空运输货物保险的责任起讫也采用“仓至仓”条款，即从被保险货物运离保险单所载明的起运地仓库或者储存处所起至被保险货物运抵保险单所载明的目的地仓库或者储存处所止。如果货物运达保险单所载明的目的地而未运抵保险单所载明的收货人的仓库或者储存场所，则以被保险货物在最终卸货地卸离飞机后满30天为止；如果需要转运至的地点不是保险单上写明的目的地，则保险责任在开始转运时终止。

在投保航空运输险时，还可以加保战争险等附加险别。如果被保险货物不卸离飞机，战争险的责任起讫期限则以载货飞机到达目的地当日午夜起算满15天为止。

6.4.3 邮政包裹运输货物保险

邮政包裹运输保险包括邮包险和邮包一切险两种基本险别。

1. 承保范围

邮政运输不外乎采用陆、空、海等常用的交通运输方式。因此，邮包险(Parcel Post Risks)的责任范围包括水渍险、陆运险和航空运输险的责任范围。

邮包一切险(Parcel Post All Risks)的责任范围包括一切险、陆运一切险和航空运输一切险的责任范围。

2. 除外责任

邮包险、邮包一切险的除外责任与前几种运输保险的除外责任基本相同。

3. 责任起讫期限

邮包保险责任起讫自被保险邮包离开保险单所记载起运地点寄件人的处所运往邮局时开始生效，直至该项邮包运达本保险单所载明目的地邮局，自邮局签发到货通知书当日午夜起算满15天终止。但是在此期限内，邮包一经递交至收件人的处所时，保险责任即告终止。

【启发思考】国际贸易中货物运输方式的选择和保险费用之间的关系你知道吗?

任务 6.5　国际货物运输保险实务概述

6.5.1　买卖合同中的保险条款

买卖合同中保险条款的内容因所采用的贸易术语的不同而有所不同。凡采用 FCA，FOB，CFR 和 CPT 术语成交的合同，因为货物在运输途中的风险及投保责任均由买方承担，所以合同中的保险条款一般应该订明。

保险：由买方投保。

凡采用 CIF 或者 CIP 术语成交的合同，卖方负责投保，支付保费，但是运输途中的风险由买方承担。因此，合同中应该具体订明保险金额、保险险别以及适用的保险条款。例如：

保险：由卖方按照发票金额的 110%投保一切险和战争险，按 1981 年 1 月 1 日中国人民保险公司《海洋运输货物保险条款》负责。

在合同中确定了具体哪一方办理保险的手续后，在进出口保险业务中，被保险人通常涉及的工作有申请投保、选择投保险别、确定保险金额、办理投保、交付保险费并取得保险单证以及在出现货损时办理保险索赔等。

6.5.2　申请投保

1. 进口货物的投保手续

按照 FOB、CFR 和 CPT 条件成交的进口货物，均由买方办理保险。为了简化投保手续和防止出现漏保或者来不及办理投保等情况，我国进口货物一般采取预约保险的做法。各外贸公司同中国人民保险公司签订有海运、空运、邮运、陆运等不同运输方式的进口预约保险合同。按照预约保险合同的规定，各外贸公司对每批进口货物，无需填制投保单，而仅以国外的装运通知代替投保单，作为办理了投保手续的凭证，保险公司则对该批货物负自动承保责任。

2. 出口货物保险的投保

凡按照 CIF 和 CIP 条件成交的出口货物，由出口企业向当地保险公司办理投保手续。在办理时，应该根据出口合同或者信用证规定，在备妥货物并且确定装运日期和运输工具后，按照规定格式逐笔填制保险单，具体列明被保险人名称、保险货物项目、数量、包装及标志、保险金额、起止地点、运输工具名称、起止日期和投保险别，送保险公司投保，缴纳保险费，并向保险公司领取保险单证。

6.5.3　选择合适的保险险别

投保人在选择投保的险别时，既要综合考虑货物的性质、包装、用途、运输方式、运输线路、运输季节、目的地市场的变化和各国习惯等因素，又要尽量考虑节约成本，提高经济效益。例如，海运粮谷类商品含有水分，经过长途运输水分蒸发可能会造成短量或者容易受潮、受热而导致发霉，应该投保一切险或者在投保水渍险的基础上加保短量险和受热受潮险。又如，海运电灯泡等商品，由于在运输途中易破碎，一放应该在平安险或者水渍险的基础上加保破碎险。

6.5.4 保险金额的确定和保险费的计算

1. 确定保险金额

保险金额(Insured Amount)，也可以称为投保金额，是指投保人与保险公司之间实际投保和承保的金额，是保险费的计收依据，是投保人或其受让人索赔和保险人赔偿的最高限额。

实际业务中，买方为了取得充分的保障，一般都把货值、运费、保险费以及转售该货物的预期利润的总和，作为向保险公司投保的保险金额。保险金额习惯上按照发票金额加成(10%)的预期利润等。也可以根据客户的需求提高保险加成率，其保费差额部分应该由买方负担。

保险金额的计算公式为

保险金额＝CIF(CIP)价×(1＋投保加成率)

2. 保险费的计算

保险费是保险金额与保险费率的乘积。保险费率(Premium Rate)是由保险公司根据一定时期、不同种类的货物的赔付率，按照不同险别和目的地确定的。

保险费的计算公式为

保险费＝保险金额×保险费率

如果按照CIF(CIP)加成投保

保险费＝CIF(CIP)价×(1＋投保加成率)×保险费率

6.5.5 常见的保险单据

保险单据是保险人与被保险人之间权利和义务的契约，是保险人的承保证明，也是被保险人向保险公司索赔和保险公司进行理赔的依据。我国进出口业务中使用的保险单据有以下几种。

1. 保险单(Insurance Policy)

保险单俗称大保单，是使用最广的一种保险单据。其正面内容一般包括被保险人名称、保险货物描述、数量、包装、保险金额、起讫地点、运输工具名称、起止日期和投保险别等内容，保险单的背面载明保险人与被保险人之间的权利与义务等方面的保险条款。目前我国国内的保险公司人都出具保险单作为出口保险凭证。

2. 保险凭证(Insurance Certificate)

保险凭证又称小保单，是一种简化的保险合同，除其背面没有详细保险条款外，其余内容与保险单相同。它与保险单具有同等法律效力。

3. 联合凭证(Combined Certificate)

联合凭证又称承保证明，是一种将发票和保险单相结合的保险单据，它比保险凭证更为简化。保险公司只是将承包险别、保险金额和保险编号加注在出口发票上，并且由保险公司盖章。这种单证只有我国采用，并且仅适用于对香港、澳门地区的出口业务。由于这种凭证与国际惯例不符合，现已经较少使用。

4. 预约保单(Open Policy)

预约保单又称预约保险合同，它是被保险人(一般为进口人)与保险人之间订立的总合同，是经常有相同类型货物需要陆续分批装运时所采用的一种保险单。订立这种合同既可以简化保险手续，也可以使货物一经装运即可取得保障。在我国，其常用于进口业务中。凡属预约保单规定范围内的进口货物，一经起运，我国保险公司即自动按照预约保单所订立的条件承保，这可以防止因漏保或者延迟投保而造成无法弥补的损失。被保险人在每批货物装运时，应该及时将装运通知送交保险公司，并且按照约定方法缴纳保险费，即完成了投保手续。

5. 批单(Endorsement)

保险单开出后，投保人如果需要补充或者变更其内容时，可以根据保险公司的规定，向保险公司提出申请，经保险公司同意后即出具一种凭证，注明更改或者补充的内容，这种凭证称为批单。批单要粘在保险单上，并且需要加盖骑缝章，作为保险单的组成部分。

6.5.6 保险索赔

货物在保险责任有效期内发生属于保险责任范围内的损失，被保险人按照保险单的有关规定向保险公司提出赔偿要求，称为保险索赔(Insurance Claim)。保险公司按照保险条款所承担的责任进行理赔。在索赔工作中，被保险人应做好下列工作。

1. 索赔的条件

被保险人进行索赔应具备3个条件：被保险人要求赔偿的损失，必须是承保责任范围内风险造成的损失；被保险人是保险单的合法持有人；被保险人必须拥有可保利益(Insurable Interest)。

2. 索取货损或者货差证明并及时通知保险公司

当被保险人发现被保险货物已遭损失，首先应该向有关方面索取货损或者货差证明，并及时通知保险公司或者保险单上指定的代理人，后者接到损失通知后应该立即采取相应的措施，例如申请检验检疫，提出施救意见，确定保险责任和签发检验报告等。

3. 向承运人等有关方面提出索赔

被保险人或者其代理人在提货时发现被保险货物整件短少或者有明显残损痕迹，除了向保险公司报损外，还应该立即向承运人或者有关当局(例如海关、港务局等)索取货损货差证明。如果是承运人、码头或者装卸公司责任，则应该以书面形式向有关责任方提出索赔，并且保留追偿权。

4. 采取合理的施救措施

被保险货物受损后，被保险人应该对受损货物采取可能的、合理的施救措施，以防止损失扩大。因抢救、阻止或者减少货损而支付的合理费用，保险人负责赔偿，但是以不超过被保险货物的保险金额为限。

5. 提交索赔单证

被保险人收到检验报告后，可以连同有关单据向保险公司提出索赔。按照我国货运保险条款的规定，被保险人在索赔时应该提供保险单正本、提单、发票、装箱单、尺码单、货损货差证明、检验报告及索赔申请单等。

此外，在保险业务中，为了防止被保险人双重获益，保险人在履行全损赔偿或者部分损失赔偿后，在其赔付金额内，要求被保险人转让其对造成损失的第三者责任方要求全损赔偿或者相应部分赔偿的权利。这种权利称为代位追偿权，或者称为代位权。在实际业务中，保险人需首先向被保险人进行赔付，才能取得代位追偿权。

6.5.7 国际货物保险实务中应注意的事项

1. 保险单的签发日期问题

在信用证支付的条件下，特别注意保险单据的出单日期不得迟于货物的装运日期。我国一些公司在这方面的教训值得大家深思。

2. 保险单的转让

保险单的转让是指被保险人将保险单赋予的损害赔偿请求权及相应的诉讼权转让给受让人。

在 CIF 或 CIP 条件下，货物由卖方投保，发货后，卖方将保险单转交给买方，实现保险单权利转让。转让形式是由卖方在保险单上背书的方式进行。海运货物保险单可以不经过保险人的同意而自由转让。保险单转让后，受让人享有与原被保险人相同的权利和义务。

3. 海运货物的内在缺陷和自然损耗

在投保一般海运货物保险的条件下，对于货物内在缺陷所致损失或费用以及运输途中的自然损耗，保险公司不予负责。

【启发思考】 你能归纳一下如何根据货物的性质选择投保的险别吗？

项目小结

国际货物运输保险是以对外贸易货物运输过程中的各种货物作为保险标的的保险。外贸货物的运送有海运、陆运、空运以及通过邮政送递等多种途径。国际货物运输保险的种类按其保险标的的运输工具种类相应分为 4 类：海洋运输货物保险、陆上运输货物保险、航空运输货物保险、邮包保险。我国的国际货物运输保险使用的都是中国保险条款(CIC)。在国际保险市场上通用的保险条款是伦敦保险协会条款(ICC)。

关键概念

全部损失(Total Loss)　部分损失(Partial Loss)　单独海损(Particular Average)　共同海损(General Average)　平安险(Free from Particular Average，F. P. A.)　水渍险(With Particular Average，W. P. A.)　一切险(All Risks，A. R.)　一般附加险(General Additional Risks)　战争险(War Risks)　陆运险(Overland Transportation Risks)　陆运一切险(Overland Transportation all Risks)　保险费(Insured Premium)

职业能力训练

一、讨论题

1. 货运保险在对外贸易中有何作用?
2. 构成推定全损有哪几种情况?
3. 什么叫共同海损?什么叫单独海损?二者有何区别?
4. 构成共同海损应具备哪些条件?
5. 简述 CIC 条款中平安险的责任范围。
6. 构成实际全损有哪几种情况?
7. 购买海运保险是否只需填写保险单?是否需要其他文件?
8. 订立进出口合同中的保险条款应注意哪些问题?

二、案例分析

1. 某公司以 CFR 贸易术语出口一批玩具，在从仓库运到港口码头运输过程中，货物遭受损失，该损失应该由何方负责?如果买方已经向保险公司办理了货物运输保险，保险公司对该项损失是否给予赔偿?并说明理由。

2. 我国某海洋船运公司的“克拉多”号轮船在 2010 年 10 月 18 日起航，由于遭遇风浪，在出公海后，轮船偏离航线导致触礁事故，船底出现裂缝。为了安全起见，船长下令抛掉一部分货物并组织人员抢修裂缝。待裂缝修复以后继续航行。不久，又遇船舱失火，船长下令灌水灭火。在火被扑灭后发现 1000 箱货物中一部分被火烧毁，一部分被水浸湿。在船抵达目的港后清点共有以下损失：①抛入海中的 250 箱货物；②组织抢修船只而外支付的人员工资；③被火烧毁的 500 箱货物；④船只部分船体被火烧毁；⑤被水浸湿的 200 箱货物。

试问：①以上的损失各属什么性质的损失?说明原因。②投保什么险别的情况下，保险公司给予赔偿?为什么?(指 CIC 的最小险别)

3. 某外贸公司出口工艺品一批，目的地为澳大利亚悉尼，双方同意保险加成率为 10%，保险险别为我国保险条款的海运一切险，该批货运抵澳大利亚悉尼卸下时，发现部分工艺品发生损失，损毁率达到 30%，经检验确认的原因是途中货物受潮受热导致。问保险公司对损失是否应予赔偿?

4. 国内某贸易公司以 CFR 条件进口货物一批，并向某保险公司投保我国海运保险条款水渍险。货物在广州港卸下时发现部分货物损坏，经查 200 件货物在装船时就已破损，但由于外表有包装，装船时没有被船方检查出来。还有 300 件货物因船舶在途中搁浅，船底出现裂缝，被海水浸湿，另有 100 件货物因为航行中曾通风窗没有及时关闭而被淋湿致生锈。分析导致上述损失的原因，保险人是否应予赔偿，为什么？

5. 国内某服装进出口公司与广州某海洋运输公司签订了运输 100 000 件衬衫到法国的协议。合同签订后，卖方向保险公司就该批货物的运输投保了平安险单。2011 年 5 月 22 日，该批货物装船完毕后起航，5 月 27 日，装载该批货物的轮船在海上突遇罕见大风暴，船体严重受损，于 5 月 28 日沉没，6 月 18 日服装进出口公司，向保险公司就该批货物索赔，保险公司以该批货物由自然灾害造成损失为由拒绝赔偿，于是服装进出口公司向法院起诉，要求保险公司偿付保险金。

问题：本案例中保险公司是否应负赔偿责任？

6. 广州某纸业集团以 CIF 条件向南非出口一批纸张，因广州与南非湿度存在差异，货抵达目的地后由于水分过分蒸发而使纸张无法使用，买方能否向卖方索赔？为什么？

项目 7 国际贸易结算

工作任务

国际贸易结算是国际贸易活动的关键环节。多数情况下，货物和货款的相对给付不是买卖双方当面完成的。其货款的收付涉及双方的基本权利与义务。因为支付工具、支付方式直接关系到双方资金周转、信贷融通、金融风险承担和费用分摊，所以做好国际贸易结算是企业保障自身利益的重要保证。

学习目标

知识目标：

1. 了解国际贸易支付工具及支付方式
2. 熟悉结算票据
3. 熟悉汇付与托收
4. 掌握信用证的支付方式

能力目标：

1. 掌握汇付、托收支付程序
2. 掌握信用证付款方式
3. 掌握支付方式的综合运用
4. 掌握合同中支付条款

导入案例

甲国的A公司出口机电设备给乙国的B公司。A公司为了收汇安全，希望B公司预付货款，而B公司为了保证能收到货物，希望采用托收的结算方式。双方需要寻找一种较为平衡的结算方式。考虑到信用证结算费用较高，他们不打算使用信用证结算方式。

【讨论】

在本案例中，可以怎样结合不同的结算方式？

【解析】

本案例可以采用托收与汇款相结合的结算方式。A公司为了收汇更有保障，为了加速资金周转，可以在要求进口商在货物发运前，使用汇款方式，预付一定金额的定金(Down Payment)作为保证，或一定比例的货款，在货物发运后，当出口商委托银行办理跟单托收时，在托收全部货款中，将预付的款项扣除，如托收金额被拒付，出口商可将货物运回，以预收的定金或货款抵偿运费、利息等一切损失。关于定金或预付货款规定多少，可视不同客户的资信和不同商品的具体情况确定。

任务 7.1 结算票据

国际贸易结算可以通过货币、记账或票据实现，现实操作以非现金结算为主。结算票据有其独特的优势，是国际贸易的重要支付工具。

7.1.1 票据的概念

票据(Bill、Note)是以无条件支付一定金额为目的有价证券，是出票人依据相关法律签发的，无条件规定自己或由他人支付一定金额的承诺或命令。这个概念包含三层意思，结算票据是国际上通行的支付工具；是可以流通转让的债权凭证；是国际通行的结算和信贷工具。

1. 结算票据性质

(1) 流动性。票据可以等同于货币流通，这是票据的最重要特性。

(2) 无因性。持票人不需要向债务人说明票据的原因，即是无条件支付。

(3) 文义性。票据文字内容作为支付的依据，内容必须清晰、准确。

(4) 要式性。票据的内容和形式必须符合规定，项目齐全。

票据的以上特性是其作为重要支付手段的重要保证。

2. 结算票据的主要种类

结算票据的主要种类有汇票、本票和支票。在实际业务中，汇票使用最广泛，其次是本票和支票。

3. 票据行为

票据的使用过程中的各种行为为票据行为。每种行为都有票据法加以规范。票据行为主要有出票、提示、承兑和付款。

7.1.2 汇票

汇票(Bill of Exchange/Postal Order/Draft)是出票人签发的，委托付款人在见票时或者在指定日期，无条件支付确定金额给收款人或者持票人的票据。汇票可视作信用证所要求提交的一种国际贸易结汇单证，如图 7.1 所示。

注意：汇票的要式性说明，票据的内容和形式必须符合规定，项目齐全，否则无效。

1. 票的基本内容

(1) 注明“汇票”字样。

(2) 无条件支付命令。

(3) 确定的金额。

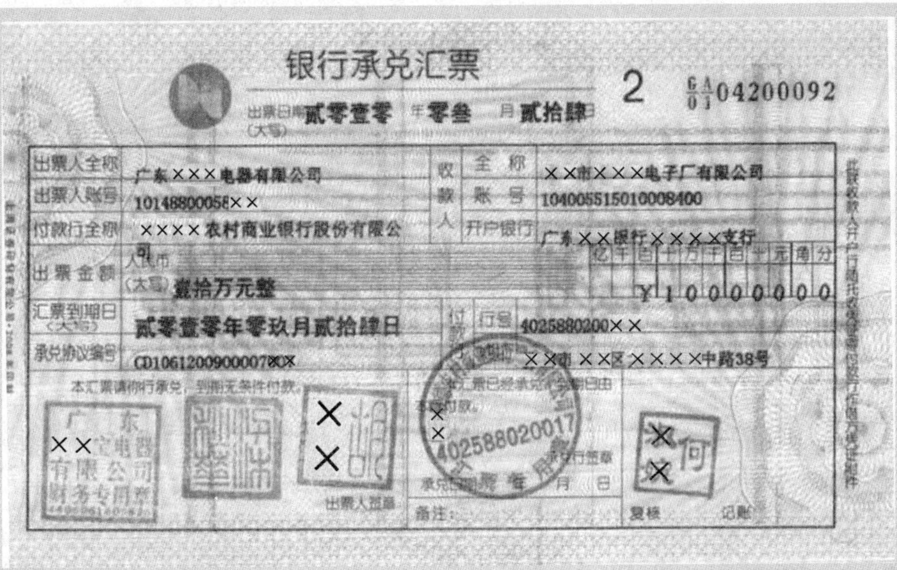
银行承兑汇票 2 04200092

出票日期（大写） 贰零壹零 年 零叁 月 贰拾肆 日

出票人全称	广东×××电器有限公司	收款人	全称	××市×××电子厂有限公司
出票人账号	1014880005××		账号	104005515010008400
付款行全称	××××农村商业银行股份有限公司		开户银行	广东××银行××××支行
出票金额	人民币（大写）壹拾万元整			¥100000.00
汇票到期日（大写）	贰零壹零年零玖月贰拾肆日	付款行	行号	4025880200××
承兑协议编号	CD1061200900007××		地址	××市××区××××中路38号

本汇票请你行承兑，到期无条件付款。

出票人签章

备注：

复核 记账

图 7.1 汇票样板

(4) 付款人名称。又称受票人，通常是进口人或其指定银行。

(5) 收款人名称。又称受款人，通常是出口人或其指定银行。

(6) 出票日期。

(7) 出票人签章。指签发汇票的人，通常是出口人或银行。

2. 汇票从不同角度的分类

汇票从不同角度可分成以下几种，见表 7-1。

表 7-1 汇票分类

分类依据	种类	定义
根据出票人分类	银行汇票 (Bank's Draft)	出票人是银行，付款人也是银行
	商业汇票(Commercial Draft)	出票人是企业或个人，付款人可以是企业、个人或银行
根据付款日期分类	即期汇票	见票即付(at sight 或 on demand)
	远期汇票	见票日后定期付款(at a determinable date after sight)
		出票日后定期付款(at a determinable date after the date of drawing a draft)
		定日付款(at a fixed day)
根据运输单据分类	光票(Clean Draft)	指不附带商业单据的汇票，银行汇票多是光票
	跟单汇票(Documentary Draft)	指附有包括运输单据在内的商业单据的汇票，跟单汇票多是商业汇票

续表

分类依据	种类	定义
根据信用分类	银行汇票(bank draft)	由出票银行签发的，尤其在见票时按照实际结算金额无条件付给收款人或者持票人的票据
	商业汇票(Commercial Bill of Exchange / Commercial Draft)	由付款人或存款人(或承兑申请人)签发，由承兑人承兑，并于到期日向收款人或被背书人支付款项的一种票据
根据汇票流通领域不同	国内汇票(Domestic Bill of Exchange)	指出票地与付款地处于同一国家的汇票，国内汇票几乎是单份的
	国际汇票(International Bill of exchange)	也称为外国汇票，出票地与付款地分处两国汇票。国际汇票几乎是一式两份，一般注明“付一不付二”或者“付二不付一”，防止重复承兑或付款

3. 汇票使用程序

即期汇票和远期汇票的使用程序有很大区别，如图 7.2、图 7.3 所示。

图 7.2　即期汇票的主要程序

图 7.3　远期汇票的主要程序

1) 出票(Issue)

出票人在汇票上填写付款人、付款金额、付款日期、付款地点、收款人等项目，签字后交付给收款人的行为。出票后，出票人即承担保证汇票得到承兑和付款的责任。如汇票遭到拒付，出票人应接受持票人的追索，清偿汇票金额、利息和有关费用。

收款人的填写有 3 种。

(1) 限制性抬头。抬头写明“仅付某某公司”或“付某某公司不准转让”，这种汇票不能转让。

(2) 指示性抬头。抬头写明“付某某公司或其指定人”，这种汇票经过背书，可以转让。

(3) 持票人或来人抬头。抬头写明“付给来人”，这种汇票仅凭交付即可转让。

2) 提示(Presentation)

提示是持票人将汇票提交付款人要求承兑或付款的行为，是持票人要求取得票据权利的必要程序。提示又分付款提示和承兑提示。付款人看到汇票叫“见票”。即期汇票是见票即付款；远期汇票，付款人见票后办理承兑手续，到期才付款。

3) 承兑(Acceptance)

承兑指付款人对远期汇票表示承担到期付款责任的行为。具体做法是付款人在汇票正面写明“承兑(Accepted)”字样，注明承兑日期并签名。付款人一旦对汇票作承兑，即成为承兑人以主债务人的地位承担汇票到期时付款的法律责任。

4) 付款(Payment)

付款指付款人或承兑人在汇票到期日，向提示汇票的合法持票人足额付款。持票人将汇票注销后交给付款人作为收款证明。汇票上的一切债务责任即告结束。

5) 背书(Endorsement)

背书是转让汇票权利的一种手续。汇票是一种流通工具，经过背书可以不断转让下去，在转让之间构成“前手”和“后手”之分。所有转让人都要承担相应法律责任。

背书的方式。

(1) 限制性背书。汇票仅付给C公司；付给C公司，不可转让；付给C公司，不得付给其指定人。

(2) 记名背书。汇票付给C公司指定人，付给C公司或其指定人，付给C公司。

(3) 不记名背书。不记载受让人名称，交付即可转让。

6) 拒付、追索(Dishonour，Recourse)

持票人向付款人提示，付款人拒绝付款，拒绝承兑；付款人逃匿、死亡或宣告破产，以致持票人无法实现提示，都称拒付。

持票人的追索权，即有权向其前手(背书人、出票人)要求偿付汇票金额、利息和其他费用的权利。在追索前必须按规定作成拒绝证书和发出拒付通知。拒绝证书，用以证明持票已进行提示而未获结果，由付款地公证机构出具，也可由付款人自行出具退票理由书，或有关的司法文书。拒付通知，用以通知前手关于拒付的事实，使其准备偿付并进行再追索。

7.1.3　本票

1. 概念

本票(Promissory note)是出票人签发的，承诺自己在见票时无条件支付确定金额给收款人或者持票人的票据。这里本票是指银行本票，如图7.4所示。本票可以把现金结算暂时推后，有利于解决贸易中买方的资金困难，加快贸易的进行。这种方式对于熟客来说经常使用。

(1) 票人指开立本票向另一方承诺保证付款的人。

(2) 款人指本票上规定的接受款项的人，如图7.4所示。

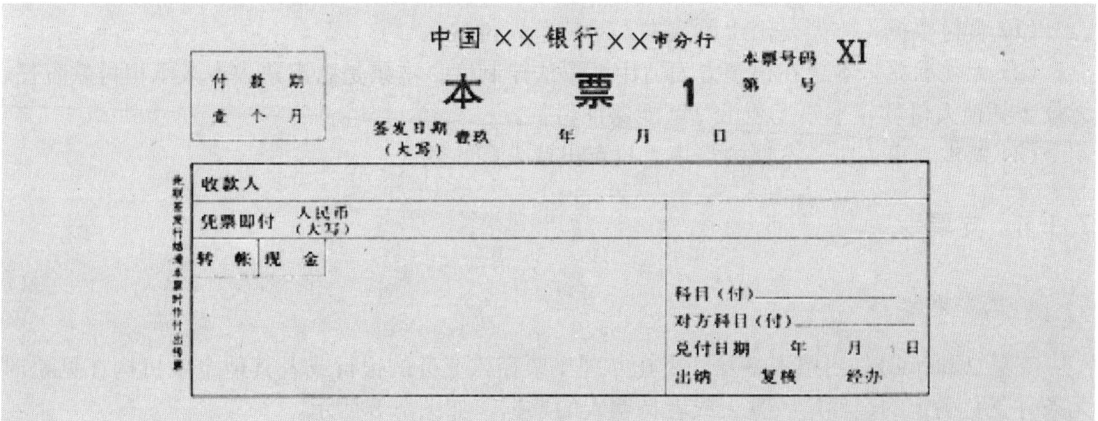
中国××银行××市分行

付款期 壹个月

本　票　1

本票号码 XI
第　号

签发日期（大写）　贰玖　年　月　日

收款人

凭票即付　人民币（大写）

转帐　现金

科目(付)

对方科目(付)

兑付日期　年　月　日

出纳　复核　经办

图7.4　本票样板

2. 主要内容

(1) 标明"本票"字样。
(2) 条件的支付命令。
(3) 定金额数目。
(4) 款人名称。
(5) 票日期。
(6) 票人签字。
以上记载事项必须完整，缺少其中一项，本票无效。

3. 分类

(1) 本票按出票人的身份不同，可分为商业本票(PROMISSORY NOTE)和银行本票(CASHER'S ORDER)。

商业本票，又叫一般本票。企业为筹措短期资金，由企业署名担保发行的本票。商业本票的发行大多采用折价(Discount)方式进行，但大多数是通过经济中介商的渠道而发售的。商业本票的利率因发行公司的信用等级不同而有所差异，企业信用愈好的商业本票，其市场的流通性愈佳，在此级市场的市场价格会愈好。基本上，商业本票可分为二类：一为企业因实际交易行为，以付款为目的而签发的，称之为交易商业本票；一为企业为筹措短期资金而发行的，称之为融资商业本票。

银行本票是银行签发的，承诺自己在见票时无条件支付确定的金额给收款人或者持票人的票据。银行本票按照其金额是否固定可分为不定额和定额两种。不定额银行本票是指凭证上金额栏是空白的，签发时根据实际需要填写金额(起点金额为 5 000 元)，并用压数机压印金额的银行本票；定额银行本票是指凭证上预先印有定固定面额的银行本票。银行本票分为定额本票和不定额本票两种，定额银行本票面额为 1 000 元、5 000 元、10 000 元和 50 000 元，其提示付款期限自出票日起最长不得超过 2 个月。

(2) 商业本票根据付款时间，分为即期和远期。银行本票都是即期的。银行本票在国际贸易结算业务中应用广泛。

4. 特征

(1) 自付票据，本票是由出票人本人对持票人付款。

(2) 无须承兑，本票在很多方面适用汇票法律制度。本票是由出票人本人承担付款责任，无须委托他人付款，本票无须承兑就能保证付款。

(3) 基本当事人少。本票的当事人只有出票人和收款人。

7.1.4 支票

1. 支票概念

支票(Cheque)是出票人签发，委托办理支票存款业务的银行或者其他金融机构在见票时无条件支付确定的金额给收款人或者持票人的票据，如图 7.5 所示。

图 7.5 支票样板

(1) 出票人(drawer)。出票人是在付款银行设有存款账户并有足够存款的储户。
(2) 付款人(payer)。付款人是出票人在该处设有往来存款账户，并承担付款银行。
(3) 受款人(payee)。受款人是支票上指定的接收款项的人。

2. 支票的主要内容

(1) 标明“支票”字样。
(2) 无条件的支付命令。
(3) 确定金额数目。注意：签发的支票票面金额不得高于其在银行的存款。
(4) 付款人名称。
(5) 出票日期。
(6) 出票人签字。

3. 支票种类

支票可分为现金支票(checkbook money)和转账支票(cheque for transfer)。现金支票只能用于支出现金，转账支票只能用于通过银行或其他金融机构转账结算。

4. 支票的使用

支票持有人应当自出票日起 10 日内提示付款，异地使用的支票，其提示付款的期限由中国人民银行另行规定。超过提示付款期限的，付款人可以不予付款，出票人应对持票人承担票据责任。

7.1.5 汇票、本票和支票比较

1. 汇票、本票和支票的共同点

1) 具有同一性质
(1) 都是设权有价证券。

(2) 都是格式证券。
(3) 都是文字证券。
(4) 都是可以流通转让的证券。
(5) 都是无因证券。
2) 具有相同的票据功能
(1) 汇兑功能。
(2) 信用功能。
(3) 支付功能。

2. 本票与汇票、支票的差异

本票与汇票、支票的差异见表 7-2。

表 7-2　本票、汇票、支票比较

类别 项目	本票	汇票	支票
付款人	约定本人付款	委托他人付款	委托支付，受托人只限于银行或其他法定金融机构
使用区域	只用于同城范围的商品交易和劳务供应以及其他款项的结算	在同城和异地都可以使用	可用于同城或票据交换地区
付款期限	银行本票见票时无条件支付；商业本票分为即期和远期	委托付款人在见票时或者在指定日期	持有人应当自出票日起 10 日内提示付款，异地使用的支票，其提示付款的期限由中国人民银行另行规定
当事人	两个：付款人和出票人为同一个人，收款人	3 个：出票人(drawer)、付款人(payer)、收款人(payee)	3 个：出票人(drawer)、付款人(payer)、收款人(payee)
资金关系	出票人与付款人为同一个人，不存在所谓的资金关系	出票人与付款人之间不必先有资金关系	出票人与付款人之间必须先有资金关系，才能签发支票
债务人	出票人	在承兑前是出票人，在承兑后是承兑人(Acceptor)	出票人
承兑情况	无需承兑	远期汇票需要承兑	一般为即期无需承兑
担保问题	出票人自负付款责任	出票人担保承兑付款，若另有承兑人，由承兑人担保付款	出票人担保支票付款
追索权	持有人只对出票人有追索权	持有人在票据的有效期内，对出票人、背书人(endorser)、承兑人都有追索权	持有人只对出票人有追索权
复本	没有	没有	有

【启发思考】拒付的事实依据是什么？

任务7.2 汇付与托收

在国际贸易业务中，交易双方要采用一定的支付工具，通过一定的支付方式，才能实现资金从债务人向债权人的转移。汇付和托收是国际贸易结算中常见的商业信用进行结算方式。

7.2.1 汇付

1. 汇付的概念

汇付(Remittance)，又称汇款，指汇款人委托银行，以一定的方式将款项汇交收款人的结算方式。

顺汇是指资金从付款一方转移到收款一方，由付款方主动汇付的方式，是国际间通过银行进行资金转移的一种方式，如图7.6所示。

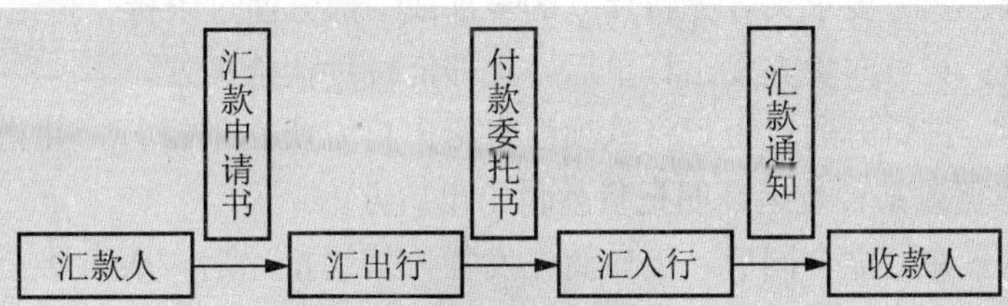

图7.6 顺汇流程

逆汇(adverse exchange)即托收方式，是指由收款人(债权人)出票，通过银行委托其国外分支行或代理行向付款人收取汇票上所列款项的一种支付方式。由于这种方式的资金流向与信用工具的传递方向相反，就称之为“逆汇”。

2. 汇付当事人

(1) 汇款人，汇出款项的人，一般是进口人。
(2) 收款人，收取款项的人，一般是出口人。
(3) 汇出行，受汇款人的委托出款行的银行，一般是出口商所在地银行。
(4) 汇入行，受汇出行委托解付汇款的银行，一般是出口商所在地银行。

3. 汇付分类

汇付分类见表7-3。

4. 汇付方式运用

汇付方式是由出口商自行寄交进口商，银行不经手货运单据，所以又称为单纯支付。汇付方式的使用建立在双方的信任基础上，风险较大。

表 7-3　汇付分类

项目＼类别	电汇(Telegraphic Transfer T/T)	信汇(Mail Transfer M/T)	票汇(Demand Draft D/D)
定义	指汇出行应汇款人的申请，用加押电报或电传的形式指示汇入行付款给收款人的一种汇款方式	指汇出行应汇款人的申请，用邮寄信汇委托书或支付委托书的方式指示汇入行付款给收款人的一种汇款人方式	指汇出行应汇款人的申请，开立以汇出行的海外分行或代理行为付款人的银行即期汇票，交由汇款人自行寄交给收款人，凭票向付款行取款的一种汇付方式
特点	交款快、安全可靠，但是费用高。有利于出口方资金周转，这种方式为主要的付款方式，通过汇入行才能取款	费用较低，占用时间长。邮航方式将委托书寄给汇入行，委托书不加密押，而是加签字，信汇委托书不能流通转让	由收款人自行持票上门取款，收款人可以通过背书方式转让汇票

(1) 预付货款。卖方要求买方先将货款的全部或一部分通过银行交付给卖方。

(2) 随单付款。买方向卖方发出订单后，立即汇付货款给买方。

(3) 凭单付汇。进口方通过银行将款项汇出给出口方所在地银行，并指示该行凭出口方提供的某些商业单据或某种装运证明把货款付给出口方。

(4) 货到付款。在订立合同后，出口商先发货，货物抵达后，买方将全部货款交付卖方或其代理人，才可取得货物。

(5) 赊销。赊销是属于货到付款的一种，卖方将货物装运出口后，将货物运单证直接寄给买方，货款则寄入买方账的借方，等约定期限届满时，再进行结算。

7.2.2　托收

1. 托收的概念

托收(Collecting)是由卖方开立汇票，委托出口地银行通过其在国外的分行或代理行，向买方收取货款或劳务费用的一种结算方式。托收结算方式是由出口商以开具票据的方式，委托当地银行向进口商收取款项。

托收结算方式当事人。

(1) 委托人，又称出票人，是开立汇票委托银行向国外付款方收款人。

(2) 委托行，又称托收行，委托人的代理人，通常为出口地银行。

(3) 托收行，又称出口方银行，是接受委托人的委托，代为收款的银行。

(4) 代收行，又称进口方银行，是接受委托行的委托，待向付款方收款银行。

(5) 付款人，汇票指定的付款方。

(6) 需要时的代理，在托收业务中，如发生拒付，委托人可指定付款地的代理人代理。

在托收结算中，银行不提供信用保证，因此托收属于商业信用。委托人与托收人、托收行与代收行都是委托代理关系。代理人必须各自按委托的指示办理，若有越权行为致使委托方受到损失，由代理人全部负责。

2. 托收分类

(1) 光票托收(Clean Collection)。光票托收指出口商仅开具汇票而不附有商业单据的托收。在实际操作中，光票托收一般用于金额不大的业务。例如，货款尾数、样品费用、佣金、贸易从属费用、索赔及非贸易的款项。

(2) 跟单托收(Documents Against Payment)。跟单托收指出口商开出汇票，并连同商业单据一起交银行代收货款的一种托收方式。出口商大多采用跟单托收。跟单托收按交单条件分为付款交单和承兑交单。

① 付款交单。付款交单是指代收行必须在进口商付清票款之后交付货运单据的一种方式。

② 承兑交单。承兑交单是指代收行必须在进口商承兑汇票之后交付货款单据，而进口商在汇票到期后再履行付款义务的一种方式。

3. 托收流程(图 7.7)

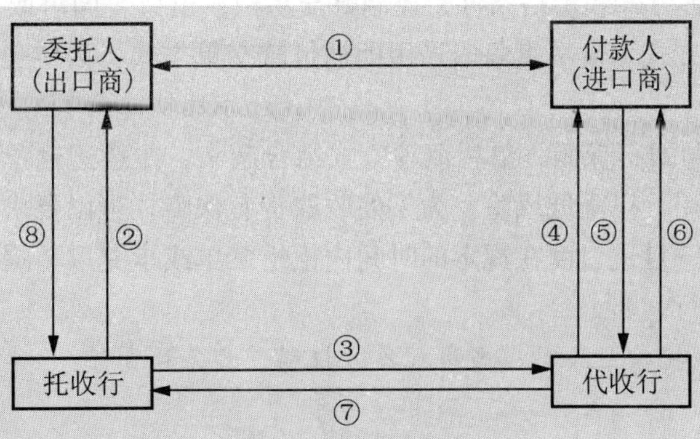

图 7.7 托收业务流程

(1) 订立贸易合同。
(2) 发货。
(3) 交汇票和货运单据。
(4) 给提示。
(5) 付款。
(6) 交货运单据。
(7) 拨付货款。
(8) 转交货款。

4. 托收方式风险及防范

在跟单托收方式下，出口商先行发货，然后委托银行收取货款。而银行只负责提示单据，代收货款，对能否收回款项并无责任，出口能否安全及时收回货款，完全取决于进口商的信用。此外，根据国际惯例，银行只需核实所收到的单据在表面上与托收委托书所列内容是否一致，对出口商所交单据的真伪及是否发运伪劣货物概不负责，进口商能否安全取得合格的货物，完全依赖于出口商的信用。因此，跟单回收建立在商业信用基础之上，交易双方均存在相应风险。

在托收方式中，出口商在发运货物后，在一定程度上失去了货物和资金两方面的主动权，因此托收方式对出口商风险较大。在货物抵达目的地是还会产生存仓、转售或不得已运回出口地的费用和损失。在承兑交单或远期付款凭信托收收据借单提货方式下，出口商的风险更大，因为进口商只要办理承兑或提交信托收据，即可取得单据并提取货物，一旦到期不付款，出口商就会钱货两空。

由于托收方式费用低廉，进口商可免去开立信用证的手续，不必付银行押金，减少了资金支出。如果采用远期托收，还可以不必占用自有资金，有利于资金周转。托收方式对进口商比较有利。实际上，在出口业务中采用托收，是出口商对进口商提供融资，以此作为竞争的一种手段，有利于调动进口商采购货物的积极性，从而有利于促进成交和扩大进口。为了防范风险，确保安全收汇，应采取防范措施。

(1) 了解进口人信誉和商品信息，做好售前调查工作、熟悉相关贸易政策。出口商如确定采用托收方式，应尽量争取采用外汇管制法令，并注意避免市场风险。

(2) 正确确定交单方式和价格条件、控制好交易额、出口合同争取 CIF 或 CIP 成交。出口商如确定采用托收方式，应尽量争取采用即期付款交单方式，而避免使用交单方式，以确保进口商付款赎单。

(3) 把托收方式与银行保函、信用证等方式结合起来，注意运输单据差异、单据制作要细致，处理好代理费用，以降低风险。为了使收取货有保障，可以要求进口商申请开立出口商认可的银行保函。一旦进口商在规定的时间内拒绝赎单或承兑取单提货后拒不付款，出口商有权向开立保函银行索赔。

【启发思考】 办理托收业务时，当事人各方权利、义务和责任？

任务 7.3 信 用 证

7.3.1 信用证概念

信用证(Letter of Credit，L/C)，是指开证银行应申请人的要求并按其指示向第三方开立的载有一定金额的，在一定的期限内凭符合规定的单据付款的书面保证文件。信用证是国际贸易中最主要、最常用的支付方式。

在国际贸易活动，买卖双方缺乏信任。因此，两家银行作为买卖双方保证人，代为收款交单，以银行代替商业信用。银行在这一活动中所使用的工具就是信用证。

1. 开证申请人(Applicant，Opener)

开证申请人指向银行申请开立信用证的人，在信用证中又称开证人。其责任是根据合同开证，向银行交付比例押金，及时付款赎单。其权利是验、退赎单，验、退货。

2. 开证行(Opening Bank，Issuing Bank，Establishing Bank)

开证行指接受开证申请人的委托开立信用证的银行，它承担保证付款责任。其义务：正确、及时开证；承担第一性付款责任。其权利：收取手续费和押金；拒绝受益人或议付行的不符单据；付款后如开证申请人无力付款赎单时可以处理单、货；或不足款可向开证申请人追索余额。

3. 通知行(advising bank，notifying bank)

通知行指受开证行的委托，将信用证转交出口人的银行，它只证明信用证的真实性，不承担其他义务，是出口地所在银行。

4. 受益人(Beneficiary)

受益人指信用证上所指定的有权使用该证的人，即出口人或实际供货人。

5. 议付银行(Negotiating Bank)

议付银行指愿意买入受益人交来跟单汇票的银行。

6. 付款银行(Issuing Bank)

付款银行指信用证上指定付款银行，在多数情况下，付款行就是开证行。

7. 保兑行(Confirming Bank)

保兑行受开证行委托对信用证以自己名义保证的银行。

8. 承兑行(Accepting Bank)

承兑行指对受益人提交的汇票进行承兑的银行，付款行。

9. 偿付行(Reimbursing Bank)

偿付行指受开证行在信用证上的委托，代开证行向议付行或者付款行清偿垫付款的银行。

7.3.2 信用证主要内容

(1) 信用证的种类、性质、有效期、到期地点。
(2) 货物的要求。
(3) 运输要求。
(4) 货物单据、运输单据、保险单据的要求。
(5) 特殊要求。
(6) 开证行对受益人及汇票持有人保证付款的责任义务。
(7) 国外来证加注。
(8) 银行间电汇索偿条款。

7.3.3 信用证特点

（1）信用证是一项自足文件。

信用证不依附买卖合同，银行在审单时强调的是信用证与基础贸易相分离的书面形式上的认证。

（2）信用证方式是单据业务。

信用证是凭单付款，不以货物为准。只要单据相符，开证就应无条件付款。

（3）开证银行负责首要付款责任。

信用证是一种银行信用，它是银行的一种担保文件，开证银行对之负有首要付款的责任。

7.3.4 信用证分类

信用证分类见表 7-4。

表 7-4　信用证分类

分类依据	类别	定义
以汇票是否有货运单据划分	跟单信用证（Documentary Credit）	凭跟单汇票或仅凭单据付款的信用证。例如：海运提单、铁路运单航空运单、邮包收据
	光票信用证（Clean Credit）	凭不随附货运单据的光票付款的信用证，例如发票、垫款清单
以开证行所负的责任为标准分	不可撤销信用证（Irrevocable Credit）	信用证一经开出，在有效期内，未经受益人及有关当事人的同意，开证行不能片面修改和撤销
	可撤销信用证（Revocable L/C）	开证行不必征得受益人或有关当事人同意有权随时撤销的信用证，应在信用证上注明“可撤销”字样
以有无另一银行加以保证兑付为依据分	保证兑换（Confirmed Letter of Credit）	指开证行开出的信用证，由另一银行保证对符合信用证条款规定的单据履行付款义务。对信用证加以保兑的银行，称为保兑行
	不保兑信用证（Unconfirmed L/C）	开证行开出的信用证没有经另一家银行保兑
根据付款时间不同分	即期信用证（L/C at sight）	指开证行或付款行收到符合信用证条款的跟单汇票或装运单据后，立即履行付款义务的信用证
	远期信用证（Deferred Payment L/C）	指开证行或付款行收到信用证的单据时，在规定期限内履行付款义务的信用证
	假远期信用证（Usance Letter of Credit Payable at sight）	指信用证规定受益人开立远期汇票，由付款行负责贴现，并规定一切利息和费用由开证人承担，这种信用证对受益人来讲，实际属于即期收款

续表

分类依据	类别	定义
根据受益人对信用证的权利可否转让分	可转让信用证(Transferable Credit)	指信用证的受益人可以要求承兑或议付的银行授权付款、承担延期付款责任,或当信用证是自由议付时,可以要求信用证中特别授权的转让银行,将信用证全部或部分转让给一个或数个受益人使用的信用证
	不可转让信用证(Non - transferable/Untransferable credit)	指受益人不能将信用证的权利转让给他人的信用证,凡信用证中未注明“可转让”,即是不可转让信用证
循环信用证(circular/continuing/renewable/credit):指信用证被全部或部分使用后,其金额又恢复到原来金额,可再次使用,直到规定的次数或规定的总金额为止	自动式循环	每期用完一定金额,不需等待开证行通知,即可自动恢复到原金额
	非自动循环	每期用完一定金额后,必须等待开证行通知到达,信用证才能恢复原金额使用
	半自动循环	即每次用完一定金额后若干天内,开证行未提出停止循环使用的通知,自第n天起即可自动恢复至原来金额
其他类型	对开信用证(Reciprocal Letter of Credit)	对开信用证指两张信用证申请人互以对方为受益人而开立的信用证
	对背信用证(Back to Back Credit)	又称转开信用证,指受益人要求原证的通知行或其他银行以原证为基础,另开一张内容相似的新用证,对背信用证的开证行只能根据不可撤销信用证来开立
	预支信用证(Anticipatory Letter of Credit)	预支信用证指开证行授权大夫行向受益人预付信用证金额的全部或一部分,由开证行保证偿还并负担利息
	备用信用证(standby letters of credit)	又称商业票据信用证、担保信用证,指开证行根据开证申请人的请求对受益人开立的承诺担某项义务的凭证

7.3.5 信用证流程

信用证流程如图7.8所示。

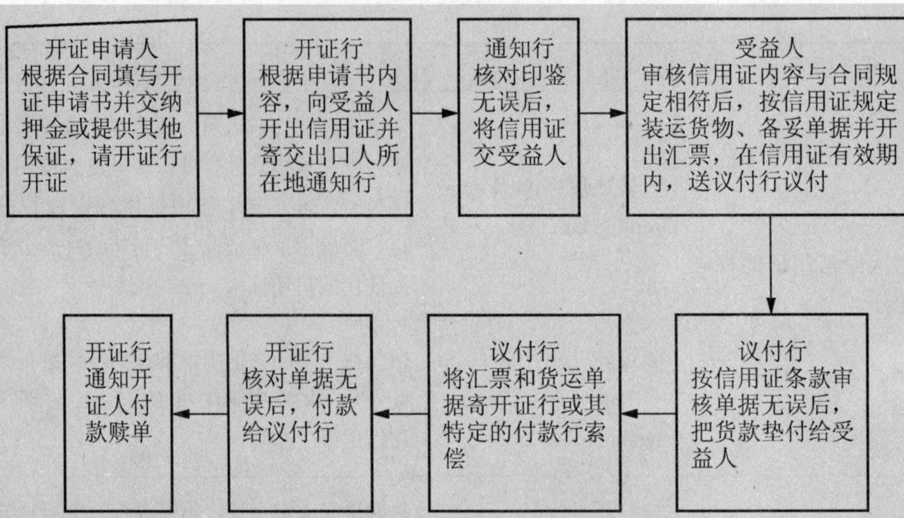

图 7.8　信用证流程

7.3.6　信用证安全问题

1. 单证不一致

单据缮制没有完全符合信用证明规定。这是最常见的事故。单证在某些方面有出入，并不影响银行对自己那套单证的审核与付款。给付银行的这一份则一定要完全与信用证一致，这是“单证不一致”事故处理的最大原则。对于国家机构比如商检局出具的单据，不易灵活处理，因此要慎重一些。如果信用证条款中对这类单证有特别要求的，先与商检机构沟通咨询，看是否能满足客户要求。

2. 单单不一致

指同一套单证里不同单据相同栏目的内容不一致。这个问题通常是由于部门分工协作制单中的疏漏造成的。预防的方法，就是养成事先编制交易档案，按照栏目分别归类，像一个数据库一样，根据交易编码，各部门或者各单证直接调用。审单证的时候，不但要逐张审核，还可以“横”审，即比对不同单证同一栏目的内容。

3. 不符点的处理

单证缮制与信用证规定的差异一概称为不符点。轻微的不符点比如某个字母或标点符号的错误，不造成歧义，对交易性质无实质影响的。

4. 不符点拒付的处理

这样的事故中，首先要区分责任，判断开证行拒付是否有合理依据并符合程序，所谓合理依据，就是开证行提出的不符点应有站得住脚的理由，或是否出于误会。否则可通过国内银行回复解释申辩。

7.3.7 信用证风险

1. 进口商不依合同

开证买卖合同条款应与买卖合同严格一致，但实际上由于多种原因，进口商不依照合同开证，从而使合同的执行发生困难，或者使出口商遭致额外的损失。

2. 进口商故设障碍

进口商往往利用信用证“严格一致”的原则，蓄意在信用证中增添一些难以履行的条件，或设置一些陷阱。

3. 进口商伪造信用证

伪造信用证，或窃取其他银行已印好的空白格式信用证，或与已倒闭或濒临破产的银行的职员恶意串通开出信用证等经寄出口商，若未察觉，出口商将导致货款两空的损失。

4. 进口商规定要求不易获得的单据的信用证

某特定人签字的单据，或注明货物配船部位或装在船舱内的货柜提单或明确要求 FOB 可 CFR 条件下凭保险公司回执申请议付，这些对作为受益人的卖方来说根本无法履行或非卖方所能控制。

5. 信用证规定的要求与有关国家的法律规定不一

略。

6. 涂改信用证诈骗

进口商将过期失效的信用证刻意涂改，变更原证的金额，装船期和受益人名称，并直接邮寄或面交受益人，以骗取出口货物，或诱使出口方向其开立信用证，骗取银行融资。

7. 伪造保兑信用证诈骗

所谓“伪造信用证诈骗”，是指进口商在提供假信用证的基础上，为获得出口方的信任，蓄意伪造国际大银行的保兑函，以达到骗取卖方大宗出口货物的目的。

8. 规定必须另行指示通知才能生效的信用证

如果信用证规定须进一步才能装船，装船日期另行通知，进口许可证须核准，货物样品经检验认可等，都可能造成因不通知而不了了之，致使卖方备货后，由于货价的上涨或下跌而受损失。

9. 规定要求的内容已非信用证交易实质

规定必须在货物运至目的地后，货物经检验合格后或经外汇管理当局核准后才付款；或规定以进口商承兑汇票为付款条件，如买方不承兑，开证行就不负责任，这些已非信用证交易，对出口商也没有保障可言。

【启发思考】信用证安全如何保证？

任务 7.4　支付方式的综合运用

在国际贸易中，一般的国际贸易买卖合同，通常只单独使用一种方式。在特定情况下，可采用两种或多种结算方式结合使用。

7.4.1　信用证与汇付结合

信用证与汇付结合指一部分货款用信用证支付，余款用汇付方式结算。例如，买卖农副产品，贸易合同规定 90%货款以信用证方式付款，余款 10%，货物抵达目的港，经检验核实货物数量后，按实到数量确定余数金额以汇付方式支付。

特定商品或特定交易需进口人预付定金的，也有规定预付定金部分以汇付方式支付，其余货款以信用证方式结算。

7.4.2　托收与信用证相结合

托收与信用证结合是指部分货款用信用证支付，余数用托收方式结算。信用证规定出口人开立两张汇票，属信用证部分的凭光票付款，而全票单据附在托收部分汇票项下，按即期或远期付款交单方式托收。这种方法对进口人来说：可减少开证金额，少付开证押金，少垫资金；对出口人来说，虽托收部分有一定风险，但有部分信用证保证，且货运单据跟随托收汇票项下，开证人须进口人付清全部货款后才放单，所以出口人的收汇安全有保障。但是这种做法在买卖合同中除应规定一定比率货款付款交单，一定比率不可撤销信用证，应在证中注明“在发票金额全部付清后方可交单”。

7.4.3　汇付、托收与信用证相结合

由于成套设备和飞机等交易具有金额大、制造生产周期长、检验手段复杂、交货价格严格以及产品质量保证期限长等特点，故采用此法。

1. 分期付款

买卖双方在合同中规定，在产品投产前，在卖方提供出口许可影印本和银行开具保函的情况下，买方以汇付方式现向卖方交付部分货款或定金。其余货款，可按生产进度和交货进度分期支付，买方开立不可撤销的信用证，即期付款，但最后一笔货款，一般在卖方完成全部交货义务或承担质量保证期满，经检验合格后再予付清。

2. 延期付款

在成套设备和大宗物资的交易中由于金额较大，买方一时难以支付，可采用延期付款方式。即有买方先用汇付方式支付一定比例的货款或定金，其余货款可延期偿付；有的还可规定，按生产进度和交货进度分期支付部分货款，其余大部分货款在交货后若干年内分期摊付，即采用远期信用证支付。

3. 分期付款与延期付款的区别

(1) 在货款清偿时间和利息费用上存在差异。

(2) 所有权转移时间不同。

7.4.4 托收与各种信用证或银行保函相结合

汇付与备用信用证或银行保函(Banker's Letter of Guarantee，L/G)结合使用，这种支付方式一般用在大型设备、成套设备，以及飞机与轮船等大型运输工具的交易中。由于这种方式交易具有货物金额大、制造生产周期长、检验手段复杂、交货条件严格，以及质量保证期限长等特点，往往采用两种甚至两种以上不同的结算方式，如汇付与备用信用证或银行保函的结合使用，再结合使用分期付款延期付款的方法支付货款。

由于以跟单托收方式支付货款对出口人有一定风险，如在使用跟单托收时，结合使用备用信用证或银行保函，由开证行提供保证，则出口人的收款就能基本得到保障。即在跟单托收项下的货款被拒付时，则可利用备用信用证或银行保函以光票和收益人签署的声明书向开证行收款。

跟单托收与备用信用证或银行保函的结合使用，可以保证跟单托收项下的货款被拒付时，出口商可以与备用证或银行保函的有关条款，签发进口商拒付的声明书并开立汇票要求银行付款。使用这种方式时，备用信用证或银行保函的有效期必须晚于托收付款期限，以便被拒付后能有足够时间办理追偿手续。

使用这种方式结算时，必须注意以下几个方面。

(1) 备用信用证与银行保函的有效期必须晚于托收付款期限后一定时间，以便托收被拒绝后能有足够的时间办理追偿手续。

(2) 跟单托收如被拒付，必须请代收行以电讯通知出票人，以便及时在备用信用证或银行保函下追偿。

(3) 声明书中的规定必须符合来证规定。

7.4.5 跟单托收与预付押金结合使用

在进口商预付部分货款或一定比率的押金为保证的前提下，采用跟单托收的结算方式结算货款。出口商收到预付款或押金后发运货物，并从货款中扣除预付押金，其余金额通过银行托收。如托收金额被拒付，出口商可将货物运回，并以预收押金抵偿运费，利息及其他损失。

【启发思考】各种结算方式的优点是什么?

任务 7.5 贸易合同中的支付条款

7.5.1 合同支付条款概述

支付条款：本合同采用①信用证 L/C；②即期付款交单 D/P、承兑交单 D/A、托收；③汇付、信汇 M/F、电汇 T/T 方式结算。

（1）信用证 L/C。

① 买方应在装运期间通过开证行开出以卖方为受益人的〔不可撤销的、跟单的、(不)保兑的、即期的、可转让的、循环的、对开的、(不)允许分期装运的〕信用证。信用证应在装货完毕后某日内在受益人所在地到期。

② 通知银行收到买方开具的不可撤销的信用证时，卖方必须委托通告行开出 90%信用证金额的保证金给开证行。合同货物装运和交货后，保证金将原数退给卖方，若出于卖方的任何原因，发生无法按时全部或部分交货，保证金将按作为轻罚金支付给买方。

（2）货物发运后卖方出具以买方为付款人[付款跟单汇票，按即期付款交单方式 D/P、承兑跟单汇票、汇票期限为(见票)后(3)天，按即期付款交单(D/A 日)方式经买方承兑后]通过卖方银行及买方银行，向买方转交单证（换取货物、买方按汇票期限到期支付货款）。

（3）买方收到卖方依合同规定提交的单证后(3)日内以(电汇、信汇)方式支付货款。

（4）自货物至指定边境站点由卖方置于买方控制下时，即认为卖方已交货，货物的所有权及偶然性损失或品质损坏的风险由卖方转移到买方。买方应（同、后、前）期于卖方一天交货，并以记名提单为结算依据。

7.5.2 合同中支付条件所分的 3 种情况

1. 采用信用证

买方收到卖方交货通知，应在交货日前 15～20 天，由买方银行开出以卖方为受益人的与装运全金额相同的不可撤销信用证。卖方须向开证行出具 100%发票金额即期汇票并附装运单据。开证行收到上述汇票和装运单据即付以支付(电汇或航邮付汇)。信用证于装运日期后 15 天内有效。

2. 托收

货物装运后，卖方出具即期汇票，连同装运单据，通过卖方所在地银行和买方指定银行提交给买方进行托收。

3. 直接付款

买方收到卖方装运单据后 7 天内，以电汇或航邮向卖方支付货款。

4. 汇付方式

即期付款交单、远期付款交单、承兑交单。

【启发思考】合同支付条款需要考虑什么问题？

项目小结

随着全球经济和贸易发展，贸易结算方式显得越来越重要。贸易结算方式决定风险的分担，贸易成功与否，贸易资金的流动。由于业务的复杂，多种贸易方式的综合运用必不可少。

关键概念

票据(bill) 汇票(Bill of Exchange/Postal Order/Draft) 本票(Promissory Note)
汇付(Remittance) 信用证(Letter of Credit，L/C) 支票(Cheque)

职业能力训练

一、讨论题

(1) 结算票据性质有哪些?

(2) 汇票使用程序内容是什么?

(3) 汇票、本票和支票的区别是什么?

(4) 比较汇付与托收。

(5) 支付方式如何结合使用?

二、案例分析

1. 生产电信设备的甲国的A公司与乙国的电信运营商B公司签订了电信设备供货协定。根据该协定，A公司向B公司出口电信设备，B公司付给A公司电信设备的货款，其中：①10%为预付定金，在发货前支付；②75%为货款，凭发票支付；③15%为尾款，在设备正常运营6个月后支付。

请分析在这种情况下，可以怎样结合不同的结算方式，既保证A公司的收汇安全，也保证B公司在预付定金后，A公司能履约发货?

2. A国的进口公司向B国的出口公司进口机器设备。他们决定用第三国货币支付。但在实际支付货款时，发现两国的银行在第三国没有碰头行，在支付货款过程中延误了不少时间。

国际结算中，从支付清算的便利角度来说，在选择支付货币时应该分析哪些因素?

3. 自1996年12月9日起，CHATS支付指令已在实时全额基础上结算。一旦付款行通过其香港金融管理局账簿完成资金转账，结算就是最终的和不可改变的。

香港金融管理局采用了什么方法提供日间流动资金以减少支付堵塞? 对于降低清算所自动转账系统支付中的结算风险有何启示?

4. 我国某出口商出口货物，结算货币为美元，结算方式为托收。货物出运后，出口商将全套单据送到A银行，委托其办理托收，在托收指示中，出口商指定B银行为代收行。A银行在接受了托收指令后，发现其与B银行没有账户关系，但A银行的纽约分行与B银行同为CHIPS的参加行。于是A银行在给B银行的托收委托书中写明如下指示："When collected，please remit the sum to our New York Branch via CHIPS (ABA：) for credit of our account (UID：) with them."

请分析，CHIPS是怎样运作的? 什么是ABA号码? 什么是UID号码?

5. 某出口公司收到一份国外开来的L/C，出口公司按L/C规定将货物装出，但在尚未将单据送交当地银行议付之前，突然接到开证行通知，称开证申请人已经倒闭，因此开证行不再承担付款责任。

开证申请人倒闭可以构成开证行拒绝付款的理由吗？如果不可以的话，那么开证行在付款后，很难从已倒闭的开证申请人那里得到全额付款，结果是银行产生信贷损失对银行而言，开证业务产生的信贷损失与普通贷款的信贷损失完全一样吗？银行可以采取哪些做法来减少开证业务产生的信贷损失？

项目 8 商品检验、索赔、不可抗力与仲裁

工作任务

在订立国际货物买卖合同时，为避免日后发生争议以及争议发生后及时妥善处理争议，通常要订立商品检验、索赔、不可抗力和仲裁条款。在国际贸易中，交易商品通常都要经过检验。合同当事人的任何一方，如有违约情况，给对方造成损失，受损害方有权提出索赔。合同签订后，如发生人力不可抗拒事件，致使合同不能履行，可按合同关于不可抗力条款的规定免除合同当事人的责任。交易双方在履行合同中若产生争议，则可按合同中约定的仲裁方式解决。由此可见，了解和掌握国际贸易活动中商品检验、索赔、不可抗力与仲裁条款对于维护企业合法权益有着重要作用。

学习目标

知识目标：

1. 理解索赔和理赔的含义

2. 理解不可抗力的含义及不可抗力条款的规定

3. 认识仲裁的意义和仲裁协议的作用，理解仲裁条款的主要内容，掌握仲裁的含义及特点

能力目标：

1. 掌握如何规定异议和索赔条款以及违约金条款

2. 正确判断和处理不可抗力事故

导入案例

某年我国A公司与外商签订一批进口电子元件合同，后外商因其生产电子元件的两个工厂之一遭受水灾，这时正值国际市场上的电子元件价格上涨，于是外商以不可抗力事故为理由要求解约。

【讨论】

A公司应如何对待此问题？

【解析】

对方确实遭遇不可抗力，但是只是对其一个工厂形成影响，并没有完全丧失生产能力，双方应该协商延迟交货，变更履行合同，出口方不能要求解约。

任务 8.1 出入境商品检验检疫

商品检验制度是随着国际贸易的产生和发展而发展起来的。各国对此都有相应的法律和法规。《公约》规定："买方必须在按情况实际可行的最短时间内检验货物或由他人检验货物……如果涉及货物的运输，检验可推迟到货物到达目的地后进行。"英国《1893 年货物买卖法》(1979 年修订)第三十四条规定："除非双方另有约定。当卖方向买方交接货物时，买方有权要求有合理的机会检购货物，以确定它们是否与合同的规定相符。买方在未有合理机会检验货物之前，不能认为他已接受了货物。"《中华人民共和国进出口商品检验法》(以下简称《商检法》)第五条规定："列入目录的进出口商品，由商检机构实施检验。"该条款同时规定，前款规定的进口商品未经检验的，不准销售、使用；前款规定的出口商品未经检验合格的，不准出口。

8.1.1 出入境商品检验检疫的概念

出入境商品检验和检疫(Commodity Inspection and Quarantine)，是指专门的进出口商品检验机构和其他指定的机构，依照法律、法规或进出口合同的规定，对进出口商品的品质、规格、数量、重量、包装及安全性能、卫生、残损等进行各种检验、分析、测量和鉴定，并出具检验检疫证书的活动。

8.1.2 出入境检验检疫的主要内容

1. 出入境检验检疫的范围

进出口商品检验、进出境动植物检疫、国境卫生检疫等即出入境检验检疫的主要内容。出入境检验检疫工作的主要法律依据是《商检法》及实施条例、《中华人民共和国进出境动植物检疫法》及实施条例、《中华人民共和国国境卫生检疫法》及实施细则、《中华人民共和国食品卫生法》。

2. 出入境检验检疫模式

"三检合一"、"一口对外"即为出入境检验检疫模式，一次报检，一次取样，一次检验检疫。一次卫生除害处理，一次收费，一次发证放行(出入境货物边关单)。

3. 出入境检验检疫的工作内容

(1) 法定检验检疫：又称强制性检验检疫，是指出入境检验检疫机构对于列入必须实施检验的进出口商品目录的和其他法律、行政法规规定，对必须检验检疫的出入境货物、交通运输工具、人员及其事项等依照规定的秩序实施强制性的措施。检验检疫机构实施法定检验检疫的范围是：列入《出入境检验检疫机构实施检验检疫的进出境商品目录》(简称《目录》)的商品；应施卫生监督的进出境食品；应施检疫的进出境动植物及其产品；出口危险货物包装容器的性能和使用鉴定；装运出口易腐烂变质食品、冷冻品的船舱和集装箱等运载工具的适载鉴定；其他法律、法规和有关国际条约规定应施检验检疫的进出境商品。

(2) 委托检验检疫。进出境货物检验的主要内容是品质检验、数量和重(质)量检验、包装检验、卫生检验和残损鉴定等。

① 品质检验。品质检验主要是对货物的外观、化学成分、物理件能等进行检验，一般采用仪器检验和感官检验两种方法。仪器检验是利用各种有关仪器和机械对商品进行物理检验、化学检验和微生物检验等。感官检验是通过眼、耳、鼻、口和手对商品进行鉴定。

② 数量和重(质)量检验。数量和重(质)量检验是指按合同规定的计量单位和计量方法对商品的数量和重(质)量进行检验。

③ 包装检验：包装检验是指对货物包装的牢固度、完整性进行检验，看其是否适合货物的性质和特点，是否适于货物流转过程的装卸、搬运，是否符合合同及其他有关规定，是否是合乎标准或合同规定的内包装和衬垫物料或填充物料，并对包装标志的各项内容进行核对，看其是否与合同规定相符。

④ 卫生检验。卫生检验是指对肉类罐头食品、奶制品、禽蛋及蛋制品、水果等货物是否无菌、无寄生虫等进行检验。

⑤ 残损鉴定。残损鉴定是指对受损货物的残损部分予以鉴定，分析致残原因及其对商品使用价值的影响，估计损失程度，出具证明等。

(3) 进出境动植物检疫的主要内容。为防止动物及制品含有传染病、寄生虫病，或者植物中含有植物危险性病、虫、杂草的输入，动物、动物产品、植物种子、种苗及其他繁殖材料入境必须事先提出申请，办理检验审批手续。

(4) 检验检疫机构还承担 WTO/TBT 协议《技术性贸易壁垒协议》和 SPS 协议《实施动植物卫生检疫措施的协议》咨询点业务，与国际组织进行检验检疫方面的联络和协作等。

(5) 签发原产地证明书：出入境检验检疫机构还可签发原产地证明书。原产地证明书是进出口国对货物确定税率待遇，进行贸易统计，实行数量限制(如配额、许可证等)和控制从特定国家进口(如反倾销税、反补贴税)的主要依据之一。一般有三大类：第一类是普惠原产地证明书；第二类是一般原产地证明书；第三类是某些专业性原产地证明书。

(6) 实施质量的监督管理：国家商检部门对于目录外进出口商品实施抽查检验，可以公布抽查检验结果或者向有关部门通报抽查检验情况；对列入目录的出口商品进行出厂前的质量监督管理和检验；对经国家商检部门许可的检验机构的进出口商品检验鉴定业务活动进行监督。根据国家统一的认证制度，对有关的进出口商品实施认证管理；同国外有关机构签订的协议或者接受外国有关机构的委托进行进出口商品质量认证工作、准许在认证合格的进出口商品上使用质量认证标志。

8.1.3 检验证书

检验证书(Certificate of Inspection)是进出口商品检验机构对货物进行检验、鉴定后所出具的证明文件。

1. 检验证书的种类

国际贸易中常见的检验证书有以下几种。

(1) 品质检验证书(Inspection Certificate of Quality)。

(2) 重量检验证书(Inspection Certificate of Weight)。

(3) 数量检验证书(Inspection Certificate of Quantity)。

(4) 包装检验证书 (Inspection Certificate of Packing)。

(5) 兽医检验证书(Veterinary Inspection Certificate)。
(6) 卫生检验证书(Sanitary Inspection Certificate)。
(7) 消毒检验证书(Disinfecting Inspection Certificate)。
(8) 熏蒸检验证书(Inspection Certificate of Fumigation)。
(9) 温度检验证书(Certificate of Temperature)。
(10) 残损检验证书(Inspection Certificate of Damaged Cargo)。
(11) 船舱检验证书(Inspection Certificate on Tank/Hold)。
(12) 价值检验证书(Certificate of Value)。

2. 检验证书的作用

检验机构出具的检验证书具有什么样的法律后果，买卖双方可根据协商情况加以确定。一般说来，商品检验证书的作用主要有以下几个方面。

(1) 作为货物通关的凭证。
(2) 作为海关计征关税的凭证。
(3) 作为出口商凭以议付货款的有效证件。
(4) 作为贸易双方交接货物的依据。

8.1.4 国外的检验机构

世界上大多数国家设有自己的商品检验、鉴定或公证机构，特别是发达国家，由于商品进出口量大、对品质要求高，所设立的检验机构也种类繁多。这些机构有的属于综合性的，有的属于专业性的，有的是同家设立的，有的是私人或同业公会经营的。

属于国家设立的官方检验机构如美国的动植物检验署(Animal and Plant Health Inspection Service，APHIS)、食品与药品管理局(Food and Drug Administration，FDA)、俄罗斯的出口商品检验局、法国国家实验检测中心、日本通商产业检查所等，这些机构都是由政府设立的官方检验机构。

属于民间性质的私人协会或同业公会有日本的海事鉴定协会、英国的利物浦棉花协会、瑞士的日内瓦通用鉴定公司等。在非官方的商品检验机构中，有的已被该国政府认可并委托其办理一部分进出口商品的检验工作，如美国的“担保人实验室”(Underwriters Laboratory，UL)，这一机构是由美国几家保险公司于1894年创办的，属于民间组织，后来从保险公司中独立出来，接受政府委托，负责进出口商品的安全检查。现在UL不仅是美国的，也是全世界公认的安全测试机构。根据美国政府规定，凡与安全有关商品(如电器、药品等)均须通过担保人实验室的检验并取得“UL”标志，方可进口而在美国市场销售。

【启发思考】媒体报道说进出口检验检疫是国内商品进口的安全防火墙，你对这句话是如何理解的？

任务8.2 不可抗力

买卖合同订立后，有时会发生非当事人所能控制的重大变化，使当事人失去原有的履行合同的基础。为了防止产生不必要的纠纷，维护当事人各自的利益，通常在合同中订有不可抗力条款。不可抗力是一项免责条款。

8.2.1 不可抗力的含义

不可抗力(Force Majeure)又称人力不可抗拒。它是指在商品买卖合同签订后，发生了不是由于订约者任何一方当事人的过失或疏忽，而是由于发生了当事人无法预见、无法预防、无法避免和无法克服的意外事件，以致不能履行或不能如期履行合同，遭受意外事件的一方可以免除履行合同的责任或延迟履行合同。

8.2.2 不可抗力事件的范围

不可抗力事件主要包括两种情况。

(1) 自然原因引起的，如水灾、地震、风暴、大雪、旱灾、火灾、暴风雨等。

(2) 政治或社会原因引起的，如战争、罢工、政府禁令、封锁禁运等。

对于前者，国际上的解释比较统一。而对于后者，各国的解释分歧较大。因此，在实际业务中，人们不能任意理解不可抗力事件的范围，而应把它和一般的商业风险区别开来。如签约后发生的价格涨跌、汇率升降、买方无力偿还贷款等属于正常的贸易风险。

8.2.3 不可抗力事件的法律后果

不可抗力实际上是一种免责条款。我国对不可抗力事件规定了 3 种可能产生的法律后果。

(1) 如果不可抗力事件使合同履行成为不可能，则可解除合同，并免除责任。

(2) 如果不可抗力事件使合同部分义务履行成为不可能，则免除部分义务。

(3) 如果不可抗力事件不是导致合同不能履行，而只是不能按约定的时间履行，则可延迟履行合同，并免除其延迟履行的责任。

【启发思考】 如果由于气象科技进步，对于某自然灾害的预报达到非常准确的程度，该自然灾害是否仍然是不可抵抗力事件?

任务 8.3 索 赔

在国际贸易中，买卖双方中任何一方有违约情况，受害方都有权提出索赔。

8.3.1 索赔的概念

索赔(Claim)，是指遭受损害的一方在争议发生后，向违约方提出赔偿要求的行为。索赔在法律上是指主张权利，在实际业务中，通常是指受害方因对违约方违约而根据合同或法律提出予以补救的主张。一方提出索赔后，违约方受理对方的赔偿要求，称作理赔(Settlement of Claims)。索赔与理赔是一个问题的两个方面，在受害方来说是索赔，在违约方就是理赔。

8.3.2 索赔对象及索赔期限

根据损失的原因和责任的不同，索赔有 3 种不同的情况。

(1) 属承保责任范围内的货物损失，向保险公司索赔。

(2) 属承运人责任所造成的货物损失，向承运人索赔。

(3) 属合同当事人责任造成的损失，则向责任方提出索赔。

索赔期限即索赔方向违约方提出索赔的有效时限，逾期提出索赔，违约方可不予受理。索赔要有充分的索赔依据，且在索赔期限内提出索赔，否则即丧失索赔权。

【启发思考】 索赔期限和理赔期限两者是否一致?

任务 8.4 仲　　裁

在国际贸易中，因种种原因发生争议是难免的。在实际业务中，当发生争议时，首先应由双方友好协商解决。如协商无法解决时，则可视情况采取通过第三方调解、提交仲裁机构仲裁或进行司法诉讼等方式解决争议。仲裁是解决对外贸易争议的一种重要方式。

8.4.1 仲裁概念

仲裁(Arbitration)，又称公断。是指买卖双方在争议发生之前或发生之后，签订书面协议，自愿将争议提交双方所同意的第三者予以裁决，以解决争议的一种方式。由于仲裁是依照法律所允许的仲裁程序裁定争端，因而仲裁裁决是最终裁决，具有约束力，当事人双方必须遵照执行。

8.4.2 仲裁协议

1. 仲裁协议的概念

仲裁协议是指双方当事人自愿把他们之间已经发生或将来可能发生的争议，提交仲裁机构或仲裁员，依照法律和仲裁规则解决的协议，是仲裁机构受理案件最直接的依据。

仲裁协议必须以书面的形式。仲裁协议一旦合法成立，在其有效期内，任何一方不得任意变更或撤销，也不得将争议向法院起诉，必须自觉履行仲裁协议规定中的权利和义务。仲裁机构受理争议案件的依据是双方当事人订立的仲裁协议。

2. 仲裁协议的类型

根据仲裁协议达成的时间不同，仲裁协议有 3 种类型。

(1) 双方当事人在争议发生前订立的，表示愿意将他们之间将来可能发生的争议提交仲裁解决的协议，这种协议一般就订立在合同中，作为合同的一个条款，称作仲裁条款。

(2) 双方当事人在争议发生后订立的，表示愿意将他们之间已经发生的争议提交仲裁解决的协议。

(3) 当事人在争议发生前或发生后通过“援引”的方式达成的协议，即当事人不直接拟订仲裁协议的内容，而是统一将他们之间的争议按照某个公约、条约或标准合同中的仲裁条款所规定的方式进行仲裁。

3. 仲裁协议的作用

以上3种仲裁协议虽然在形式上有所不同，但它们的法律效力是相同的，其作用可概括为下面3个方面。

(1) 表明当事人双方愿意将他们之间的争议交由仲裁庭来裁决，仲裁裁决对双方都具有约束力，双方都愿意服从裁决结果。

(2) 表明仲裁庭取得了对争议案件的管辖权。任何仲裁机构都无权受理没有仲裁协议的案件。

(3) 排除了法院对争议案件的管辖权。世界上除极少数国家外，各国的法律一般都规定法院不受理争议双方订有仲裁协议的争议案件。即使一方当事人违反仲裁协议向法院起诉，另一方可依据仲裁协议排除法院的管辖权；一方当事人如果对仲裁裁决不服，向法院起诉或上诉，法院一般也不受理。当事人在订立合同时，如果希望用仲裁方式解决争议，应该在合同中订立仲裁条款。一旦发生争议，任何一方都有权将争议提交仲裁庭解决，同时也排除了另一方通过诉讼解决的途径。

4. 仲裁协议的内容

根据《中华人民共和国仲裁法》的规定，一份有效的仲裁协议应具有下列内容。

1) 请求仲裁的意思表示

请求仲裁的意思表示是仲裁协议的首要内容，因为当事人以仲裁方式解决纠纷的意愿正是通过仲裁协议中请求仲裁的意思表示体现出来的。

2) 仲裁事项

即仲裁庭只能在仲裁协议确定的仲裁事项的范围内进行仲裁，超出这一范围进行仲裁，所做出的仲裁裁决，经一方当事人申请，法院可以不予执行或者撤销。仲裁协议中订立的仲裁事项，必须符合两个条件：一是争议事项具有可仲裁性，即属于仲裁立法允许采用仲裁方式解决的争议事项，才能提交仲裁，否则会导致仲裁协议的无效；二是仲裁事项的明确性，由于仲裁事项是仲裁庭要审理和裁决的事项，因此，仲裁事项必须明确。

3) 选定的仲裁委员会

仲裁委员会是受理仲裁案件的机构。由于仲裁没有法定管辖的规定，因此，仲裁委员会是由当事人自主选定的。如果当事人在仲裁协议中不选定仲裁委员会，仲裁就无法进行。

8.4.3 仲裁程序

在买卖合同的仲裁条款中，应订明用哪个国家(地区)和哪个仲裁机构的仲裁规则进行仲裁。各国仲裁机构的仲裁规则对仲裁程序都有明确规定。按我国仲裁规则规定，基本程序如下。仲裁程序流程如图8.1所示。

1. 申请仲裁

申请人应提交仲裁协议和仲裁申请书，并附交有关证明文件和预交仲裁费。仲裁机构立案后，应向被诉人发出仲裁通知和申请书及附件。被诉人可以提交答辩书或反请求书。

2. 组成仲裁庭

当事人双方均可在仲裁机构所提供的仲裁员名册中指定或委托仲裁机构指定一名仲裁员，并由仲裁机构指定第三名仲裁员作为首席仲裁员，共同组成仲裁庭。如果用独任仲裁员方式，可由双方当事人共同指定或委托仲裁机构指定。

3. 仲裁审理

仲裁审理案件有两种形式：一种是书面审理，也称不开庭审理，根据有关书面材料对案件进行审理并作出裁决，海事仲裁常采用书面仲裁形式；另一种是开庭审理，这是普遍采用的一种方式。

4. 作出仲裁裁决

裁决是仲裁程序的最后一个环节。裁决作出后，审理案件的程序即告终结，因而这种裁决被称为最终裁决。根据我国仲裁规则，在仲裁过程中，仲裁庭认为有必要或接受当事人之提议，可就案件的任何问题作出中间裁决或者部分裁决。中间裁决是指对审理清楚的争议所作的暂时性裁决，以利于对案件作进一步审理；部分裁决是指仲裁庭对整个争议中的一些问题已经审理清楚，而先行作出的部分终局性裁决。这种裁决是构成最终裁决的组成部分。

仲裁裁决必须于案件审理终结之日起 45 天内以书面形式作出。仲裁裁决除由于调解达成和解而作出的裁决书外，应说明裁决所依据的理由，并写明裁决是终局的和作出裁决书的日期地点，以及仲裁员的署名等。

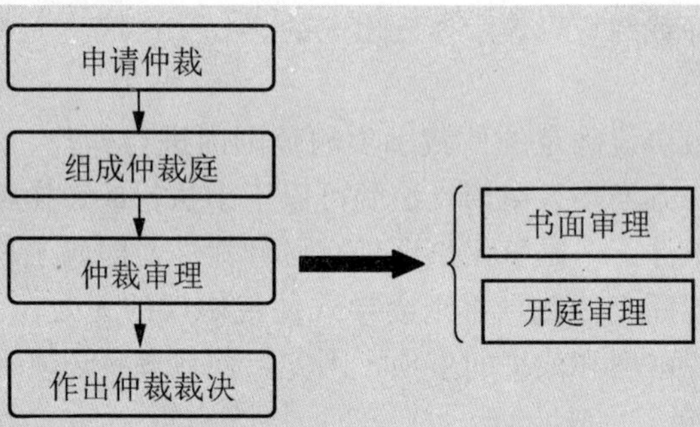

图 8.1　仲裁程序流程图

【启发思考】仲裁和司法诉讼的不同之处有哪些？

任务 8.5　贸易合同中的检验检疫、不可抗力、索赔和仲裁条款概述

8.5.1　检验检疫条款

国际货物买卖合同中的货物检验检疫条款一般包括下列内容：有关检验权的规定、检验或复验的时间和地点、检验机构、检验项目和检验证书等。

此外，货物买卖合同中的检验条款还可根据不同商品的需要，规定检验的标准和检验方法。

根据《商检法》规定，凡列入《目录》的进出口商品，按照国家技术规范的强制性要求进行检验；没有国家技术规范的强制性要求的，可以参照国家质检总局指定的国外有关标准进行检验；法律、行政法规规定由其他检验机构实施检验的进出口商品或者检验项目，依照有关法律、行政法规的规定办理。

8.5.2 不可抗力条款

为了避免当事人之间产生纠纷，防止一方当事人任意扩大和缩小对不可抗力事故范围的解释，或在不可抗力事件发生后在履行方面提出不合理要求，应在买卖合同中对不可抗力条款作出尽可能明确、具体的规定。

国际货物买卖合同中，不可抗力条款的内容虽然不尽相同，但归纳起来，一般包括以下内容。

1. 不可抗力条款的规定方法

买卖双方在磋商交易和签订合同时，应对构成不可抗力事件的范围达成一致意见，并在合同中作出明确规定，因为这一问题与双方当事人的利益有密切关系。我国进出口合同中规定不可抗力事件的范围有以下3种方法。

1）概括式规定

即不可抗力条款不具体订明哪些属于不可抗力事件，而只是以笼统的言语作出概括的规定。例如“如果由于不可抗力的原因使卖方不能如期交货，卖方不负责任”。概括式规定虽然包括的面广，但范围含糊不清，在解释上容易产生纠纷。

2）列举式规定

即不可抗力条款明确列出经双方认可的不可抗力事件。凡合同中没有明确规定的，均不能作为不可抗力事故对待。例如“由于战争、洪水、火灾、地震、雪灾、暴风雨的原因致使买卖双方不能履行或不能如期履行各自的义务时，不负责任”。列举式规定明确、肯定，在理解和解释上不容易产生分歧。但是，由于在条款中难于将所有不可抗力事件列举，一旦出现未列举的其他事件，就丧失了援引不可抗力条款达到免责的权利。

3）综合式规定

即将上述列举式与概括式结合起来。先将双方当事人已取得共识的各种不可抗力事件列举出来，其后再加上“其他不可抗力事件等”概括式语句。例如“如因战争、地震、水灾、火灾、雪灾、暴风雨或其他不可抗力事件，致使任何一方不能履行合同时，不负责任”。综合式规定方法，弥补了前两种规定方法的不足，既明确、具体，又有一定的灵活性，因此，在实际业务中采用较为普遍。

2. 发生事件后通知对方的期限和方式

依国际惯例，当发生不可抗力事件影响到合同的履行时，遭受事件的一方必须及时通知对方，对方接到通知后应及时给予答复，如有异议应及时提出。为了明确责任，一般在不可抗力条款中规定一方发生事件后通知对方的时限和方式。例如，合同中规定“一方遭受不可抗力事件后，应以电报方式通知对方，并应在15天内以航空挂号信提供事件的详情及其影响合同履行程度的证明文件”。

3. 证明文件及出具证明的机构

不可抗力条款是一种免责条款，只有确实发生不可抗力，当事人一方才可免责。因此，当一方援引合同中不可抗力条款要求免责时，都必须向对方提交一定机构出具的证明文件，作为发生不可抗力的证据。在国外，一般由当地商会或经注册登记的合法公证机构出具。在我国，可通过中国国际贸易促进委员会或其设在口岸的贸促分会出具。

8.5.3 索赔条款

在国际货物买卖合同中，对索赔条款有两种规定方式：一种是异议与索赔条款(Discrepancy and Claim Clause)，另一种是罚金条款(Penalty Clause)。一般货物买卖合同大多只规定异议和索赔条款。大宗货物买卖，如机械设备一类商品的合同，除订有异议与索赔条款外，还要另订罚金条款。

1. 异议和索赔条款

一般货物买卖合同中只订立此条款，主要适用于交货的品质和数量等方面的违约行为。该条款的内容有索赔权、索赔依据、索赔期限、赔偿损失的方法和赔偿金额等。

(1) 索赔权。就是要明确规定，交易的一方如违反合同，另一方有权提出索赔。

(2) 索赔依据。主要是规定合同当事人在提出索赔时，必须提供的证据和出具证据的机构。索赔依据包括法律依据和事实依据两方面。法律依据，是指当事人在提出索赔时，必须以与买卖合同有关的国家法律规定为确定违约行为的依据；事实依据，是指当事人在提出索赔时，必须提供对方违约的事实真相、充分的书面证明等，以证实违约的真实性。

(3) 索赔期限。这是指索赔方向违约方提出索赔要求的有效期限。按照国际惯例，受害方必须在一定时期内提出索赔要求，逾期提出索赔，违约方有权拒绝受理。因此，关于索赔期限的规定必须慎重、合理，应根据不同的货物的具体情况作出不同的规定。

索赔期限除一些特殊货物外(如机械设备)，一般不宜过长，以免使一方承担过重的责任；也不宜过短，以免使一方无法行使索赔权，而应根据货物性质及检验所需的时间的多少等因素而定。

应该注意的是，如果买卖合同未规定具体的索赔期限，在发生争议时，受害方可以援引某种法律或惯例所规定的期限进行索赔，这样将会延长另一方承担责任的期限。例如《公约》规定："如果买方不从实际收到货物之日起两年内将货物不符合合同的情形通知卖方，他就丧失了声称货物不符合合同的权利，除非这一时限与合同规定的保证期不符。"

规定索赔期限时，需对索赔期限的起算时间作出具体规定，通常有以下几种起算方法。

① 货物经检验后××天起算。

② 货物到达目的港后××天起算。

③ 货物到达目的港，卸离海轮后××天起算。

④ 货物到达买方营业所或用户所在地后××天起算。

索赔依据和索赔期限在异议和索赔条款中要明确地加以规定，并与检验条款相结合。

(4) 处理索赔的办法和索赔金额。因为在实际业务中，违约行为发生的原因很多，具体情况复杂，在磋商交易和订立合同时很难预见到将来在履约过程中，哪些环节上会发生违约，违约的程度有多大。因此，除个别情况外，通常在买卖合同中只作一般笼统规定。如果将来发生违约行为，将根据货损、货差的实际情况来确定赔偿的金额和索赔的办法。

关于违约赔偿金额的确定，根据《公约》的有关规定，主要有 3 种方法。

① 一方当事人违约赔偿额应与另一方因此而受到的包括利润在内的损失额相等。

② 如宣告合同无效，在一段合理时间内，买方以合理方式购买替代货物，或者卖方以合理方式已把货物转卖，则要求赔偿方可以取得合同价格和替代货物交易价格之间的差额。

③ 如宣告合同无效，货物又有时价，同时受到损失的一方如果没有根据第二项规定进行购买或转卖，则应赔偿合同价格与宣告合同无效时的时价之间的差额，如在收到货物之后，宣告合同无效，则应适用收到货物时的时价。

最后必须强调，异议和索赔条款不仅是约束卖方履行合同义务的条款，它同时也是适用于约束买方履行合同义务的条款。在该条款中可以列明，当买方不履行合同规定时，卖方有权按照买方违约的情节，终止执行全部或部分合同，或者延期装运，或者停止交付在途货物。

2. 罚金条款

罚金条款在买卖合同中不能独立订立。它必须在订立了“异议和索赔条款”之后，而且只是在大宗货物和机械设备的交易中订立。

罚金条款主要适用于卖方延期交货、买方延期接货、迟期开立信用证等行为。罚金条款的主要内容是规定罚金金额与罚金的起算日期。

(1) 罚金金额。“罚金”就其性质而言，就是“违约金”。它针对一方发生了合同中列明的违约行为时，应向对方支付载明于合同中的一定金额的约定罚金，以补偿对方的损失。

在买卖合同中，双方应协商议定，预先规定一个罚金的百分率或罚金金额，并且同时规定罚款的最高百分率或最高的罚款金额。罚金百分比的大小或罚金金额的多少，视违约时间的长短而定。例如，实际业务中有的合同规定：除本合同第×条所列举的不可抗力原因外，如卖方不能按期交货，每延误 7 天，买方应收取 0.5%的罚金，不足 7 天则按 7 天计算；如卖方不能按合同规定的装运期交货，延期 10 周时，买方有权撤销合同，并要求卖方支付上述延期交货罚金。但是，延期交货的罚金，不得超过延期交货那部分货物总金额的 5%。

特别提示

当违约方支付罚金之后，并不能因此解除继续履行合同的义务。因此，违约方支付罚金外，仍应履行合同义务。如因故不能履约，则另一方在收受罚金之外，仍有权索赔。

(2) 罚金的起算日期。罚金的起算日期，一般有两种规定方法：一种是以合同规定的交货期，或者信用证开证期限终止后立即起算；另一种是规定一个优惠期，即在合同规定的交货期或开证期限终止以后，再宽限一定期限即优惠期，在这段期限内，免于罚款，等到优惠期届满后才开始计算罚金。

关于罚金条款，各国在法律上有不同的解释和规定。大陆法系国家的法律承认并执行合同中的罚金条款，它们认为若一方不履行或不如实履行合同条款，另一方可以要求其支付一定金额作为处罚。而英美法系国家的法律认为，对于违约行为，只能要求赔偿损失，而不能予以惩罚。英美法系国家的法律，只承认损害赔偿，不承认带有惩罚性的罚金。所以在与英国、美国、澳大利亚、新西兰等国贸易时，应注意约定的罚金金额的合法性。

8.5.4 仲裁条款

国际货物买卖合同中的仲裁条款，一般应包括仲裁地点、仲裁机构、仲裁规则和仲裁的效力等内容。

1. 仲裁地点

仲裁地点是仲裁条款的主要内容。仲裁地点是说明决定在哪一个国家进行仲裁的问题，这是双方当事人比较关心的问题。一般来说，双方当事人都愿意在本国仲裁，其原因是：由于当事人对自己国家的法律和仲裁做法比较了解和信任；仲裁地点与仲裁适用的法律有密切关系，由于适用不同国家的法律，就可能对双方当事人的权利和义务作出不同的解释，得出不同的结果。因此，仲裁地点往往是双方当事人争论的焦点。

目前，在我国对外签订的进口买卖合同中，对于仲裁地点的规定有 3 种：第一种是首先争取在我国仲裁，第二种是根据业务需要在被告国家进行仲裁，第三种是规定在双方同意的第三国进行仲裁。对于与我国有贸易协定的国家，仲裁地点按协定处理。

2. 仲裁机构

国际贸易仲裁有两种做法：一种是在常设仲裁机构进行仲裁；另一种是临时仲裁，即不要常设的仲裁机构的主持，直接由双方当事人指定的仲裁员自行组成仲裁庭，即临时仲裁庭，进行仲裁。

国际上常设商事仲裁机构有 3 类：第一类是国际性的或区域性的仲裁组织，如国际商会仲裁院(Arbitration Court of International Chamber of Commerce)；第二类是全国性的仲裁机构，如中国国际经济贸易仲裁委员会、瑞典斯德哥尔摩商会仲裁院、瑞士苏黎世商会仲裁院、日本国际商事仲裁协会等；第三类是专业性的仲裁机构，如伦敦油籽协会、伦敦谷物商业协会等工商行业组织内设立的仲裁机构。目前，国际贸易中，几乎有 95%的争议案件是在常设仲裁机构的主持下进行仲裁的。

3. 仲裁规则

仲裁规则主要是规定进行仲裁的程序和做法，其中包括仲裁的申请、答辩、仲裁员的指定、案件的审理和仲裁裁决的效力以及仲裁费用的支付等。仲裁规则的作用主要是为当事人和仲裁员提供一套进行仲裁的行动规则，便于在仲裁过程中有所遵循。在仲裁条款中要明确规定仲裁规则。订立仲裁条款时，一般规定使用仲裁国的仲裁规则。

4. 仲裁效力

仲裁效力是仲裁裁决的效力，它是指仲裁裁决是否具有终局性，对双方当事人有无约束力，能否向法院起诉等。

我国进出口业务合同的仲裁条款，一般都规定仲裁裁决是终局的，对双方当事人都有约束力，任何一方都不能向法院或者其他机关提出变更和起诉。但是，有些国家则规定允许向上级仲裁庭或法院上诉，法院可根据请求，对明显违背法律的裁决，依法予以撤销。

至于仲裁的费用，一般都规定由败诉一方负担，或规定按仲裁裁决办理。在我国进出口贸易合同中，仲裁条款有以下几种规定方法。

(1) 规定在我国仲裁的条款。

(2) 规定在被告国家仲裁的条款。

(3) 规定在双方同意的第三国仲裁的条款。

【启发思考】国际贸易合同中商品检验检疫、索赔和仲裁条款是否都必须约定？

项目小结

本项目对于合同货物检验时间、地点确定提供了相应商检条款。对于履行国际贸易合同中可能产生的违约及其索赔问题提出了解决争议的一般原则，包括不可抗力条款在合同中如何确定，仲裁条款、仲裁地点和裁决的执行等。

关键概念

出入境商品检验和检疫(Commodity Inspection and Quarantine)　检验证书(Certificate of Inspection)　不可抗力(Force Majeure)　索赔(Claim)　理赔(Settlement of Claims)　仲裁(Arbitration)异议与索赔条款(Discrepancy and Claim Clause)　罚金条款(Penalty Clause)

职业能力训练

一、讨论题

1. 国际贸易中从事商品检验的机构有哪几类？
2. 合同中的不可抗力条款有哪几种规定方式？最好采用哪一种方式？为什么？
3. 国际贸易中检验证书的作用是什么？主要出入境检验证书有哪些？
4. 国际贸易索赔中计算索赔期限的起算方法有哪几种？
5. 进口索赔中应注意什么问题？
6. 国际贸易中买卖双方的争议通过仲裁解决后，当事人是否可以继续上诉？
7. 涉外仲裁机构有几种类型？

二、案例分析

1. 某年国内某农产品进出口公司与英国某公司签订 1 500 公吨土豆出口合同，货价为 348 英镑每 M/T CFRLONDON，总货款为 522 000 英镑；交货期为当年 9—12 月。订立合同后，我国发生自然灾害(水灾)。于是，该农产品进出口公司以发生不可抗力为由，要求豁免合同责任，但对方回电拒绝，并称该商品市价上涨 7%；由于中方未交货，使其损失 14 万英镑，并要求中方公司赔偿其损失，中方未同意。最后双方协商并同意仲裁解决。问结果会怎样？

2. 我国某 A 出口公司向新加坡 B 公司以 CIF 新加坡条件出口一批土特产品，B 公司又将该批货物转卖给马来西亚 C 公司。货到新加坡后，B 公司发现货物的质量有问题，但 B 公司仍将原货转销至马来西亚。其后，B 公司在合同规定的索赔期限内凭马来西亚商检机构签发的检验证书，向 A 公司提出退货要求。

请问：A公司应如何处理？为什么？

3. 某合同商品检验条款中规定以装船地商检报告为准。但在目的港交付货物时却发现品质与约定规格不符。买方经当地商检机构检验并凭其出具的检验证书向卖方索赔，卖方却以上述商检条款拒赔。卖方拒赔是否合理？

4. 国内某外贸公司与欧洲某公司签约出口一批货物，合同中规定了仲裁条款，且仲裁地点为北京。在履行合同时双方对货物品质发生争议，外商在其本国法院起诉我方，且发来了传票传我方公司出庭应诉。我方是否到国外应诉？为什么？

项目 9　出口业务操作流程

工作任务

国际贸易合同签订后，贸易双方按照合同规定履行自己的义务。卖方的义务是交货、交单和转移货物的所有权。我国出口合同大多数以 CIF 和 CFR 价格条件成交，以信用证方式结算货款。本项目掌握出口业务操作流程。

学习目标

知识目标：

1. 了解备货
2. 了解催证、审证和改证
3. 掌握租船、订舱、保险、报检和报关
4. 了解制单结汇
5. 掌握出口收汇核销与出口退税

能力目标：

1. 熟悉审证
2. 掌握制单
3. 熟悉出口收汇核销

导入案例

据有关报道，服装出口退税率大幅下调 5 个百分点的提议已经遭决策层驳回。

根据海关总署在 2011 年 7 月 10 日发布数据显示，6 月份贸易顺差为 222.7 亿美元。上半年贸易顺差为 449.3 亿美元，收窄 18.2%。

该报道引述外贸系统的消息人士说法，如果高额顺差再持续，也许会促使决策层下定决心，尽快推出部分仍在争论中的系列促进进口措施：包括仍被列为奢侈品的化妆品等部分终端日用消费品的进口税下调，以及对重点行业重点企业的先进技术设备进口提供优先贷款或是贷款贴息等。

【讨论】

关税的变化对社会有什么影响？

【解析】

服装出口退税率大幅下调 5 个百分点，这调整可能会导致更多的工厂破产，导致这一产业链条上的工人失业，问题变得更为棘手。

任务 9.1 备　　货

9.1.1 备货概念

备货是卖方根据合同和信用证的要求，向生产加工及仓储部门下达联系单，要求有关部门按照联系单位的要求，对合同货物进行清点、加工整理、刷制唛头，以及办理申报检验和领证工作。按合同规定交付货物是最基本义务。

做好备货工作，就是根据合同规定，按时、按质、按量准备好应交货物。备货在整个贸易流程中，起到举足轻重的重要地位，须按照合同逐一落实。出口业务主要流程如图 9.1 所示。

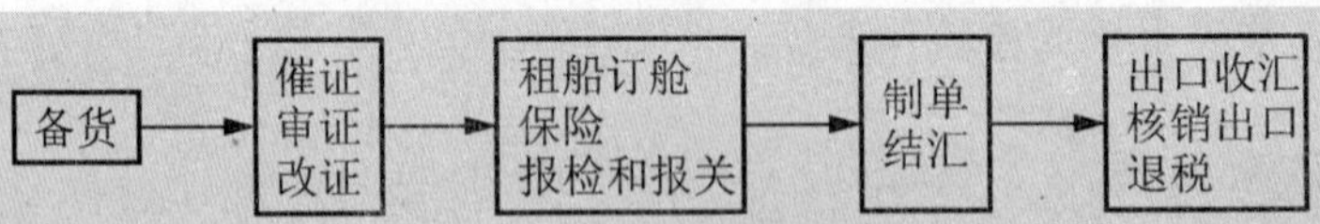

图 9.1　出口业务主要流程

9.1.2 货物品质应符合的合同规定

合同中表示品质方法：凭文字说明和凭样品。

(1) 文字说明包括品质指标、行业公认或买卖双方认定的等级，标明版本年份的标准以及技术说明书和图样。卖方所交货物必须与文字说明相符。

(2) 凭样品成交的合同，样品是买卖双方交接货物的依据。卖方交付的货物内在质量与外观形态都应和样品一致。

(3) 即凭文字说明，又凭样品表示商品品质的。则卖方所交物要和文字说明、样品一致。

9.1.3 货物品质应符合的法律要求

(1) 卖方承担的默示条件：货物适合合同规定货物通常用途，具有可销性。

(2) 买方明示或默示地使卖方知道特定用途。如果买方不依赖卖方的技能和判断力来挑选或提供适合特定用途的货物，卖方不承担责任。

(3) 货物应符合进口国法律规定要求的品质标准。否则，这些货物无法进入该国市场。

9.1.4 交货数量符合合同的规定

交货数量是合同的一个重要交易条件。对于卖方在交货数量上应承担的义务，各国法律规定不一样。

(1)《公约》规定，若卖方多交，则买方对于多交部分，可以拒收，也可以收一部分或全部；若卖方少交，买方有权要求卖方补交，甚至赔偿。

(2) 买卖双方可以在合同中规定数量机动幅度。

① 信用证未规定数量不得增减。

② 货物数量以度量衡制计算，在支取金额不超出信用证金额前提下，可以有5%增减。

③“大约”、“近似”解析为允许有关指标有10%增减。

9.1.5　货物包装应与合同和法律要求一致

(1) 合同中有明文规定的，卖方必须严格照办。

(2) 合同没有明文规定的，应符合有关法律要求。

① 货物按照同类货物通用方式装箱或包装。

② 各国国内法对包装及包装上的文字规定。

9.1.6　备货时间

应根据信用证规定，结合船期安排，以利于船货衔接。

9.1.7　按合同规定时间交货

交货时间的延迟或提前均可能导致对方拒收或索赔。

(1) 合同中未规定允许分批装运或转运，则不能分批装运或转运。

(2) 若合同规定分期/分批装运的，则卖方严格照办。

9.1.8　所有权

卖方还应保证对货物拥有完全的所有权。

9.1.9　报检

出口货物检验应按照合同规定办理。若合同未规定的，则按有关标准和规定办理检验。凡检验不合格的货物一律不准出口。

【启发思考】出口货物的品质如何规定的？

任务9.2　催证、审证、改证

9.2.1　催证

1. 催证概念

催证就是出口商通知或催促国外进口商按照合同内容，迅速通过银行将信用证开出来，以便出口商能将货物及时装运。

催证的方式包括通过信件、传真或其他通讯工具。买方按约定的时间开证是卖方履行信用证方式付款合同的前提条件。国际贸易的货物买卖合同的履行取决于交易的双方是否真正履行各自义务。

2. 需要催证的情况

(1) 合同内规定的装运期距合同签订的日期较长，或合同规定买方应在装运期前一定时间开出信用证。

(2) 卖方提早将货备妥，可以提前装运，可与买方商议提前交货。

(3) 国外买方没有在合同规定期限内开出信用证。

(4) 买方信誉不佳，故意拖延开证，或因资金等问题无力向开证行交纳押金。

(5) 签约日期和履约日期相隔较远应在合同规定开证日之前，去信表示对该笔交易的重视。

9.2.2 审证

1. 审证概念

信用证的开立以合同为依据，信用证的内容应该与合同条款一致。但在很多实际业务中，买方开来信用证并非与合同完全相符。分析原因，无外乎有两种：工作疏忽或故意。无论哪种原因造成不符，都会给卖方履行合同、安全收汇造成隐患。对此出口商必须提高警惕，注意做好对国外来证的审核。

2. 审证的要点

审核信用证是银行(通知行)与出口企业的共同责任，只是各有侧重。业务中，银行重点审核开证行的政治背景、资信能力、付款责任、索汇路线及信用证的真伪等。出口企业则着重审查信用证的内容与买卖合同是否一致。

1) 银行审证

从政策上审核、对开证行的审核、对信用证性质与开证行付款责任的审核。

2) 出口企业审证

(1) 对信用证金额与货币审核。

(2) 对有关货物条款的审核。

(3) 对信用证装运期、有效期和到期地点的审核。

(4) 对开证申请人、受益人审核。

(5) 对单据的审核。

(6) 对其他运输条款、保险、商检等条款的审核。

(7) 对特殊条款的审核。

3. 审证的方式

1) 全面审核信用证

(1) 根据合同条款来全面审核信用证条款。

(2) 根据信用证知识来审核合同，检查合同条款是否有缺陷，为顺利执行合同条款把好最后的关口。

2) 着重审核信用证

信用证是一项独立的约定，一般说来，受益人按照信用证规定要求去执行，就应取得相应的单据，议付结汇。但是，有的信用证在开出之时就被设置了条款陷阱，就是常说的“软条款”。信用证软条款是比较常见的信用证风险，它限制了出口方对信用证操作的主动权，出口人在履约操作过程中，很难获得或者根本就不能获得符合信用证规定的单据，威胁到信用证收汇的安全。

9.2.3 改证

对信用证进行了全面细致的审核以后，对证中不能接受或不能执行或不能按期执行的条款，应及时要求国外客户通过开证进行修改或展延。如果发现问题，应区别问题的性质，分别同银行、运输、保险、商检等有关部门研究，做出恰当妥善的处理。凡是属于不符合我国对外贸易方针政策，影响合同执行和安全收汇的情况，必须要求国外客户通过开证行进行修改，并坚持在收到银行修改信用证通知书后才能对外发货，以免发生货物装出后而修改通知书未到的情况，造成我方工作上的被动和经济上的损失。

(1)“修改通知”由开证行通知“通知行”，再有通知行转交出口企业(受益人)，而不能由开证行直接通知进口人以及寄受益人。

(2) 修改信用证条款涉及有关当事人权利和义务的改变，所以对不可撤销信用证的修改，必须得到有关当事人的同意方能办理。

【启发思考】信用证审核的要点?

任务9.3 租船订舱、保险、报检和报关

9.3.1 租船订舱

1. 租船订舱概念

租船订舱是租船和订舱的合成词。租船订舱，在货物交付和运输过程之中，如货物的数量较大，可以洽租整船甚至多船来装运，这就是“租船”。如果货物量不大，则可以租赁部分舱位来装运，这就是“订舱”。租船订舱是船货衔接的关键环节。

2. 租船订舱准则

(1) 出口公司根据船公司提供的船期表掌握船、货情况，在船舶抵达港口或签单截止前，及时办理托运手续。

(2) 出口公司办理订舱手续时，力求准确无误，尽量避免加载(增加订舱数量)、退载和变载的情况发生，以免影响承运人船、货代理人以及港务部门的工作。

(3) 对于发生额外特殊货物，如散装油类，冷藏货和鲜活货物的订舱，出口公司应事先通知承运人或船、货代理人，并列明要求。

3. 租船订舱程序

(1) 出口公司填写托运单，作为订舱依据。

(2) 船运公司或其代理人收到托运单后，经审核确定接受承运，即将托运单配舱回单退

回，并发给托运人装货单。

(3) 货物经海关查验入行装船后，即由船长或大副签收“收货单”。收货单是船公司签发给托运人的表明货物已装妥的临时收据。托运人凭收货单向外轮代理公司交付运费并换取正式提单。

9.3.2 保险

1. 保险概念

在货物装船前，凡按CIF或CIP条件成交的出口货物，须按合同和信用证规定的保险条款，逐笔向保险公司办理投保手续，取得约定保险单据。

保险(Insurance)是指投保人根据合同约定，向保险人付保险费，保险人对于合同约定的可能发生事故因其发生所造成的财产损失承担赔偿保险金责任，或者当被保险人死亡、伤残、疾病或者达到合同约定的年龄和期限时承担给付保险金责任的商业保险行为。

从本质上讲，保险体现的是一种经济关系。保险人与被保险人的商品交换关系，保险人与被保险人之间的收入再分配关系。

从法律意义上说，保险是一种合同行为，即通过签订保险合同，明确双方当事人的权利与义务，被保险人以缴纳保费获取保险合同规定范围内的赔偿，保险人则有收受保费的权利和提供赔偿义务。

2. 保险乃是经济关系与法律关系的统一

(1) 保险必须有危险存在。立保险制度的目的是对付特定危险事故的发生，无危险则无保险。

(2) 保险必须对危险事故造成的损失给以经济补偿。所谓经济补偿是指这种补偿不是恢复已毁灭的原物，也不是赔偿实物，而是进行货币补偿。因此，意外事故所造成的损失必须是在经济上能计算价值的。

(3) 保险必须有互助共济关系。保险制度是采取将损失分散到众多单位分担的办法，减少遭灾单位的损失。

(4) 保险的分担金必须合理。保险的补偿基金是由参加保险的人分担的，为使各人负担公平合理，就必须科学地计算分担金。

3. 保险的作用

在微观经济中的作用，有利于受灾企业及时地恢复生产，有利于企业加强经济核算，有利于企业加强危机管理，有利于安定人民生活，有利于民事赔偿责任的履行。

在宏观经济中的作用，保障社会再生产的正常进行，推动商品的流通和消费，推动科学技术向现实生产力转化，有利于财政和信贷收支平衡的顺利实现，增加外汇收入，增强国际支付能力，动员国际范围内的保险基金。

4. 保险单(Insurance Policy)和保险凭证(Insurance Certificate)

(1) 保险单(俗称“大保单”)，是一种正规的保险合同，它一般包括下列内容：被保险人的名称，被保险货物的名称、数量或重量、唛头、运输工具的种类和名称，承保险别，起讫地点，保险期限和保险金额，还列有保险人的责任范围以及保险人与被保险人各自的权利、义务等方面的详细条款。

(2) 保险凭证(俗称“小保单”)，是一种简化的保险合同，除对保险人和被保险人的权利、义务等方面的详细条款不予载明外，其余的内容与保险单相同，并且与保险单有同等的效力。但在实际业务中，我国保险公司大都签发保险单，较少使用保险凭证。

9.3.3 报检

1. 报检概念

报检是指向出入境检验检疫机构申请办理进出口货物的检验检疫业务的行为。

(1) 报检所需材料有报检单、工厂检验报告、出口合同等。

(2) 报检单位一般是专门的报检公司或者代理。

在货物备齐后，法定检验的出口商品，合同或信用证规定必须由商检局出具检验证书的商品，在货物备齐后向商检局申请检验。货物经检验合格，商检局发给检验证书，出口方应在检验书规定的有效期内将货物运出。

2. 第一次商检

商检局的一般会要求到工厂实地抽样商检(熟悉后可以有所变通，可以将货物拉到某个就近的地点进行商检)，出口企业需严格遵守跟商检局抽样人士约定的时间，绝对不能晚到(商检局抽样人士不守时可以原谅)，而且需安排专车接送。如果商检局人士提出你的产品在某些方面不符合商检程序要求或规定，应当积极的配合，做好记录，以便整改。

3. 备货报验

备货报验就是根据出口成交合同及信用证中有关货物的品种、规格、数量，包装等的规定，按时、按质、按量地准备好应交的出口货物，并做好申请报验和领证工作。冷藏货要做好降温工作，以保证装船时符合规定温度要求。在我国，凡列入商检机构规定的“种类表”中的商品以及根据信用证，贸易合同规定由商检机构出具证书的商品，均需在出口报关前，填写《出口检验申请单》申请商检。有的出口商品需鉴定重量，有的需进行动植物检疫或卫生，安全检验的，都要事先办妥，取得合格的检验证书。做好出运前的准备工作，货证都已齐全，即可办理托运工作。

4. 出境检验检疫工作

1) 出境货物检验检疫

报检后先检验检疫，再放行通关。法定检验检疫的出境货物的报检人应在规定的时限内持相关单证向检验检疫机构报检；检验检疫机构审核有关单证，符合要求的受理报检并收费，然后转施检部门实施检验检疫。对产地和报关地相一致的货物，经检验检疫合格，检验检疫机构出具《出境货物通关单》供报检人在海关办理通关手续；对产地和报关地不一致的货物，报检人应向产地检验检疫机构报检，产地检验检疫机构对货物检验检疫合格后，出具《出境货物换证凭单》或将电子信息发送至口岸检验检疫机构并出具《出境货物换证凭条》或《出境货物换证凭单》，报检人凭产地检验检疫机构验证或核查货证合格后，出具《出境货物通关单》；对于经检验检疫不合格的货物，检验检疫机构签发《出境货物不合格通知单》，不准出口。

2）出境货物报检的要求

（1）报检单位必须在检验检疫机构注册登记，报检时填写登记号；报检员在报检时应该出示报检员证。

（2）每份报检单限填一批货物，特殊情况下，对批量小的同一类货物，以同一运输工具，运往同一地点，同一收货、发货人，同一报关单的货物，可填写同一份报检单。

（3）应附资料：合同、信用证、厂检单或检验检疫机构出具的换证凭单（正本）、包装性能合格单、发票、装箱单等。

（4）凭样成交的应提供成交样品。

5. 报检应该注意的事项

1）报检资格

（1）报检单位首次。报检时须持本单位营业执照和政府批文办理登记备案手续，取得报检单位代码。其报检人员经检验检疫机构培训合格后领取“报检员证”，凭证报检。

（2）代理报检单位须按规定办理注册登记手续，其报检人员经检验检疫机构培训合格后领取“代理报检员证”，凭证办理代理报检手续。

（3）代理报检的，须向检验检疫机构提供委托书，委托书由委托人按检验检疫机构规定的格式填写。

（4）非贸易性质的报检行为，报检人凭有效证件可直接办理报检手续。

2）报检范围

（1）国家法律法规规定必须由检验检疫机构检验检疫的。

（2）输入国家或地区规定必须凭检验检疫机构出具的证书方准入境的。

（3）有关国际条约规定须经检验检疫的。

（4）申请签发普惠制原产地证或一般原产地证的。

（5）对外贸易关系人申请的鉴定业务和委托检验。

（6）对外贸易合同、信用证规定由检验检疫机构或官方机构出具证书的。

（7）未列入《目录》的入境货物经收、用货单位验收，发现质量不合格或残损、短缺，需检验检疫局出证索赔的。

（8）涉及出入境检验检疫内容的司法和行政机关委托的鉴定业务。

3）报检证单的更改

（1）报检人申请撤销报检时，应书面说明原因，经批准后方可办理撤销手续。

（2）报检后30天内未联系检验检疫事宜的作自动撤销报检处理。

（3）有下列情况之一的应重新报检。

① 超过检验检疫有效期限的。

② 变更输入国家或地区，并又有不同检验检疫要求的。

③ 改换包装或重新拼装的。

④ 已撤销报检的。

（4）报检人申请更改证单时，应填写更改申请单，交附有关函电等证明单据，并交还原单证，经审核同意后方可办理更改手续。

(5) 品名、数(重)量、检验检疫结果、包装、发货人、收货人等重要项目，更改后与合同、信用证不符的，或者更改后与输出、输入国家或地区法律法规规定不符的，均不能更改。

(6) 报检人遗失检验检疫证单的，必须由报检人书面说明理由，经法定代表人签字，加盖公章，并在指定的报纸或刊物上声明作废，经检验检疫局审批同意后，再重新签发。

4) 报检单填制说明

(1) 报检单应由持有报检员证的人员如实填制，并加盖单位公章；代理报检的应加盖代理报检机构在检验检疫机构备案的印章。

(2) 原则上一批货物填制一份报检单。入境货物一批指同一合同、发票、提单；出境货物一批指同一品名、运输工具、运往同一地点、同一收货人。

(3) 报检单填制应完整、真实、准确、不得涂改。栏目内容确实无法填制的，应以"＊＊＊"注明。采用打印或钢笔填制，字迹要清晰。

(4) 任何人不得涂改已受理报检的单据。

(5) 发货人/受货人：应按对外贸易合同的发货人或信用受益人填制；HS编码：按《商品名称及编码协调制度》中所列货物的编码。报检数量：填申请检验检疫的数量，并注明货物计量单位的名称；报检重量：填申请检验检疫的重量，并注明净重/毛重和计量单位；货物总值：按合同、发票所列货物值填制，注明币种；检验检疫项目：对法检项目或合同约定项目逐条填制完整；申请检验检疫 单证 ：准确注明所需检验检疫证书的种类。

(6) 必须在报检人声明栏内签上报检员姓名。

5) 更改申请单填制说明

(1) 申请人：填报检单位，并加盖公章。

(2) 联系人：填报检员名及报检员证号。

(3) 原发证单：填明原发证单种类和编号及交还的证单正、副本数量。

(4) 货物品名及数量：按原发证单上所列货物名称和数量填制。

(5) 更改原因：详细注明需要改证原因。

(6) 更改内容：详细列出更改前和更改后的证书内容。

(7) 申请单其他栏目，也应如实填制。

9.3.4 报关

1. 报关概念

报关是指进出口货物发货人、进出境运输工具负责人、进出境物品所有人或者他们的代理人向海关办理货物、物品或运输工具进出境手续及相关海关事务的过程，包括向海关申报、交验单据证件，并接受海关的监管和检查等。海关对货物和有关单证查验无误后，在装货单上盖章方行。报关是履行海关进出境手续的必要环节之一。

凡是进出国境的货物，必须申报并缴验出口许可证、出口货物报关单等必要证件和单据。法定检验的商品，还要提供商品检验机构签发的检验证书。

2. 进出口商向海关报关时，需提交的单证

(1) 进出口货物报关单。货物出口后需国内退税的，应另填一份退税专用报关单。

(2) 货物发票。要求份数比报关单少一份，对货物出口委托国外销售，结算方式是待货

物销售后按实销金额向出口单位结汇的，出口报关时可准予免交。

(3) 陆运单、空运单和海运进口的提货单及海运出口的装货单。海关在审单验货后，在正本货运单上签章放行退还报关单，凭此提货或装运货物。

(4) 货物装箱单。其份数同发票。但是散装货物或单一品种且包装内容一致的件装货物可免交。

(5) 出口货物汇核销单。一切出口货物报关时，应交验外汇管理部门加盖“监督收汇”章的出口收汇核销单，并将核销编号填在每张出口报关单的右上角处。

(6) 海关认为必要时，还应交验贸易合同、货物产地证书等。

(7) 其他有关单证。

① 经海关批准准予减税、免税的货物，应交海关签章的减免税证明，北京地区的外资企业需另交验海关核发的进口设备清单。

② 已向海关备案的加工贸易合同进出口的货物，应交验海关核发的“登记手册”。

3. 通关的基本程序

通关的基本程序如图 9.2 所示。

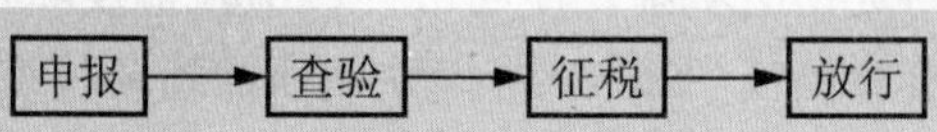

图 9.2　通关程序

1) 申报

(1) 出口货物的发货人在根据出口合同的规定，按时、按质、按量备齐出口货物后，即应当向运输公司办理租船订舱手续，准备向海关办理报关手续，或委托专业(代理) 报关公司办理报关手续。

(2) 需要委托专业或代理报关企业向海关办理申报手续的企业，在货物出口之前，应在出口口岸就近向专业报关企业或代理报关企业办理委托报关手续。接受委托的专业报关企业或代理报关企业要向委托单位收取正式的报关委托书，报关委托书以海关要求的格式为准。

(3) 准备好报关用的单证是保证出口货物顺利通关的基础。一般情况下，报关应备单证除出口货物报关单外，主要包括托运单(即下货纸)、发票一份、贸易合同一份、出口收汇核销单及海关监管条件所涉及的各类证件。

2) 查验

查验是指海关在接受报关单位的申报并已经审核的申报单位为依据，通过对出口货物进行实际的核查，以确定其报关单证申报的内容是否与实际进出口的货物相符的一种监管方式。

(1) 通过核对实际货物与报关单证来验证申报环节所申报的内容与查证的单、货是否一致，通过实际的查验发现申报审单环节所不能发现的有无瞒报、伪报和申报不实等问题。

(2) 通过查验可以验证申报审单环节提出的疑点，为征税、统计和后续管理提供可靠的监管依据。海关查验货物后，均要填写一份验货记录。

验货记录一般包括查验时间、地点、进出口货物的收发货人，或其代理人名称、申报的货物情况，查验货物的运输包装情况(如运输工具名称、集装箱号、尺码和封号)、货物的名称、规格型号等。

3）征税

根据《中华人民共和国海关法》（以下简称《海关法》）的有关规定，进出口的货物除国家另有规定外，均应征收关税。关税由海关依照海关进出口税则征收。需要征税费的货物，自接受申报1日内开出税单，并于缴核税单2小时内办结通关手续。

4）放行

（1）对于一般出口货物，在发货人或其代理人如实向海关申报，并如数缴纳应缴税款和有关规费后，海关在出口装货单上盖“海关放行”章出口货物的发货人凭以装船起运出境。

（2）出口货物的退关：申请退关货物发货人应当在退关之日起3天内向海关申报退关，经海关核准后方能将货物运出海关监管场所。

（3）签发出口退税报关单：海关放行后，在浅黄色的出口退税专用报关单上加盖“验讫”章和已向税务机关备案的海关审核出口退税负责人的签章，退还报关单位。

4. 进口报关操作流程

进口报关操作流程图如图9.3所示。

图9.3　进口报关操作流程图

（1）客户提供到货通知书、正本提单或电放保函及换单费、THC费等给我司，由我司代客户到所属船公司换取进口提货单。

（2）准备进口报关所需单证。

（3）进口申报后如海关审价需要，客户需提供相关价格证明，如信用证、保单、原厂发票、招标书等海关所要求的文件。

（4）海关打印税单后，客户需在7个工作日缴纳税费。如超过期限，海关按日计征滞纳金。

（5）报关查验放行后，客户需及时到我司缴纳报关、报检代垫代办费。

5. 报关范围

按照法律规定，所有进出境运输工具、货物、物品都需要办理报关手续。报关的具体范围如下。

1）进出境运输工具

进出境运输工具是指用以载用人员、货物、物品进出境，并在国际间运营的各种境内或境外船舶、车辆、航空器和驮畜等。

2）进出境货物

进出境货物是指一般进出口货物，保税货物，暂准进出境货物，特定减免税货物，过境、转运和通用及其他进出境货物。

3）进出境物品

进出境物品是指进出境的行李物品、邮递物品和其他物品。以进出境人员携带、托运等方式进出境的物品为行李物品，以邮递方式进出境的物品为邮递物品，其他物品主要包括享有外交特权和豁免的外国机构或者人员的公务用品和自用物品等。

6. 报关期限

报关期限是指货物运到口岸后，法律规定收货人或其代理人向海关报关的时间限制。

根据《海关法》规定，进口货物的报关期限为自运输工具申报进境之日起 14 日内，由收货人或其代理人向海关报关；转关进口货物除在 14 日内向进境地海关申报外，还须在载运进口货物的运输工具抵达指运地之日起 14 日内向指运地海关报关；超过这个期限报关的，由海关征收滞报金。

出口货物应在货物装入运输工具的 24 小时之前，向海关报关。也就是说，应先报关，后装货。须在报关 24 小时之后，才能将货物装入运输工具。

进口货物规定报关期限和征收滞报金是为了运用行政手段和经济手段，促使进口货物收货人或其代理人及时报关，加速口岸疏运，使进口货物早日投入生产和使用。

出口货物规定报关期限，是为了保证海关对出口货物的查验监管，保证货物及时运输出口。

7. 报关单位

报关单位是指在海关注册登记或经海关批准，向海关办理进出口货物报关纳税等海关事务的境内法人或其他组织。

报关单位包括进出口货物收发货人和报关企业。

(1) 进出口货物收发货人指在我国境内从事对外贸易经营活动的企业，组织和个人。

(2) 报关企业指经进出口货物收发货人的委托，帮助其代理报关的企业。

【启发思考】报关单证包括哪些？

任务 9.4 制单结汇

9.4.1 出口单证的基本要求

货物装运后，出口企业应立即按照信用证的规定，正确编制各种单据，并在信用证规定的交单证规定的交单到期日或以前，将各种单据和必要的凭证送交指定的银行办理要求付款、承兑或议付手续，并向银行进行汇结。

(1) 各种单据必须正确、及时、完备、简明、整洁。

(2) 出口单证工作要求是：证同一致、单证一致、单单一致和货单一致。

9.4.2 出口单证的操作程序

1. 信用证的审核与修改

1) 来证登录

信用证一般由当地银行传递给出口企业。出口企业收到信用证后必须立即做好登录，登录内容主要有信用证号码、合同号码、开证申请人、开证行、总金额、装运期、信用证有效期，以便考核查考和管理。

2）信用证的审核

信用证的审核以合同为基础，以国家方针政策为依据，参照《UCP600》进行。

3）信用证的修改

若发现信用证有问题，及时通知客户通过开证行进行修改。

2. 出口单证的缮制程序

出口单证的缮制程序如图 9.4 所示。

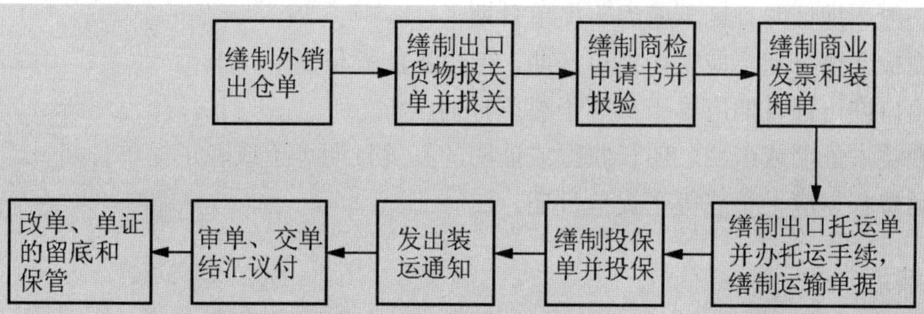

图 9.4　出口单证缮制程序

1）缮制外销出仓单

外销出仓单由出口企业开具并加盖其向仓库或其他储存地留存印鉴的提货单，由承办运输部门据以向仓库或生产工厂提货出运。

2）缮制出口货物报关单并报关

外销出仓开立后，即可据以缮制出口货物报关单。出口货物必须运至海关指定监管场所后方可向海关申报。

3）缮制商检申请书并报验

流程：电子检验、产地证电子签证、电子转单。

4）缮制商业发票和装箱单

发票是所有单据中的中心单据，其他单据的主要内容都根据发票制作。发票必须符合信用证、合同要求，同时要与实际交货情况一致。装箱单是发票的补充。

5）缮制出口托运单并办托运手续，缮制运输单据

不同的运输工具办理不同的托运手续，缮制不同的托运单。

6）缮制投保单并投保

凡是按 CIF、CIP 成交的出口合同，出口企业在装运前应及时向保险公司办理投保手续。

7）发出装运通知

货物装运后，出口企业必须及时向买方发出装运通知。

8）审单、交单结汇议付

审单的基本要求是确保“单证一致，单单一致”。出口企业交单的基本要求：单证齐全、完整，提交及时。

9）改单

出口企业交单后，银行进行审单，发现单证有错将单证退回，出口企业应及时进行改单。

10）单证的留底和保管

出口单证留底存档。

3. 注意问题

(1) 汇票日期应等于或晚于发票日期，且不能先于提单日期。

(2) 保险单日期应早于或等于提单日期。

(3) 装箱单日期、重量日期不得早于发票日期。

(4) 一般产地证明日期不应迟于提单日期。

(5) 商检证书日期不应晚于提单日期，但也不能太早。

(6) 出口许可证日期应早于或等于提单日期。

(7) 受益人证明或声明、船长收据或证明的签发日期等于或晚于提单日期。

(8) 运费收据应早于或等于提单日期。

9.4.3 结汇

1. 结汇概念

结汇是指外汇收入所有者将其外汇收入出售给外汇指定银行，外汇指定银行按一定汇率付给等值的本币的行为。结汇有强制结汇、意愿结汇和限额结汇等多种形式。

2. 结汇形式

(1) 强制结汇是指所有外汇收入必须卖给外汇指定银行，不允许保留外汇。

(2) 意愿结汇是指外汇收入可以卖给外汇指定银行，也可以开立外汇账户保留，结汇与否由外汇收入所有者自己决定。

(3) 限额结汇是指外汇收入在国家核定的数额内可不结汇，超过限额的必须卖给外汇指定银行。

在 2008 年 8 月 1 日 新《中华人民共和国外汇管理条例》出台之后，目前，我国实行的是实行意愿结汇制。

3. 结汇手续

出口货物装出之后，进出口公司即应按照信用证的规定，正确缮制箱单、发票、提单、出口产地证明、出口结汇等单据，在信用证规定的交单有效期内，递交银行办理议付结汇手续。

除采用信用证结汇外，其他付款的汇款方式一般有汇付和托收，其中汇付包括电汇（TELEGRAPHIC TRANSFER（T/T））、票汇（DEMAND DRAFT（D/D））、信汇（MAIL TRANSFER(M/T)）等方式，由于电子化的高速发展，现在汇款主要使用电汇方式。

4. 结汇方法

在我国出口业务中，使用议付信用证比较多，对于这种信用证的出口结汇办法主要有 3 种。

1）收妥结汇或收妥付款

收妥结汇或收妥付款是指议付行收到外贸公司的出口单据后，经审核无误，将单据移交国外付款行索取货款。待收到付款行将货款拨入议付行账户的贷汇通知书（Credit Note）时，即按当日外汇牌价折成人民币拨付给外贸公司。银行并不垫付资金，这即为收妥付款。这种方式不利于促进外贸企业扩大出口，但是这种方式对议付行来说相对安全所以经常运用。

2）定期结汇

定期结汇是指我国银行根据向国外银行索偿所需时间，预先确定一个固定的结汇期限（例如银行审单认可后7天或14天不等）到期不管是否收妥票款，主动将应收款项结算成人民币记入外贸企业账户。

3）出口押汇

出口押汇又称买单结汇，是指议付行在审单无误的情况下，按信用证条款买入受益人（出口方）的汇票和单据，从票面金额中扣除从议付日到估计收到票款之日的利息，将余款按议付日外汇牌价折成人民币拨付外贸公司。议付行向受益人垫付资金买入跟单汇票后，即成为汇票持有人，可凭票向付款行索取货款。银行叙作出口押汇是为了对外贸企业提供资金融通，有利于外贸公司的资金周转。但是目前银行对信用证的安全程度也不能完全保证，所以这种结汇方式目前已经不多用。

5. 结汇信得过企业

（1）有商务部批准的进出口经营权，且在当地工商管理局注册的独立法人。

（2）遵守国家外汇管理规定，近两年没有发生违反国家外汇管理规定行为。

（3）主要业务主管人员经过当地外汇局培训考核，熟悉国家外汇管理政策。

（4）国家外汇管理局或其省级分局制订的其他条件。

6. 结汇要求

国内单位取得以下的外汇收入的必须结汇，不能保留外汇。

（1）出口或者先支后收转口货物及其他交易行为收入的外汇。其中用跟单信用证/保函和跟单托收方式结算。

（2）境外贷款项下国际招标中标收入的外汇。

（3）海关监管下境内经营免税商品收入的外汇。

（4）交通运输（包括各种运输方式）及港口（含空港）、邮电（不包括国际汇兑款）、广告、咨询、展览、寄售、维修等行业，及各类代理业务提供商品或者服务收入的外汇。

（5）行政、司法机关收入的各项外汇规费和罚没款等。

（6）土地使用权、著作权、商标权、专利权、非专利技术、商誉等无形资产转让收入的外汇，但上述无形资产属于个人所有的，可不结汇。

（7）境外投资企业汇回的外汇利润、对外经援项下收回的外汇和境外资产的外汇收入。

（8）对外索赔收入的外汇、退回的外汇保证金等。

（9）出租房地产和其他外汇资产收入的外汇。

（10）保险机构受理外汇保险所得外汇收入。

（11）取得《经营外汇业务许可证》的金融机构经营外汇业务的净收入。

（12）国外捐赠、资助及援助收入的外汇。

（13）国家外汇管理局规定的其他应当结汇的外汇。

（14）外商投资企业经常项目下外汇收入可在外汇局核定的最高金额以内保留外汇，超出部分应当卖给外汇指定银行，或者通过外汇调剂中心卖出。

【启发思考】出口单证的缮制程序是什么？

任务 9.5　出口收汇核销与出口退税

9.5.1　出口收汇核销概念

出口收汇核销，是指国家外汇管理部门在每笔出口业务结束后，对出口是否安全、及时收取外汇以及其他有关业务情况进行监督管理的业务，如图 9.5 所示。

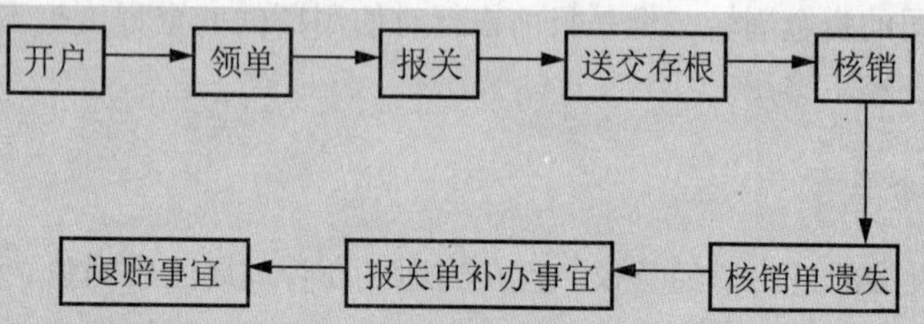

图 9.5　出口收汇核销程序

9.5.2　出口收汇核销程序

1. 开户

出口单位初次申领出口收汇核销单（以下简称“核销单”）前应当凭以下材料到外汇局办理登记，如图 9.6 所示。

（1）单位介绍信、申请书。

（2）商务部批准经营进出口业务批件正本及复印件。

（3）工商营业执照副本及复印件。

（4）企业法人代码证书及复印件。

（5）海关注册登记证明书复印件。

（6）出口合同复印件。

外汇局对上述材料审核无误后为出口单位办理登记手续。

2. 领单

出口单位在开展出口业务前，凭单位介绍信、出口核销员证（现为开户单位印鉴卡）来外汇局领取核销单。出口单位向外汇局申领核销单时，应当当场在每张核销单的“出口单位”栏内填写单位名称或者加盖单位名称章。核销单正式使用前加盖单位公章。

核销单自领单之日起两个月以内报关有效。出口单位应当在失效之日起1个月内将未用的核销单退回外汇局注销。出口单位填写的核销单应与出口货物报关单上记载的有关内容一致。

3. 报关

出口单位持在有效期内、加盖出口单位公章的核销单和相关单据办理报关手续。

4. 送交存根

出口单位办理报关后，应当自报关之日起60天内，凭核销单及海关出具的贴有防伪标签、加盖海关“验讫”章的出口报关单、外贸发票到外汇局办理送交存根手续。

5. 核销

出口单位应当在收到外汇之日起30天内凭核销单、银行出具的“出口收汇核销专用联”到外汇局办理出口收汇核销。

6. 核销单遗失

出口单位遗失核销单后，应当在15天之内向外汇局书面说明情况(加盖公章，法人签字)，申请挂失，外汇局核实后，统一登报声明作废。

7. 报关单补办事宜

出口单位遗失报关单的，应当凭外汇局签发的未核销证明，向海关补办。

8. 退赔事宜

出口项下发生退赔，出口单位应向外汇局提供有关凭证，外汇局按下列情况审核退赔外汇的真实性。

(1) 已出口报关且已办理核销的，外汇局凭以下有效单据进行审核：出口合同；退赔协议及有关证明材料；出口收汇核销单(退税专用联)；外汇局要求的其他材料。

(2) 已交单未办理核销的，外汇局凭外汇指定银行结汇水单(或收账通知)及第一款所列单据进行审核。

(3) 已报关出口未交单的，外汇局凭第一款及以下有效单据进行审核：出口货物报关单；商业发票；汇票副本；外汇指定银行结汇水单(或收账通知)。

(4) 出口货物未报关但已预收全部或部分货款后因故终止执行合同，出口单位需向进口商支付退赔外汇，外汇局凭出口合同正本、终止执行合同证明、外汇指定银行结汇水单(或收账通知)、进口方付款通知进行审核。

代理进出口报关
出口收汇核销单
长期供应各种单证：核销单、贴息单、退税单……
《贴息单》：5万、10万、20万、30万、50万、100万贴息单
联系人：詹××
手机：1368688××××
QQ：132881××××
传真：0755-2511××××
地址：深圳市××区×××路××大厦2006A座
网址：(略)

图9.6 核销单

9.5.3 出口收汇核销注意的问题

(1) 境内出口单位向境外出口货物，均应当办理出口收汇核销手续。

(2) 出口收汇核销工作中实行出口收汇核销员(以下简称核销员)制度，出口单位领取出口收汇核销单、办理出口收汇核销手续，应当由本单位的核销员负责办理，核销员制度的具体规定由各地外汇局自行制定。

(3) 出口单位应当到外汇局申领核销单，核销单只准本单位使用，不得借用、冒用、转让和买卖。

(4) 出口单位初次申领核销单前应当凭以下材料到外汇局办理登记。

① 单位介绍信、申请书。

② 商务部批准经营进口业务批件正本及复印件。

③ 工商营业执照副本及复印件。

④ 企业法人代码证书复印件。

⑤ 海关注册登记证明书复印件。

⑥ 出口合同复印件知识。

(5) 核销单自领单之日起两个月以内有效。

出口应当在失效之日起一个月内将未用核销单退回外汇局注销，并且继续按照规定完成已出口业务的核销手续。

(6) 过期时间规定。

对于预计收款日期超过报关日期180天以上(含180天)的远期收汇，出口单位应当在报关前凭远期出口合同、核销单向外汇局备案，并应当在核销单的“收汇方式”栏注明远期天数，凡未向外汇局备案的，一律视作即期出口收汇。

(7) 送交核销单存根。

出口单位应当自报关之日起60天内，附商业发票及报关单，向外汇局送交核销单存根。对10万美元以上(含10万美元)以自寄单据方式出口的还需提供相应的批准件。

(8) 银行盖章。

对出口单位的外汇收入，银行在确认其为直接从境外收入的出口货款后，办理结汇或者进入该单位的外汇结算账户的入账手续，并出具加盖“出口收汇核销专用联”章的出口收汇核销专用联。

(9) 出口收汇核销专用联应当与银行留存联、收款人记账联同时套写并具备下列要素。

① 经办银行的名称。

② 结汇或者收账日期。

③ 收款单位名称、账号。

④ 收汇金额及币种。

⑤ 各类扣费明细及金额、币种。

⑥ 净结汇或者入账金额及币种。

⑦ 核销单编号。

⑧“出口收汇核销专用联”字样。

⑨ 银行业务公章、出口收汇核销专用联章。

(10) 对于下列外汇收入的结汇或者入账，银行不得出具出口收汇核销专用联。

① 不属于出口收汇以及暂时无法确定为出口收汇的。

② 不是直接从境外收入的。

③ 进入除外汇结算账户之外的其他各类外汇账户的。

④ 已进入各类外汇账户(含外汇结算账户)后，再从该账户中结汇或者划出的。

⑤ 从境内其他单位或者从同一单位其他外汇账户划转来的。

(11) 外汇局盖章。

外汇局为出口单位办理完核销手续后，应当在核销单的出口退税专用联上签注净收汇额、币种、日期，并加盖“已核销”章后，将出口退税专用联退出口单位。

(12) 核销单的遗失和补办。

① 出口单位遗失核销单的，应当在 15 天之内向外汇局书面说明情况申请挂失，外汇局核实后，统一登报声明作废(费用由遗失核销单的单位负担)，并作如下处理。

a. 对于空白核销单，予以注销。

b. 对于已经报关出口未办理出口收汇核销的核销单，先办理出口收汇核销，并签发“出口收汇核销单退税联补办证明”。

c. 对于已经办理出口收汇核销后的核销单原则上不予补办，特殊情况下要求补办出口退税专用联的，出口单位应当凭税务部门签发的与该核销单对应的出口未退税证明，向外汇局申请，经外汇局批准后方可办理“出口收汇核销单退税联补办证明”。

② 出口单位遗失报关单的，应当凭外汇局签发的未核销证明，向海关申请补办。

③ 出口单位遗失出口收汇核销专用联的，应当先向外汇局提出申请补办。外汇局核实同意后，可在接到申请之日起 3 个月后，为出口单位签发出口收汇核销专用联补办批准件，银行凭该批准件为出口单位补办出口收汇核销专用联，并在补办的出收汇核销专用联上注明“补办”字样。

(13) 出口单位有下列行为的，由外汇局给以警告、通报批评、没收违法所得，并处以 1 万元以上 3 万元以下的罚款。

① 从领单之日起 4 个月内未向外汇局送交核销单存根的。

② 未经外汇局批准，即期出口项下，超过报关日 180 天内未收汇或者收汇后 30 天内未核销的；远期出口项下，超过在外汇局备案的预计收款日收汇或者收汇后 30 天内未核销的。

③ 出口收汇核销差额超过成交总价 10%且无正当理由的。

④ 遗失核销单后，自遗失之日起 15 天内未向外汇局挂失的。

⑤ 未用的核销单，自失效之日起 1 个月内未退回外汇局注销的。

⑥ 多次丢失核销单、情节严重的。

⑦ 因关、停、并、转不再经营出口业务，未按时将全部未用的核销单退回外汇局注销的。

9.5.4 出口退税

1. 出口退税的概念

出口退税指在国际贸易中货物输出国对输出境外的货物免征其在本国境内消费时应缴纳的税金，或退还其按本国税法规定已缴纳的税金(增值税、消费税)。这是国际贸易中通常采用的、并为各国所接受的一种税收措施，目的在于鼓励各国出口货物进行公平竞争。

根据国际社会通行的惯例和我国现阶段的国情，并参考国际上的通行做法，我国制定并实施了出口货物退(免)税制度以及管理办法。该办法明确规定：有出口经营权的企业出口的货物，除另有规定者外，可在货物报关出口并在财务上作销售后，凭有关凭证按月报送税务机关批准退还或免征增值税和消费税。

2. 出口退税的基本制度

我国的出口货物退税制度是根据我国国情建立起来的、相对独立于其他因内税收管理的一种专项税收制度。1994 年我国对工商税制进行了全面改革。根据改革的指导思想，国家税务总局先后制定并颁布了《出口货物退(免)税管理办法》、《出口退税电子化管理办法》等规定，对退税范围、计算办法、常规管理、清算检查等作了具体规定。近年来，又根据实际情况进行了多次改革和完善。

(1) 享有出口退税权的企业，是指经有关部门批准的、有进出口经营权的企业。主要是外贸公司和有进出口权的生产企业，包括外商投资企业，另外还有出口量较小的一些特殊企业，如外轮供应公司、免税品公司等。

(2) 享受退税的出口货物，除免税货物、禁止出口货物和明文规定不予退税货物外，其他货物都可享受退税政策。退税的税种为增值税和消费税。从 2004 年起，增值税的退税率共有 5 档，分别是 17%、13%、11%、8%、5%，平均退税率为 12%左右。消费税的退税率按法定的征税率执行。

(3) 出口退税主要实行两种办法，一是对外贸企业出口货物实行免税和退税的办法，即对出口货物销售环节免征增值税，对出口货物前在各个生产流通环节已缴纳增值税予以退税；二是对生产企业自营或委托出口的货物实行免、抵、退税办法，对出口货物本道环节免征增值税，对出口货物所采购的原材料、包装物等所含的增值税允许抵减其内销货物的应缴税款，对未抵减完的部分再予以退税。

(4) 出口退税的税款实行计划管理。财政部每年在中央财政预算中安排出口退税计划，同国家税务总局分配下达给各省(区、市)执行。不允许超计划退税，当年的计划不得结转下年使用。

(5) 出口企业的出口退税全部实行计算机电子化管理。通过计算机申报、审核、审批，从 2003 年起启用了“口岸电子执法系统”出口退税子系统。

3. 出口货物退(免)税的税种分类

根据现行税制规定，我国出口货物退(免)税的税种是流转税(又称间接税)范围内的增值税、消费税两个税种。

9.5.5 办理出口退税

1. 申请办理出口退税登记的条件

(1) 必须经营出口产品业务，这是企业申办出口退税登记最基本的条件。

(2) 必须持有工商行政管理部门核发的营业执照。营业执照是企业法人营业执照的简称，是企业或组织合法经营权的凭证。

(3) 必须是实行独立经济核算的企业单位，具有法人地位，有完整的会计工作体系，独立编制财务收支计划和资金平衡表，并在银行开设独立账户，可以对外办理购销业务和货款结算。

2. 出口退税时限

(1) 是“30天”。外贸企业购进出口货物后，应及时向供货企业索取增值税专用发票或普通发票，属于防伪税税控增值税发票，必须在开票之日起30天内办理认证手续。

(2) 是“90天”。外贸企业必须在货物报关出口之日起90天内办理出口退税申报手续，生产企业必须在货物报关出口之日起3个月后免抵退税申报期内办理免抵税申报手续。

(3) 是“180天”。出口企业必须在货物报关出口之日起180天内，向所在地主管退税部门提供出口收汇核销单(远期收汇除外)。

(4) 是“3个月”。出口企业出口货物纸质退税凭证丢失或内容填写有误，按有关规定可以补办或更改的，出口企业可在申报期限内向退税部门提出延期办理出口货物退(免)税申报的申请，经批准后，可延期3个月申报。

3. 出口退税程序

(1) 有关证件的送验及登记表的领取。

企业在取得有关部门批准其经营出口产品业务的文件和工商行政管理部门核发的工商登记证明后，应于30日内办理出口企业退税登记。

(2) 退税登记的申报和受理。

企业领到“出口企业退税登记表”后，即按登记表及有关要求填写，加盖企业公章和有关人员印章后，连同出口产品经营权批准文件、工商登记证明等证明资料一起报送税务机关，税务机关经审核无误后，即受理登记。

(3) 填发出口退税登记证。

税务机关接到企业的正式申请，经审核无误并按规定的程序批准后，核发给企业“出口退税登记”。

(4) 出口退税登记的变更或注销。

当企业经营状况发生变化或某些退税政策发生变动时，应根据实际需要变更或注销退税登记。

4. 出口退税附送材料

(1) 报关单。报关单是货物进口或出口时进出口企业向海关办理申报手续，以便海关凭此查验和验放而填具的单据。

(2) 出口销售发票。这是出口企业根据与出口购货方签订的销售合同填开的单证，是外商购货的主要凭证，也是出口企业财会部门凭此记账做出口产品销售收入的依据。

(3) 进货发票。提供进货发票主要是为了确定出口产品的供货单位、产品名称、计量单位、数量，是否是生产企业的销售价格，以便划分和计算确定其进货费用等。

(4) 结汇水单或收汇通知书。

(5) 属于生产企业直接出口或委托出口自制产品，凡以到岸价CIF结算的，还应附送出口货物运单和出口保险单。

(6) 有进料加工复出口产品业务的企业，还应向税务机关报送进口料、件的合同编号、日期、进口料件名称、数量、复出口产品名称，进料成本金额和实纳各种税金额等。

(7) 产品征税证明。

(8) 出口收汇已核销证明。

(9) 与出口退税有关的其他材料。

5. 出口退税的范围

我国出口的产品，凡属于已征或应征产品税、增值税和特别消费税的产品，除国家明确规定不予退还已征税款或免征应征税款的。

(1) 必须是属于产品税、增值税和特别消费税范围的产品。

(2) 必须报关离境。所谓出口，即是输出关口。这是区分产品是否属于应退税出口产品的主要标准之一，以加盖海关“验讫”章的出口报关单和出口销售发票为准。

(3) 必须在财务上做出口销售。

6. 贸易出口货物退税计算方法

“先征后退”是指生产企业自营出口或委托代理出口的货物，一律先按照增值税暂行条例规定的征税率征税，然后由主管出口退税业务的税务机关在国家出口退税计划内按规定的退税率审批退税。

“先征后退”办法按照当期出口货物离岸价乘以外汇人民币牌价计算应退税额。“离岸价”(英文编写为FOB价)是装运港船上交货价，但这个交货价属于象征性交货，即卖方将必要的装运单据交给买方按合同规定收取货款，买卖双方风险划分都是以货物装上船为界限的。因此，FOB价是由买方负责租船订舱，办理保险支付运保费。

项目小结

出口业务操作流程涉及备货、催证、审证和改证、租船订舱、保险、报检、报关、制单结汇、出口收汇核销与出口退税等环节，基本上把出口相关的知识点都连贯起来。请结合前面项目的内容融会贯通。

关键概念

备货 催证 审证 改证 租船订舱 保险 报检 报关 制单 结汇 出口退税

职业能力训练

一、讨论题

1. 如何理解卖方必须对货物拥有绝对所有权？
2. 催证、审证、改证的概念区别是什么？
3. 需要催证的情况包括哪些？
4. 通关的程序是什么？
5. 制单结汇的基本要求是什么？

6. 出口退税的条件是什么？

二、案例分析

1. 2003年3月11日，我国甲公司与印度尼西亚乙公司签订一笔2万美元的出口合同，乙公司要求以D/Pat sight为付款方式。

在货物装船起运后，乙公司又要求国内出口商将提单上的托运人和收货人均注明为乙公司，并将海运提单副本寄给他。货到目的港后，乙公司便以暂时货款不够等原因不付款赎单，要求出口商将付款方式改为D/A，并允许他先提取货物，否则就拒收货物。由于提单的收货人已记名为乙公司，使国内出口商无法将货物再转卖给其他客户，只能答应其要求。然后乙公司以货物是自己的为由，以保函和营业执照复印件为依据向船公司凭副本海运提单办理提货手续。货物被提走转卖后，乙公司不但不按期向银行付款，而且再也无法联系，使甲公司货、款两空。

请问为什么？

2. 2000年4月5日，上海A公司作为卖方与买方香港B公司签订了一份牛仔布销售合同，约定价格条件为FOB上海，按信用证要求装运。4月20日，B公司向A公司传真告之“上海C货运公司海运部”地址、电话、传真号和联系人等。A公司遂将本公司的出口货物明细表传真给C货运公司，后C出具进仓单，通知A公司将上述货物在规定的期限内送至指定仓库。A公司交货后，C以A公司名义办理了货物装箱、商检、报关等事宜。

A公司确认涉案提单内容后取得了D(香港)船务公司签发的上海至吉大港的全程提单。该提单由D以提单抬头承运人的身份签发。涉案提单加注了签单人D及卸货港船公司代理的地址、电话和传真号码。

C与D之间的往来传真件内容显示，D委托C联络发货人A公司，安排上海至香港的一程货物运输和报关，完成货物从发货人到泛洋船务的交接。双方还约定了具体的代付运费和操作费金额。C向实际承运人E公司订舱后，均向D汇报船名、开航日期、提单号等情况。货物运至香港后，被D凭E公司提单提取2000年5月16日C收取D通过银行转账所支付的一程运费。

之后，A公司曾用D提单向银行议付，开证行以“客检证会签”系伪造为由而退单(后经努力，4套提单中的一套结汇成功)。A公司即要求C通知承运人D扣货并将货物退运回上海，但四套提单项下的货物及D均已下落不明。A公司遂提起本案诉讼，要求D承担货物灭失的赔偿责任。经查，香港商业登记署没有B公司和D的登记资料。

本案中的货运代理人C是否应当承担货物灭失的赔偿责任？A公司与C之间是否存在委托订舱的法律关系？

3. 日本诉我国公司国际货物买卖合同短重赔偿案。

原告：日本××株式会社。住所：日本东京××区××11番3号。

被告：中国福建××股份有限公司。住所：中国福建省厦门市××东路××大厦8楼。

1994年3月31日和9月6日，原告(需方)与被告(供方)先后签订了5份冻切块章鱼成交确认书，编号分别为JM9404、JM9405、JM9406、JM9407、JM9408；数量分别为4吨、4吨、1.5吨、8吨和10吨；装运期分别是同年7月、8月10日、9月底、12月15日和1995年6月15日；装运口岸和目的地均为厦门至横滨；付款条件均为由原告开具保兑的、不可撤销的可转让可分割的即期信用证，受益人为被告。双方约定的价格条件均为CNF横滨价，并具体约定了不同规格的货物的单价：4克的每吨为3 900美元和4 300美元，2克的每吨为 3 000 美元，3 克的每吨为 3 700 美元，2.5 克和 3.2 克的每吨为 4 200 美元。双方还约定：品质、数量、重量以中国商品检验证或卖方所出之证明书为最后依据，允许各种规格数量可±8%，卖方争取将增减幅度控制在±5%以内。合同签订后，原告先后于 1994 年 7 月 21 至 8 月 30 日开出了 5 份信用证。上述 5 份成交确认书下货物在规定的装运期内装船发运，均有中华人民共和国厦门进出口商品检验局的检验证，并均取得了承运人签发的清洁海运提单。

原告于 1994 年 10 月和 1995 年 4 月收到上述成交确认书项下货物。但经复检，由日本××记录公司和××店出具的短重证明记载，JM9404 号成交确认书项下 2 克至 3 克规格货物短重 0.6 吨，4 克规格货物超重 0.75 吨；JM9405 号成交确认书项下 2 克至 3 克规格货物短重 0.99 吨，4 克规格货物短重 0.33 吨；JM9407 号成交确认书项下 2.5 克至 3.2 克规格货物短重 0.43 吨，4 克规格货物超重 0.58 吨。对于货物短重问题，原告自 1995 年 4 月 19 日起通过函件向被告主张权利，双方协商未果。原告遂向厦门市××区人民法院起诉，称：上述 3 份成交确认书项下短重货物总值 44 199 美元；被告不履行 JM9406 和JM9408号成交确认书造成我方信用证开证费、改证费损失 2 233.6 美元；我方为追究被告的责任花费差旅费 11 342 美元和通讯费 1 143.58 美元，要求被告承担。

被告答辩称：对于双方所签订的 5 份成交确认书，因我方资金困难及退税等问题的困扰，在征得原告同意后，将 JM9404(信用证 0174/400527)转让给厦门××贸易发展公司，将 JM9405(信用证 0174/400608)、JM9406(信用证 030/61200111)、JM9407(信用证 219/510/19894)转让给福建省××进出口公司厦门公司，将 JM9408(信用证 030/61200112)转让给中国××对外贸易总公司。转让同时并办理了信用证背书转让手续。JM9404 由××贸易发展公司履行，JM9405 和 JM9407 由福建××进出口公司厦门公司履行，因此，货物短重与我方无关。JM9406 和 JM9408 未能履行的责任，应由福建××进出口公司厦门公司和中国××公司承担，也与我方无关。请求驳回原告的起诉。

试问：法院会怎样审判？

项目 10 进口业务流程

工作任务

在我国的进口业务合同履行阶段，进口与出口相对应。在以 FOB 术语进口时，进口经过的环节包括开证、租船订舱、催装、投保、审单付款、报关、检验和提货、进口索赔。通过本项目的学习，熟悉进口业务流程每个环节。

学习目标

知识目标：

1. 了解进口贸易合同的履行程序
2. 掌握进口贸易合同程序内容
3. 了解进口单证缮制

能力目标：

1. 会操作进口贸易合同每个环节
2. 掌握单证缮制

导入案例

上海著名豪宅汤臣一品曾被牵涉到达芬奇家具“造假门”事件中。

2009 年 11 月 18 日，汤臣一品和 Versace Home(范思哲家居)举行了一场战略联盟新闻发布会。发布会上，达芬奇集团总裁潘庄秀华发言称，“感谢汤臣集团给予这个机会，让范思哲家居和达芬奇家具联手打造一个高品位的家具……”

汤臣集团称，从未通过达芬奇进口范思哲家具，所有家具均是直接从意大利进口的。进出口行业人士表示，汤臣集团直接从意大利进口的可能性是有，但由于达芬奇是范思哲家居的代理，如果绕过达芬奇直接进口，范思哲家居可能面临达芬奇的索赔。

【讨论】

本案例中，汤臣集团该怎么办?

【解析】

汤臣要证明家具是意大利进口的，应向公众出具进口合同、生产证明、直接付款证明等材料。进出口贸易合同对于贸易公司来说十分重要，特别关于质量、产地等条款，事关公司的利益。

任务10.1 进口贸易合同的履行程序及内容

10.1.1 进口业务流程

进口合同依法成立后，对买卖双方都具有法律约束力，双方都应信守合同，履行合同规定的义务。

1. 进口贸易履行程序

进口贸易履行程序如图10.1所示。

2. 办理机电证等相关证书

此项证书视HS码的要求而定，若货物的HS码上要求，则须办理其所要求的证书。

3. 领核销单

若付款条件是L/C时，须在开证前到外汇制定银行领取《贸易进口付汇核销单(代申报单)》。若付款条件是其他的，则在付款前领取，并办理。

4. 申请开L/C

进口商需到其所在地银行填《不可撤销信用证开证申请书》。

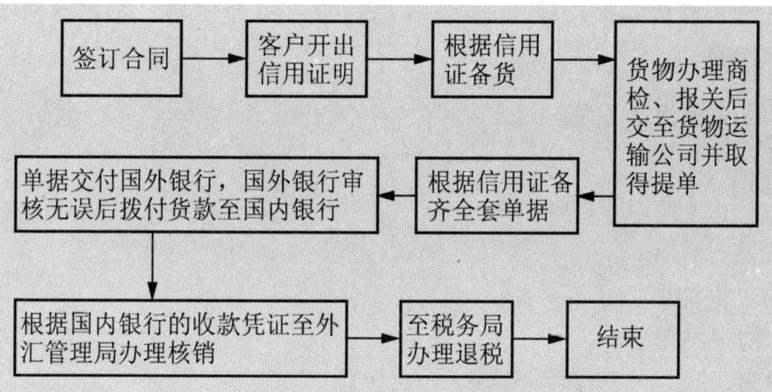

图10.1 进口贸易履行程序

5. 租船订舱

若装运条款是FOB，则需要进口商自行办理租船订舱。

6. 投保

在装运条款是FOB和CNF的情况下，从货物起运到目的港的风险等保险，需要进口商自理。

7. 付款

在货物装舱起运及银行审单并确定其无误后，出口商的银行将代理其向出口商付款。同时，银行在付款的时候，将取回以下 7 个单据。

(1) 商业发票。
(2) 装箱单。
(3) 海运提单。
(4) 货物运输保险单(CIF 的情况下)。
(5) 商检证书。
(6) 产地证。
(7) 信用证。

8. 货物抵港

货物抵达目的港。

9. 银行接单

略。

10. 安排接货

在货物抵达目的港，尤其当其距离进口商或其代理商的仓库有点距离时，进口商需要安排车去接货，以使货物在指定或期望的地点。

11. 申请商检

进口商填写《入境货物报检单》，并备齐提货单、商业发票、装箱单等文件向入境检验检疫局申请进口检验。

12. 取得《入境货物通关单》

略。

13. 报关

报关所需的单据如下。

(1) 进口货物报关单。
(2) 商业发票。
(3) 提货单。
(4) 装箱单。
(5) 入境货物通关单。
(6) 合同。
(7) 报关委托书及报检委托书。
(8) 无木质包装证明，或熏蒸证明及非针叶证明等质检证明。

14. 缴税(进口关税、增值税)

缴税所需单据如下。

(1) 提货单(第一联)。
(2) 仓库核销联。
(3) 报关委托书及报检委托书。
(4) 合同。
(5) 商业发票。
(6) 装箱单。
(7) 必要证件，如机电证等，视 HS 码而定。
(8) 填写报关单。

15. 海关放行(清关)

清关所需单据如下。
(1) 提货单及提单或分拨单。
(2) 无木质包装证明，或熏蒸证明及非针叶证明等质检证明
(3) 报关委托书及报检委托书。
(4) 合同及代理协议。
(5) 商业发票。
(6) 装箱单。
(7) 必要证件，如机电证等，视 HS 码而定。
(8) 填写报关单。

16. 提货

代理，则进口商提货时需要提供的单据如下。
(1) 提单。
(2) 商业发票。
(3) 装箱单。
(4) 商检证。
(5) 产地证。
(6) 货物运输保险单(CIF 情况下)。
自营，则进口商提货时需要提供的单据如下。
(1) 提单。
(2) 商检单。
(3) 产地证。
(4) 装箱单。
(5) 货物运输保险单(CIF 情况下)。

17. 付汇核销

最后，进口商凭进口付汇到货核销表、进口货物报关单及进口付汇核销单到外汇管理局办理付汇核销。

18. 合同结束

此时，若货物出现问题或是不符合合同上的描述，则进口商就可向出口商索赔。若是没有任何问题，则进口商便可到财务进行结算，最后数据归档。

10.1.2 进口贸易程序的主要内容

1. 接到客户的全套单据后，要查清该进口货物属于哪家船公司承运、哪家作为船舶代理、在哪儿可以换到供通关用的提货单

全套单据包括带背书的正本提单或电放副本、装箱单、发票、合同。

注意事项如下。

(1) 提前与船公司或船舶代理部门联系，确定船到港时间、地点，如需转船应确认二程船名。

(2) 提前与船公司或船舶代理部门确认换单费、押箱费、换单的时间。

(3) 提前联系好场站确认好提箱费、掏箱费、装车费、回空费。

2. 凭带背书的正本提单(如是电报放货，可带电报放货的传真件与保函)去船公司或船舶代理部门换取提货单和设备交接单

注意事项如下。

(1) 背书有两种形式。如果提单上收货人栏显示“TO ORDER”则由“SHIPPER”背书；如果收货人栏显示其真正的收货人，则需收货人背书。

(2) 保函是由进口方出具给船舶代理的一份请求放货的书面证明。保函内容包括进口港、目的港、船名、航次、提单号、件重尺及进口方签章。

(3) 换单时应仔细核对提单或电放副本与提货单上的集装箱箱号及封号是否一致。

(4) 提货单共分五联，白色提货联、蓝色费用账单、红色费用账单、绿色交货记录、浅绿色交货记录。

(5) 设备交接单。它是集装箱进出灌区场站时，用箱人、运箱人与管箱人或其代理人之间交接集装箱及其他机械设备的凭证，并兼管箱人发放集装箱的凭证的功能。当集装箱或机械设备在集装箱码头堆场或货运站借出或回收时，由码头堆场或货运站制作设备交接单，经双方签字后，作为两者之间设备交接的凭证。

集装箱设备交接单分进场和出场两种，交接手续均在码头堆场大门口办理。

① 出码头堆场时，码头堆场工作人员与用箱人、运箱人就设备交接单上的以下主要内容共同进行审核：用箱人名称和地址，出堆场时间与目的，集装箱箱号、规格、封志号以及是空箱还是重箱，有关机械设备的情况，正常还是异常等。

② 进码头堆场时，码头堆场的工作人员与用箱人、运箱人就设备交接单上的下列内容共同进行审核：集装箱、机械设备归还日期、具体时间及归还时的外表状况，集装箱、机械设备归还人的名称与地址，进堆场的目的，整箱货交箱货主的名称和地址，拟装船的船次、航线、卸箱港等。

3. 用换来的提货单第一联和第三联并附上报关单据前去报关

提货单第一联和第三联海关放行后，在白联上加盖放行章，发还给进口方作为提货的凭证，以及正本箱单、正本发票、合同、进口报关单一式两份、正本报关委托协议书、海关监管条件所涉及的各类证件。

注意事项如下。

(1) 接到客户全套单据后，应确认货物的商品编码，然后查阅海关税则，确认进口税率、

确认货物需要什么监管条件，如需做各种检验，则应在报关前向有关机构报验。报验所需单据：报验申请单、正本箱单发票、合同、进口报关单两份。

（2）换单时应催促船舶代理部门及时给海关传舱单，如有问题应与海关舱单室取得联系，确认舱单是否转到海关。

（3）当海关要求开箱查验货物时，应提前与场站取得联系，调配运力将所查箱子调至海关指定的场站。

4. 海运进口货运代理的流程

（1）进口代运概念即接受货主的委托，为其办理进口提货手续并将货物送至其指定地点的业务行为。

（2）业务流程如图 10.2 所示。

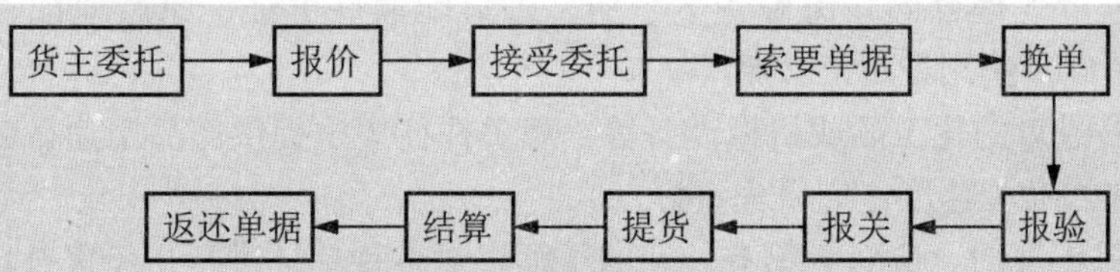

图 10.2 货运代理流程

（3）注意事项如下。

① 货主委托：确认委托事项。

② 报价：当货主预委托我公司为其进口货办理代运业务后，要根据货类、货量、货物流向、运输方式等核算出费用标准。

③ 接受委托：对于比较大的业务或长期的业务，最好签订委托代理协议。对于比较小的业务用传真确认即可。

④ 索要单据：业务谈妥后，要及时地向货主索要报关报验等所需全部单据，提单、发票、装箱单、合同、报关报验委托书是最基本的单据，根据海关、商检对不同货物的监管要求，还需要货主提供如包装证明、许可证、原产地证、重量证明、品质证明、免税证明、机电证明、信用证付款凭单、进口代理协议等等。

⑤ 换单：到船公司或其代理处换取提货单。

⑥ 报验：是指申请人按照法律、法规或规章的规定向检验检疫机构报请检验检疫工作的手续。

注意事项如下。

a. 资格：报检单位首次报检时需持本单位营业执照和政府批文办理登记备案手续，取得报检单位资格。

b. 所需的单证。基本单证有合同、发票、装箱单、提单、报验委托书等。根据不同的检验目的，还需附针叶木质包装熏蒸证明、非针叶木质包装证明和非木质包装证明正本，原产地证书，许可证，检疫证书，品质证书，重量明细单，环保批文，监管注册证书等。

c. 入境检验检疫内容：品质检验、残损鉴定、重量鉴定、废旧物品检验、保健食品检验、动植物及其产品。

特别提示

报验过程中的一些基本常识如下。

(1) 为加快通关速度，在货物未到港之前可提前报验。

(2) 进口的设备，有的尽管是非法检商品，但按规定也需报验。

(3) 报验之前，首先检查单据是否齐全、有效，内容是否正确、一致。

⑦ 报关：是指进口货物的收货人或者他们的代理人在进口货物时，在海关规定的期限内，申请海关审查放行，并对所报告内容的真实准确性承担法律责任的行为。

报关过程中的一些基本常识和注意事项如下。

a. 报时间：进口货物是在运输工具申报进境之日起 14 日内，之后就要按日交滞报金。

b. 报单证：提货单、提单、商业发票、装箱单、合同、报关委托书等基本单据。有的进口货还需提供进口代理合同、保税备案手册、进口配额许可证、原产地证、免税表、机电证、商检通关单以及信用证付汇凭单等。

c. 一般贸易进口的化工品或机械设备等，海关往往要求提供产品用途、工作原理、成分及含量等，为加快通关速度，应事先备好。

d. 在向海关申报前，应对货物有一定的了解，对各种单证进行初步审查，对不清楚或不符合规定的地方应及时向委托人了解或指出，重要的单证或内容，不要擅自替委托人修改。

e. 对于重大件等需要车船直取的货物，可向海关申请预报关。

⑧ 提货：海关放行后并交完港口箱站等所有费用，办完提货手续，接着就要安排发运工作。

a. 大宗散杂货，需要通过铁路发运的，得事先向铁路有关部门递交用车计划，批准后方可使用。要派人监装，理货，对于货损货差，要做好记录，拍摄照片，分清责任，帮助客户向有关单位索赔。

b. 对于货主要求拆箱发运的货物，拆箱时货主最好要在现场。要事先安排装卸机械，安排拆卸场地。打开箱门时，要小心箱内的货物倒塌伤人，并要仔细检查货物的状况，对照装箱明细，清点件数，若发现有短装残损现象，要做好记录，拍下照片，通知商检、保险公司、收货人等，分清责任，进行理赔。

c. 对于重大件的运输，要事先勘察路线，绑扎牢固，向运管单位申报，征得他们的同意和协助。建议货主对货物投保陆运险。货主也要做好卸货准备工作。重大件的运输，要特别强调安全的重要性。

d. 对于转关运输的货物，要用海关监管车。对于重大件运输，经启运地海关同意，也可用非海关监管车，不过，通常需指运地海关派人监管运输。

⑨ 结算：要按合同或传真确认的费用标准，及时与货主进行结算。如果可能的话，最好能事先收取备用金。

⑩ 寄送单据：结算完毕后，要及时将海关或商检退回或出具的有关单证寄送货主，以备货主核销付汇用。用快件寄出的，要在快件上注明文件种类、份数，将留底联保存备查。派人送交的文件，要做好签收工作。重要文件要复印保存。

5. 货物的转关运输

(1) 转关运输是指海关为加快口岸进口货物的疏运，方便收货人办理海关手续，依照有关法规规定，允许海关监管货物由关境内一设关地点转运到另一设关地点办理进口海关手续的行为。

(2) 办理转关运输应具备的条件。经收货人或其代理人向进境地海关提出申请，并具备以下条件的，经海关核准方予办理转关运输。

① 指运地和启运地设有海关机构。

② 运载转关运输货物的运输工具和装备，具备密封装置和加封条件。

③ 经营转关运输货物的企业是经海关核准的运输企业。

不具备以上条件，但有特殊情况，经进口货物收货人申请，海关核准的，也可以办理转关运输。

① 重点工程建设急需的物资

② 国家农业生产建设急需的物资。

③ 成套设备、精密仪器、仪表以及其他经查验后不宜继续长途运输的货物(当然有时需指运地海关派人到启运地监管货物运抵指运地)。

④ 救灾物资。

⑤ 其他特殊情况。

(3) 转关运输货物的通关程序。

① 进口货物的收货人或其代理人应自运输工具申报进境之日起 14 日内向进境地海关申报转关运输。

② 申报货物转关运输时，进口货物的收货人或其代理人应填制《申报单》，并交数据录入中心录入海关计算机报关自动化系统，并打印成正式的《申报单》。

③ 进口货物收货人或其代理人应如实向海关申报，并递交《申报单》、指运地海关签发的《进口转关运输货物联系单》、随附有关批准证件和货运、商业单证。

④ 进口货物收货人或其代理人申请办理属于申领进口许可证的转关运输货物，应事先向指运地海关交验进口许可证，经审核后由指运地海关核发进口转关运输货物联系单，并封交申请人带交进境地海关。

⑤ 进境地海关在接受进口货物收货人或其代理人申报递交的有关单证并核准后，要将上述有关单证制作关封交进口货物的收货人或其代理人。

⑥ 进口货物的收货人或其代理人要按海关的有关要求将货物运抵指运地海关，向指运地海关交验进境地海关签发的关封，并应在货物运抵指运地海关之日起 14 日内向指运地海关办理报关、纳税手续。

⑦ 指运地海关在办理了转关运输货物的进口手续后，按规定向进境地海关退寄回执，以示进口转关运输货物监管工作的完结。

6. 滞报金

(1) 征收时间：自运输工具申报进境之日起第 15 日开始，至报关单位向海关申报货物进口手续之日止。转关运输货物自运输工具申报进境之日起第 15 日开始或货物运抵指运地之日起第 15 日开始，至报关单位向海关申报货物进口手续之日止。运输工具申报进境之日起第 14 日是法定节假日的，顺延计算。

(2) 计算：滞报金按日计算，收货人或其代理人向海关申报之日亦计算在内。日征收额为进口货物到岸价格的 0.5‰。

(3) 滞报金的征免范围：有下列情况之一的，可免于征收滞报金。

① 收货人或其代理人自运输工具申报进境之日起超过 3 个月未向海关申报，海关将依法变卖处理。

② 收货人或其代理人经海关批准，向海关提供担保，先提取货物并在担保期限内补办申报手续的。

③ 海关扣留的进口货物在被扣留期间。

④ 因特殊情况，未能在规定期限内报关，其原因不在收货人或其代理人的，经向海关提出申请，经海关审查认可的，可不按滞报论处或减收滞报金。

【启发思考】进口贸易程序与出口贸易程序差异？

任务 10.2 进口单证缮制

我国的进口业务绝大部分采用信用证方式结算。进口合同成立后，进口商应按合同规定时间向银行办理开证手续。

10.2.1 信用证的使用

进口信用证是指开证行根据进口商的申请向受益人(国外出口商)开具的，保证在一定期限内，凭议付行/寄单行寄来的符合信用证规定的全套单据，按照信用证条款对外付款的书面承诺。信用证是比较完善的国际贸易结算方式，由于银行信用的介入，为出口商安全收款、进口商凭合格的单据提货提供了保障。

10.2.2 信用证的缮制

应进口商(开证申请人)的申请，银行向出口商(受益人)开出跟单信用证，信用证一旦开出，银行即负有独立的付款责任。即在受益人提交的单据符合信用证规定，且单据之间内容一致的情况下，无论是否得到进口商的偿付，本银行作为开证行必须向出口商履行付款义务。

1. 操作流程

操作流程如图 10.3 所示。

图 10.3 信用证的使用

(1) 进口商向我行提出开证申请，填写《开证申请书》。

(2) 进口商提供近期财务报表、营业执照、进出口合同、进口许可证、登记证明等材料。

(3) 单据到达后，若发现单据之间或单据与信用证间存在不一致的地方，进口商应及时做出接受或不接受单据的决定。

(4) 单据到达后，若符合信用证规定，进口商应及时向银行付款。

2. 银行可开立的信用证种类

(1) 即/远期信用证。
(2) 可转让信用证。
(3) 背对背信用证。
(4) 循环信用证及备用信用证等。

3. 进口信用证的开证条件

(1) 申请人必须是具有法人资格和进口经营权的企业和单位，在开证行开立本币或外币账户，财务、经营状况正常，资信良好，与开证行保持稳定的结算业务往来并获得我行给予的进口开证授信额度。
(2) 企业经营的进口商品是在批准经营的范围之内。
(3) 进出口双方选择以信用证作为结算方式。
(4) 系"对外付汇进口单位名录"在册企业。
(5) 提供一定比例的保证金，及其他形式的担保，对于资信良好的优质客户，可免收保证金。

4. 开立

当进出口双方在贸易合同中确立以信用证方式结算后，进口方即可按贸易合同规定向当地银行申请开立信用证，填写开证申请书(Application For Irrevocable Documentary Credit)。这样，进口商即成为开证申请人，开证申请书是银行开具信用证的依据。银行按照开证申请书开立信用证后，在法律上就与进口商构成了开立信用证的权利与义务的关系，两者之间的契约就是开证申请书。

1) 申请开立信用证的手续

(1) 递交有关合同的副本及附件。进口商在向银行申请开证时，要向银行递交进口合同的副本以及所需附件，如进口许可证、进口配额证、某些部门审批文件等。

(2) 填写开证申请书。进口商根据银行规定的统一开证申请书格式，填写一式三份，一份留业务部门；一份留财务部门；一份交银行。填写开证申请书，必须按合同条款的具体规定，写明信用证的各项要求，内容要明确、完整，无词意不清的记载。

(3) 缴纳保证金。按照国际贸易的习惯做法，进口商向银行开立信用证，应向银行缴付一定比例的保证金，其金额一般为信用证金额的百分之几到百分之几十，一般根据进口商的资信情况而定。在我国的进口业务中，开证行根据不同企业和交易情况，要求开证申请人缴付一定比例的人民币保证金，然后银行才开证。

2) 银行对新客户的初审

对于首次来银行办理进口的客户，应递交以下材料。

(1) 工商营业执照副本。
(2) 批准其经营进出口业务的批文原件。
(3) 客户隶属关系批件(如有)。
(4) 法人代表授权书，内容应有客户单位的中、英文企业全称应与许可证、营业执照相符；列明经营业务及被授权人的签样、印章、企业公章、财务章。该授权书必须由法人代表亲笔签名并加盖公章；客户企业公章、法人代表人必须与进出口业务批文(如有)、工商营业执照中相关内容相符；客户应在授权书中明确表示，有关业务受国家及有关职能部门颁布的相关法规及规定约束；严格按国际惯例履行有关权利义务。

3）进口开证中必须要注意的问题

(1) 申请开立信用证前，一定要落实进口批准手续及外汇来源。

(2) 开证时间的掌握应在卖方收到信用证后能在合同规定的装运期内出运为原则。

(3) 开证要求“证同一致”，必须以对外签订的正本合同为依据。不能用“参阅××号合同”为依据，也不能将有关合同附件附在信用证后，因信用证是一个独立的文件，不依附于任何贸易合同。

(4) 如为远期，要明确汇票期限，价格条款必须与相应的单据要求、费用负担及表示方法相吻合。

(5) 由于银行是凭单付款，不管货物质量如何，也不受合同约束，所以为使货物质量符合规定，可在开证时规定要求对方提供商检证书，明确货物的规格品质，指定商检机构。

(6) 信用证内容明白无误，明确规定各种单据的出单人，规定各单据表述的内容。

(7) 合同规定的条款应转化在相应的信用证条件里，因为信用证结算方式下，只要单据表面与信用证条款相符合，开证行就必须按规定付款。如信用证申请书中含有某些条件而未列明应提交与之相应的单据，银行将认为未列此条件，而不予理睬。

(8) 明确信用证为可撤销信用证或不可撤销信用证。

(9) 国外通知行由开证行指定。如果进出口商在订立合同时，坚持指定通知行，可供开证行在选择通知行时参考。

(10) 在信用证中规定是否允许分批装运、转运、不接受第三者装运单据等条款。

(11) 我方国有商业银行开出的信用证一般不接受要求其他银行保兑的条款。

【启发思考】 为什么进口贸易使用信用证为主?

项目小结

进口信用证的业务范围：开立各种信用证；业务处理包括开证、修改、审单、付款/承兑或拒付等；叙做进口押汇、提货担保等融资业务；协助进口商对外进行出口商资信调查，备货和船情查询等。进口业务操作流程就是进口贸易合同的履行程序及内容，进口单证的缮制。信用证的使用是进口业务的关键。

关键概念

进口业务流程　领核销单　投保　付汇核销　开立　进口信用证

职业能力训练

一、讨论题

1. 进口贸易履行的程序是什么?
2. 进口贸易程序的主要环节内容是什么?

3. 怎样评价进口信用证？

4. 银行向出口商(受益人)开出跟单信用证流程是什么？

二、案例分析

1. 我国某公司曾按FOB条件从北欧进口一批大宗商品。双方约定的装运港原是一个比较偏僻的小港，大船不能直接进港装货。签约后，买方才了解该港条件，便要求变更装运港，但卖方不同意更改。买方只好租用小船，将货物运至汉堡集中，然后再装海洋巨轮运回国内，这不仅延误了时间，而且增加了运杂费用，给国家和企业造成了不该发生的经济损失。

分析导致本案例损失的原因？

2. 某年3月，国内某公司(以下简称甲方)与加拿大某公司(以下简称乙方)签订一设备引进合同。根据合同，甲方于该年4月30日开立以乙方为受益人的不可撤销的即期信用证。信用证中要求乙方在交单时，提供全套已装船清洁提单。该年6月12日，甲方收到开证银行进口信用证付款通知书。甲方业务人员审核议付单据后发现乙方提交的提单存在以下疑点：①提单签署日期早于装船日期；②提单中没有已装船字样。根据以上疑点，甲方断定该提单为备运提单，并采取以下措施：①向开证行提出单据不符，并拒付货款；②向有关司法机关提出诈骗立案请求；③查询有关船运信息，确定货物是否已装船发运；④向乙方发出书面通知，提出甲方疑义并要求对方做出书面解释。

乙方公司在收到甲方通知及开证行的拒付函后，知道了事情的严重性并向甲方做出书面解释并片面强调船务公司方面的责任。在此情况下，甲方公司再次发函表明立场，并指出由于乙方原因，设备未按合同规定期限到港并安装调试已严重违反合同并给甲方造成了不可估量的损失。要求乙方及时派人来协商解决问题，否则，甲方将采取必要的法律手段解决双方的纠纷。乙方遂于某年7月派人来我国。在甲方出具了充分的证据后，乙方承认该批货物由于种种原因并未按合同规定时间装运，同时承认了其所提交的提单为备运提单。最终，经双方协商，乙方同意在总货款12.5万美元的基础上降价4万美元并提供3年免费维修服务作为赔偿并同意取消信用证，付款方式改为货到目的港后以电汇方式支付。

试问遇到此类问题该怎么办？

3. 国内A公司从香港B公司进口A套德国设备，合同价格条件为CFR广西梧州，装运港是德国汉堡，装运期为开出信用证后90天内，提单通知人是卸货港的外运公司。合同签订后，A公司于2010年7月25日开出信用证，10月18日香港B公司发来装船通知，11月上旬B公司将全套议付单据寄交开证行，A公司业务员经审核未发现不符并议付了货款。船运从汉堡到广西梧州包括在香港转船，正常时间应在45～50天内。12月上旬，A公司屡次查询梧州外运公司都无货物消息，公司怀疑B公司倒签提单，随即电询B公司，B公司答复却已如期装船。12月下旬，A公司仍未见货物，再次电告B公司要求联系其德国发货方协助查询货物下落。B公司回电说德国正处圣诞节假期，德方无人上班，没法联络。A公司无奈只好等待。2011年元月上旬，圣诞假期结束，B公司来电，称货物早已在去年12月初运抵广州黄埔港，请速派人前往黄埔办理报关提货手续。此时货物海关滞报已40多天，待A公司办好所报关提货手续已是次年元月底，发生的滞期费，仓储费，海关滞报金，差旅费及其他相关费用达十几万元。

试问造成上述结果的原因？如何解决？

4. 我方某公司收到一国外来证，货物为1×20集装箱各式运动鞋和塑料底布面库存拖鞋，价值分别 45 154 美元和 2 846 美元，允许分批装运，单据要求规定我方必须提供由国家进出口商品检验局签发的品质检验证书(简称质检证)。货物备妥发运前，我方商检局认为该批拖鞋品质未达到国家标准，不能为其签发质检证。为此，我方立即要求客户修改信用证(即删除库存拖鞋的质检证条款)，客户以改证费用太高且可能影响交货期为由拒绝改证，但表示只要货物和封样一致，他仍会接受货物。

试问我方该怎么操作?

项目 11　无固定场所的贸易方式

工作任务

无固定场所的贸易方式主要包括包销、代理、寄售以及招投标，掌握它们的基本概念、特点以及协议内容，有利于开展相关工作。

学习目标

知识目标：

1. 掌握包销协议的主要内容
2. 掌握代理的性质和特点以及分类
3. 掌握寄售和招投标的基本程序

能力目标：

1. 能与客户签署包销协议
2. 能开展代理工作

导入案例

常州A公司是一家专业生产旅游鞋的企业。为拓展国际业务，扩大销售渠道，2010年3月，A公司与温州某轻工进出口B公司签订委托代理合同，委托B公司代其联系国外客户。美国L公司与B公司有长期的贸易往来，于是，B公司向L公司介绍了A公司的生产销售业务情况。2010年6月，L公司派员在B公司人员的陪同下考察了A公司业务流程以及生产线等情况。同年8月，L公司通过B公司同意将一笔加工十万双旅游鞋的订单下给A公司。但由于A公司不具有自营进出口经营权，因此，在签订的进出口合同中，买方为L公司，卖方为B公司。A公司与B公司另行签订了代理协议。其后L公司将旅游鞋的式样图纸通过特快专递直接寄给A公司。2011年3月，由于A公司不能按期交货，双方发生纠纷，L公司作为本案的申请人，按进出口合同中规定的仲裁条款，拟向中国国际贸易仲裁委员上海分会提出仲裁申请。但是在谁是被申请人的问题上，发生了争议。

【讨论】

(1) 本案例的被申请人是A公司，还是B公司？为什么？

(2) 该案例将如何处理？

【解析】

国际贸易中的销售代理是指出口商(委托人)与国外的代理商达成协议，由出口商作为委托人，授权代理人推销其商品、签订合同，由此而产生的权利和义务直接对出口商发生效力。代理人在出口商授权的范围内行事，不承担销售风险和费用，不必垫付资金，通常按达成交易的数额提取约定比例的佣金而不管交易的盈亏。本案例涉及对我国外贸代理制和代理法中代理行为的正确理解和区分。B公司与美国L公司签订进出口合同后，实际就成为合同的卖方，要承担履行合同的责任，但B公司并没有注意到自身作为进出口合同一方当事人的法律责任和义务，导致其在合同履行过程中出现问题时，未获任何利益，却担负了全部的责任。

任务 11.1 包　　销

国际贸易中的包销(Exclusive Sales)是指出口人与国外经销商达成协议，在一定时间内，把指定商品在指定地区的独家经营权授予该经销商，经销商则承诺不经营其他来源的同类或可替代的商品。通过包销协议，双方建立起一种稳定的长期的买卖关系，而具体的每一笔交易，则以包销协议为基础，另行订立买卖合同。

11.1.1 包销协议

包销协议本身不是买卖合同，它规定了双方的权利和义务，以及一般交易条件，其主要内容如下。

1. 包销协议的名称、签约日期与地点

略。

2. 包销协议的前文

通常在前文条款中，明确包销商、委托人之间的关系是本人与本人的关系(principal to principal) 即买卖关系。

3. 包销商品的范围

委托人(出口人)经营商品种类繁多，即使是同一类或同一种商品，其中也有不同的牌号与规格。因此，在包销协议中，双方当事人必须约定包销商品的范围。

4. 包销地区

包销地区是指包销商行使销售的地理范围。通常有下列约定方法：①确定一个国家或几个国家；②确定一个国家中几个城市；③确定一个城市等。确定包销地区的大小，应要考虑下列因素：包销的规模及能力；包销商所能控制的销售网络；包销商品的性质及种类；市场的差异程度；包销地区的地形位置等。

5. 包销期限

包销期限可以长也可以短。在我国的出口业务中，往往在签订包销协议时明确规定期限，通常为一年。其他国家市场的习惯做法，在包销协议中不规定期限，只是规定中止条款或续约条款等。

6. 专营权

专营权是指包销商行使专卖和专买的权利，这是包销协议的重要内容。专营权包括专卖和专买权。前者是委托人(出口人)将指定商品在规定的地区和期限内给予包销商独家销售的权利。出口人负有不向该区域内的客户直接售货的义务。后者是包销商承担向出口人购买此项商品，而不得向第三者购买的义务。

7. 包销数量或金额

包销协议中除规定上述内容外，还应规定数量或金额。此项数量与金额对协议双方均有同等的约束力。有时在协议中规定数量与金额，则包销商必须承担向出口人购买规定数量和金额的义务，出口人必须承担向包销商出口上述数量和金额的责任。

8. 作价办法

包销商品的作价办法，有不同做法。其中一种做法是在规定的期限内，一次作价。即无论协议内包销商品价格上涨、下落与否，以协议规定价格为准。另一种做法是在规定的包销期限内分批作价。由于国际商品市场的价格变化多端，因此采用分批作价较为普遍。

9. 广告、宣传、市场报导和商标保护

包销协议的当事双方是买卖关系，因此委托人(出口人)不实际涉足包销地区的销售业务，但他十分关心开拓海外市场。为宣传其产品所用的商标，委托人常要求包销商负责为他的商品刊登一定的广告。例如，有些包销协议规定：买方负责和出资在其包销地区为卖方的机器设备举办展览，招揽订单，在当地报刊上登载广告。有些协议规定：包销商应访问有希望达成交易的客户或卖方要求包销尽量提供市场报导等。

11.1.2　包销的原则

(1) 必须选择忠诚度高，有很强推广能力的经销商。高端产品必须重点选择能配合公司促销和品牌策划方案的、拥有良好客户形象的经销商，低价位产品可以选择批发网络通畅和广泛，有较强铺货能力和冲击市场能力的经销商。

(2) 包销产品的种类确定必须根据经销商的历史销售记录来观察，哪些经销商特别适合推广哪些种类、哪些档次、哪些细分市场的产品，必须有个详细的数据分析。同时，资金、地域、产品特性等也是考虑的范围。

(3) 包销产品一般利润较高，能给经销商很大的销售积极性，所以厂家可以根据这个心里给经销商一定的销售压力——即分阶段承诺销量，来保证厂家自己的销量和利润。

11.1.3　包销的应用

对出口商来说，采用包销方式的主要目的是利用包销商的资金和销售能力，在特定的区域建立一个稳定发展的市场。对包销商来说，由于取得了专卖机，因而在指定商品的销售中处于有利的地位，避免了多头竞争而导致降价减盈的局面。故其有较高的经营积极性，能在广告促销和售后服务中作较多的投入。

由于包销是包销商买断商品后再自行销售，所以包销商需要有一定的资金投入和承担销售风险。若包销商资金不足或缺少销售能力，则有可能形成“包而不销”。因此，对出口商来说，选择一个合适的包销商是成功地采用包销方式的关键之所在。

任务 11.2 代 理

代理是指代理人(Agent)按照本人(Principal)的授权(Authorization)代本人同第三者订立合同或作其他法律行为。由此而产生的权利与义务直接对本人发生效力。

11.2.1 代理的性质与特点

(1) 代理人与委托人之间的关系属于委托买卖关系，而不同于经销中的买卖关系。代理人在代理业务中，只是代表委托人行为，如招揽客户、招揽订单、代表委托人签订买卖合同、处理委托人的货物、收受货款等，他本身并不作为合同的一方参与交易，不承担履行合同的责任。

(2) 代理人通常运用委托的资金进行业务活动。

(3) 代理不以自己的名义与第三者签订合同。

(4) 代理人赚取的报酬即为佣金。

11.2.2 代理的种类

国际货物买卖中的代理可以从不同的角度分类，按委托人授权的大小，代理可分为以下几种。

1. 总代理(General Agency)

总代理是在指定地区委托人的全权代理。他除了有权代理委托人进行签订买卖合同、处理货物等商务活动外，也可进行一些非商业性的活动。他有权指派分代理，并可分享代理的佣金。

2. 独家代理(The Exclusive Agency or Sole Agency)

独家代理是指在指定地区和一定的期限内，享有代购代销指定商品专营权。由该独家代理人单独代表委托人从事有关的商业活动，委托人在该地区内不得再委派第二个代理人。在进出口业务中，采用独家代理方式时，作为委托人的出口商即给予国外的代理人在规定的地区和期限内推销指定商品的专营权。按照惯例，委托人在代理区域内达成的交易，凡属独家代理人专营的商品，不论其是否通过该独家代理人，委托人都要向他支付约定比例的佣金。

3. 佣金代理(Commission Agency)

佣金代理又称一般代理，是指在同一代理地区、时间及期限内，同时有几个代理人代表委托人行为的代理。佣金代理根据推销商品的实际金额和根据协议规定的办法和百分率向委托人计收佣金，委托人可以直接与该地区的实际买主成交，也无须给佣金代理佣金。

11.2.3 独家代理协议的基本内容

规定有专营权的代理协议，即为独家代理协议。其主要内容如下。

(1) 代理商品的品种和质量标准。

(2) 代理协议的生效期和撤约或续约办法。

(3) 代理商品销售的地区。

(4) 当事人(个人或法人)双方的权利和义务：按照国际惯例，委托方不得超越代理方在协议规定的时期和地区内经销协议规定的商品，但委托方有权根据市场销售情况调整价格并通知代理方参照执行；代理方则不得经销在协议规定的时间、地区以及协议规定的委托方以外的相同或相类似的商品，代理方必须按委托方所规定的销售条件收集订单，代理方必须经常就市场销售情况向委托方提供咨询或调查报告等，代理方按协议规定的计算方法收取佣金作为报酬。

(5) 代理商品的价格条件和付款方式。

(6) 广告宣传和费用负担。

任务 11.3 寄　　售

寄售(Consignment)是一种委托代售的贸易方式，也是国际贸易中习惯采用的做法之一。在我国进出口业务中，寄售方式运用并不普遍，但在某些商品的交易中，为促进成交，扩大出口的需要，也可灵活适当运用寄售方式。

11.3.1 寄售的概念与性质

寄售是一种有别于代理销售的贸易方式。它是指委托的(货主)先将货物运往寄售地，委托国外一个代销人(受委托人)，按照寄售协议规定的条件，由代销人代替货主进行，货物出售后，由代销人向货主结算货款的一种贸易做法。

11.3.2 寄售的特点

在国际贸易中采用的寄售方式，与正常的卖断方式比较，它具有下列几个特点。

1. 寄售人的职责

寄售人先将货物运至目的地市场(寄售地)，然后经代销人在寄售地向当地买主销售。因此，它是典型的凭实物进行买卖的现货交易。

2. 寄售人与代销人的关系

寄售人与代销人之间是委托代售关系，而非买卖关系。代销人只根据寄售人的指示处置货物。货物的所有权在寄售地出售之前仍属寄售人。

3. 寄售应承担的风险

寄售货物在售出之前，包括运输途中和到达寄售地后的一切费用和风险，均由寄售人承担。寄售货物装运出口后，在到达寄售地前也可使用出售路货的办法，先行一销，即当货物尚在运输途中，如有条件即成交出售，出售不成则仍运至原定目的地。

11.3.3 寄售协议的主要内容

寄售协议规定了有关寄售的条件和具体做法，其主要内容如下。

1. 双方的基本关系

寄售人和代销人之间的关系，是一种委托代理关系。货物在出售前所有权仍属寄售人。代销人应按协议规定，以代理人身份出售商品，收取贷款，处理争议等，其中的费用由寄售人承担。

2. 寄售商品的价格

寄售商品价格有3种规定方式：规定最低售价；由代销人按行情自行定价；由代销人向寄售人报价，征得寄售人同意后确定价格，这种做法较为普遍使用。

3. 佣金条款

佣金条款规定佣金的比率，有时还可增加佣金比率增减额的计算。通常佣金由代销人在货款中提取。

11.3.4 寄售方式的利弊

1. 寄售的优点

1) 对寄售人

寄售货物出售前，寄售人持有货物的所有权，有利于随行就市。

2) 对买主

寄售方式是凭实物买卖。货物与买主直接见面，利于促进成交。按需要的数量随意购买，而且是现货现买，能抓住销售时机。所以对于开拓新市场，特别是消费品市场，是一种行之有效的方式。

3) 对代销人

代销人不负担风险与费用，一般由寄售人垫资，代销人不占用资金，可以调动其经营的积极性。

2. 寄售的缺点

出口商会承担一定的风险和费用。

(1) 货未售出之前发运，售后才能收回货款，资金负担较重。

(2) 货物需在寄售地区安排存仓、提货，代销人不承担费用和风险。

(3) 万一代销人不守协议，比如，不能妥善代管货物，或是出售后不及时汇回货款，都将给出口商带来损失。

(4) 如果货物滞销，需要运回或转运其他口岸，出口商将遭受损失。

任务11.4 招标投标

招标投标是一种国际惯例，是商品经济高度发展的产物，是应用技术、经济的方法和市场经济的竞争机制的作用，有组织开展的一种择优成交的方式。这种方式是在货物、工程和服务的采购行为中，招标人通过事先公布的采购和要求，吸引众多的投标人按照同等条件进行平等竞争，按照规定程序并组织技术、经济和法律等方面专家对众多的投标人进行综合评审，从中择优选定项目的中标人的行为过程。其实质是以较低的价格获得最优的货物、工程和服务。

11.4.1 招标投标的含义

招标(Invitation to Tender)是指招标人在时间、地点、发出招标公告或招标单，提出准备买进商品的品种、数量和有关买卖条件，邀请卖方投标的行为。投标(To Submit Tender)是指投标人应招标人的邀请，根据招标公告或招标单的规定条件，在规定的时间内向招标人递盘的行为。实际上招标、投标是一种贸易方式的两个方面。

11.4.2 招标投标的分类

1. 竞争性招标

竞争性招标(International Competitive Bidding)是指招标人邀请几个乃至几十个投标人参加投标，通过多数投标人竞争，选择其中对招标人最有利的投标人成交易，它属于兑卖的方式。政府采购物资，大部分采用竞争性的公开招标办法。

国际性竞争投标，有两种做法。

(1) 公开投标(Open Bidding)。公开投标是一种无限竞争性招标。采用此这种做法时，招标人要在国内外主要报刊上刊登招标广告，凡对该项招标内容有兴趣的人均有机会购买招标资料进行投标。

(2) 选择性招标(Selected Bidding)。选择性招标又称邀请招标，它是有限竞争性招标。采用此种做法时，招标人不在报刊上刊登广告，而是根据自己具体的业务关系和情报资料由招标人对客商进行邀请，进行资格预审后，再由他们进行投标。

2. 谈判招标

谈判招标(Negotiated Bidding)又叫议标，它是非公开的，是一种非竞争性的招标。这种招标由招标人物色几家客商直接进行合同谈判，谈判成功，交易达成。

3. 两段招标(Two - stage Bidding)

两段招标是指无限竞争招标和有限竞争招标的综合方式，采用此类方式时，则是先用公开招标，再用选择招标分两段进行。

11.4.3 招标投标的基本程序

1. 招标

招标是指招标人按照国家有关规定履行项目审批手续、落实资金来源后，依法发布招标公告或投标邀请书，编制并发售招标文件等具体环节。根据项目特点和实际需要，有些招标项目还要委托招标代理机构，组织资格预审、组织现场踏勘、进行招标文件的澄清与修改等。由于这是招标投标活动的起始程序，投标人资格、评标标准和方法、合同主要条款等各项实质性条件和要求都要在招标环节得以确定，因此，对于整个招标投标过程是否合法、科学，能否实现招标目的，具有基础性影响。

2. 投标

投标是指投标人根据招标文件的要求，编制并提交投标文件，响应招标的活动。投标人参与竞争并进行一次性投标报价是在投标环节完成的，在投标截止时间结束后，不能接受新的投标，投标人也不得更改投标报价及其他实质性内容。因此，投标情况确定了竞争格局，是决定投标人能否中标、招标人能否取得预期效果的关键。

3. 开标

即招标人按照招标文件确定的时间和地点，邀请所有投标人到场，当众开启投标人提交的投标文件，宣布投标人的名称、投标报价及投标文件中的其他重要内容。开标的最基本要求和特点是公开，保障所有投标人的知情权，这也是维护各方合法权益的基本条件。

4. 评标

招标人依法组建评标委员会，依据招标文件的规定和要求，对投标文件进行审查、评审和比较，确定中标候选人。评标是审查确定中标人的必经程序。由于招标项目的中标人必须按照评标委员会的推荐名单和顺序确定，因此，评标是否合法、规范、公平、公正，对于招标结果具有决定性作用。

5. 中标

中标，也称为定标，即招标人从评标委员会推荐的中标候选人中确定中标人，并向中标人发出中标通知书，并同时将中标结果通知所有未中标的投标人。按照法律规定，部分招标项目在确定中标候选人和中标人之后还应当依法进行公示。中标既是竞争结果的确定环节，也是发生异议、投诉、举报的环节，有关方面应当依法进行处理。

6. 签订书面合同

中标通知书发出后，招标人和中标人应当按照招标文件和中标人的投标文件在规定的时间内订立书面合同，中标人按合同约定履行义务，完成中标项目。招标项目必须依法，招标人应当从确定中标人之日起 15 日内，向有关行政监督部门提交招标投标情况的书面报告。

项目小结

本项目介绍了包销协议的主要内容和包销的原则，代理的性质与特点以及分类，寄售性质特点以及协议内容，招标投标分类以及程序。

关键概念

包销(Exclusive Sales) 总代理(General Agency) 独家代理(The Exclusive Agency or Sole Agency) 寄售(Consignment) 招标(Invitation to Tender) 投标(To Submit Tender)

职业能力训练

一、讨论题

1. 包销协议的内容包括哪些？
2. 代理的性质和特点是什么？
3. 代理的类型有哪些？
4. 寄售的概念与性质是什么？
5. 寄售的特点是什么？
6. 招投标的基本程序是什么？

二、案例分析

1. 2010年3月，某销售公司与一家开发商签订了《包销协议书》，约定由销售公司包销开发商开发的100套新建商品住宅，开发商以售价7折优惠作为包销基价。同年4月，买房人刘某与该销售公司签订了《商品房预售合同》，购买销售公司包销的一套商品房，并按约支付了35万元房款给销售公司。后来，因为开发商和销售公司之间发生纠纷，销售公司未能按时交付商品房。刘某就要求解除合同，退还房款并赔偿损失，但销售公司和开发商相互推诿，均不愿承担责任。无奈之下，刘某只好将他们告到法院。

如果你是刘某，那么你如何处理呢？

2. 我国某省实业有限公司拟向南亚某国出口一批轻工产品。由于该批货物在其仓库搁置很久，属于积压物资，因此双方当事人通过多次协商，决定以寄售方式在国外销售。货物经由我公司运到目的地后，由于同类商品在当地市场竞争激烈，虽经代销商多方努力，货物销售情况非常不理想，最后只得再装运运回国内。试分析该案例的经验教训。

3. 王某是本市一套房屋的产权人。2011年5月，王某女儿拿着他的印章、身份证和房屋产权证原件委托一家房产中介公司出售房屋。中介公司及时找到了下家张某。2011年6月，王某女儿拿王某印章和张某签了房屋买卖合同，并到房地产交易中心办理了房屋过户手续。2010年8月，张某要求入住房屋时，遭到王某的拒绝。王某认为，自己的印章、身份证和房屋产权证是被女儿偷出去的，女儿的所作所为他并不知情。双方在交涉无果的情况下，王某于2010年8月15日起诉到法院，要求法院宣告房屋买卖合同无效。问题：①如果你是法院法官，你会如何判决？②此案有何启示？

4. 2011年 3 月，某房地产开发公司开发一项住宅小区配套项目，在当地发布了招标公告向社会公开招标，工程预算投资 5 000 万元，要求经选择确定的投标人在投标过程中必须提交工程预算造价的 2%作为投标保证金。A、B、C、D 这 4 家被确定为该项目投标人，在后续投标活动中，A、C、D 均按照要求提交了投标保证金，B 也开具了 100 万元的银行保函提交给招标人。在对 4 家投标文件评审中，B 公司无论是施工方案、组织管理办法、具体技术措施等都较好地符合招标人的预期目标，并且明显优于其他 3 个投标人，只因为 B 公司提交的投标保证金不符合招标文件的要求，被确定作废标处理。B 对此产生异议，遂向市招标管理处提起诉讼，要求招标人纠正错误行为。

请分析该房地产开发公司的行为有没有问题？

项目 12 有固定场所的贸易方式

工作任务

有固定场所的贸易方式主要包括展卖、拍卖以及期货交易，要掌握它们的基本概念、特点，以及展卖、拍卖的方式等内容。

学习目标

知识目标：

1. 掌握展卖的特点和优越性以及基本方式
2. 掌握拍卖的特点和方式
3. 掌握期货交易的概念

能力目标：

1. 能区分不同的拍卖方式的特点
2. 能区别现货交易与期货交易

导入案例

拍卖公司拍卖会气氛热烈，一底价5万的标的物53万成交，甲成交后拒签成交确认书，理由是被气氛感染。

【讨论】

(1) 本次拍卖没有签订成交确认书是否成立，为什么？

(2) 拍卖公司如何处理这种情况？

【解析】

(1) 本次拍卖成交，根据《中华人民共和国拍卖法》(简称《拍卖法》)竞买人的最高应价经拍卖师落槌或者以其他公开表示买定的方式确认后，拍卖成交。签署成交确认书并不是成交的必要条件，因此不签也成交。

(2) 首先要求甲签成交确认书，并履行其付款义务；如果其拒签，要求其承担违约责任；也可在征得委托人同意后再行拍卖，如果成交价低于第一次拍卖成交价，其差额部分由甲承担，并且甲应承担本人和委托人第一次拍卖的佣金。

任务 12.1 展　　卖

展卖(Fairs and Sales)是利用展览会和博览会及其他交易会形式，对商品实行展销结合的一种贸易方式。

12.1.1 展卖的特点和优越性

展卖将出口商品的展览和销售有机地结合起来，边展边销，以销为主。展卖的优越性主要表现在下列几个方面。

(1) 有利于宣传出口产品，扩大影响，招揽潜在买主，促进交易。

(2) 有利于建立和发展客户关系，扩大销售地区和范围。

(3) 有利于开展市场调研，听取消费者的意见，改进商品质量，增强出口竞争力。

(4) 在进行商品购销的同时，展示各参展商的经济成就的全貌和交流经济信息。

12.1.2 展卖的基本方式

1. 国际博览会

国际博览会又称国际集市，是指在一定地点举办的由一国或多国联合组办、邀请各国商人参加交易的贸易形式。它不仅为买卖双方提供了交易方便，而且越来越多地作为产品介绍、广告宣传，以及介绍新工艺、进行技术交流的重要方式。国际博览会可分为两种形式。

2. 综合性国际博览会

又称“水平型博览会”，即各种商品均可参展并洽谈交易的博览会。这种博览会的规模较大，产品齐全，且会期较长。

3. 专业性国际博览会

又称“垂直型博览会”，是指仅限于某类专业性产品参加展览和交易的博览会，规模较小，会期较短。

12.1.3 中国出口商品交易会

(1) 广州交易会。中国出口商品交易会(Chinese Export Commodities Fair)，又称“广州商品交易会”(Guangzhou Trade Fair)，是我国各进出口公司在广州定期联合举办的、邀请国外客户参加的一种集展览与交易相结合的商品展销会，习惯上简称“广交会”。我国于1957年举办了首届“广交会”，以后每年春秋两季各举办一次。

(2) 其他各地的交易会。

12.1.4 在国外举办展卖会

1. 自行举办展卖会

采取在国外自行举办展卖会时，相关的广告宣传费、展品的运费、保险费、展出场地的租用费以及其他杂项费用，均应由主办方自行负担。展卖结束后，剩余的展品，也由主办方自行处理。

2. 支持外商举办或与外商联合举办展卖会

支持外商在国外举办我国出口商品展卖会或与外商联合举办我国出口商品展卖会，是我国出口商品在国外展卖所采取的两种主要方式。其中前一种方式是我方将货物通过签约的方式卖断给外商，由外商在国外举办或参加展览会；后一种方式是由我方同外商合作，我方提供展品，在展卖时展品所有权仍属我方，展品的运输、保险、劳务以及其他费用一般由外商承担，展台租赁、设计、施工以及展出期间的宣传广告费用，也由外商承担，展卖的商品出售后，提供合作的外商可以从出售所得货款中得到一定的手续费作为报酬。

在合办展卖情况下，由于展品所有权不属于外商，往往会产生展卖结束后剩余展品如何处理的问题，对此，提供展卖的我方通常采用以下几种不同的处理方法。

(1) 将这部分未能销出的展品折价卖断给合作的外商，同时在付款条件方面给予一定的方便。

(2) 将这部分货物改为寄售，交由外商代销。

(3) 由双方另找合适地点，继续展卖。

(4) 提供展品的一方将确定无法销售的产品，运回国内另行处理。

一般来说，展品卖断的展卖方式比较合适于该展卖品有比较密切的客户关系或代理关系的市场。合办展卖的方式比较多地应用于开辟新地区、新市场，尤其适用于一些地理上与展卖品生产国距离遥远、无直达航线、货物在途时间长的地区。

任务 12.2 拍　　卖

拍卖在日常生活中非常常见，在金融类使用较多，也是指国家行政机关在处置国有资产时，按照《拍卖法》对国有资产以公开竞价的形式，将特定物品或者财产权转让给最高应价者的买卖方式。

12.2.1 拍卖的概念和特点

1. 拍卖的概念

拍卖(Auction)是由专营拍卖行接受货主的委托，在一定的地点和时间，按照规定的章程和规则，以公开叫价竞购的方法，最后拍卖人把货物给出价最高的买主的一种现货交易方式。

通过拍卖进行交易的商品大都是些品质的易标准化的，或是难以久存的，或是习惯上采用拍卖方式进行的商品，如茶叶、烟叶、兔毛、皮毛、木材等。某些商品，如水貂皮、澳洲羊毛，大部分的交易是通过国际拍卖方式进行的。

2. 拍卖的3个基本特点

(1) 拍卖必须有两个以上的买主。即凡拍卖表现为只有一个卖主(通常由拍卖机构充任)而有许多可能的买主，从而得以具备使后者相互之间能就其欲购的拍卖物品展开价格竞争的条件。

(2) 拍卖必须有不断变动的价格。即凡拍卖皆非卖主对拍卖物品固定标价待售或买卖双方就拍卖物品讨价还价成交，而是由买主以卖主当场公布的起始价为基准另行应报价，直至最后确定最高价金为止。

(3) 拍卖必须有公开竞争的行为。即凡拍卖都是不同的买主在公开场合针对同一拍卖物品竞相出价，争购以图，而倘若所有买主对任何拍卖物品均无意思表示，没有任何竞争行为发生，拍卖就将失去任何意义。

12.2.2 拍卖的方式

拍卖方式有英格兰式拍卖(English Auction)、荷兰式拍卖(Dutch Auction)、英格兰式与荷兰式相结合的拍卖方式。此外还有密封递价式拍卖、标准增量式拍卖、速胜式拍卖、反向拍卖以及定向拍卖。

1. 英格兰式

英格兰式拍卖也称“增价拍卖”或“低估价拍卖”。是指在拍卖过程中，拍卖人宣布拍卖标的的起叫价及最低增幅，竞买人以起叫价为起点，由低至高竞相应价，最后以最高竞价者以三次报价无人应价后，响槌成交。但成交价不得低于保留价。

2. 荷兰式

荷兰式拍卖也称“降价拍卖”或“高估价拍卖”。是指在拍卖过程中，拍卖人宣布拍卖标的物的起叫价及降幅，并依次叫价，第一位应价人响槌成交。但成交价不得低于保留价。

3. 英格兰式与荷兰式相结合的拍卖方式

英格兰式与荷兰式相结合的拍卖方式是指在拍卖过程中，拍卖人宣布起拍价后及最低增幅，由竞买人竞相应价，拍卖人依次升高叫价，以最高应价者竞得。若无人应价则转为拍卖人依次降低叫价及降幅，并依次叫价，以第一位应价者竞得。但成交价不得低于保留价。

4. 密封递价式

密封递价式拍卖又称招标式拍卖。由买主在规定的时间内将密封的报价单(也称标书)递交拍卖人，由拍卖人选择买主。这种拍卖方式，有以下两个特点：一是除价格条件外，还可能有其他交易条件需要考虑；二是可以采取公开开标方式，也可以采取不公开开标方式。拍卖大型设施或数量较大的库存物资或政府罚没物资时，可能采用这种方式。

5. 标准增量式

这是一种拍卖标的数量远大于单个竞买人的需求量而采取的一种拍卖方式(此拍卖方式非常适合大宗积压物资的拍卖活动)。卖方为拍卖标设计一个需求量与成交价格的关系曲线。竞买人提交所需标的的数量之后，如果接受卖方根据他的数量而报出的成交价即可成为买受人。

6. 速胜式

这是英格兰式拍卖的一种变体。拍卖标的物的竞价也是按照竞价阶梯由低到高、依次递增，不同的是，当某个竞买人的出价达到(大于或等于)保留价时，拍卖结束，此竞买人成为买受人。

7. 反向拍卖

反向拍卖也叫拍买，常用于政府采购、工程采购等。由采购方提供希望得到的产品的信息、需要服务的要求和可以承受的价格定位，由卖家之间以竞争方式决定最终产品提供商和服务供应商，从而使采购方以最优的性能价格比实现购买。

8. 定向拍卖

这是一种为特定的拍卖标的物而设计的拍卖方式，有意竞买者必须符合卖家所提出的相关条件，才可成为竞买人参与竞价。

12.2.3　拍卖的一般程序

拍卖业务的一般程序可分为3个阶段。

1. 准备阶段

货主把货物运到拍卖地点→委托拍卖行进行挑选和分批→拍卖行编印目录并招揽买主→参加拍卖的买主可以在规定的时间内到仓库查看货物→了解商品品质→拟定自己的出价标准，做好拍卖前的准备工作。拍卖行一般还提供各种书面资料，进行宣传以扩大影响。

2. 正式拍卖

正式拍卖是在规定的时间和地点，按照拍卖目录规定的次序逐笔喊价成交。拍卖过程中，买主在正式拍卖的每一次叫价，都相当于一项发盘，当另一竞买者报出更高价格时，该发盘即行失效。拍卖主持人以击槌的方式代表卖主表示接受后，交易即告达成。

3. 成交与交货

拍卖成交后，买主即在成交确认书上签字，拍卖行分别向委托人和买主收取一定比例的佣金，佣金一般不超过成交价的5%。买主通常以现汇支付货款，并在规定的期限内按仓库交货条件到指定仓库提货。由于拍卖前买主可事先看货，所以，事后的索赔现象较少。但如果货物确有瑕疵，或拍卖人、委托人不能保证其真伪的，必须事先声明，否则，拍卖人要负担保责任。

任务12.3　商品交易所的期货交易

期货交易是在现货交易基础上发展起来的、通过在期货交易所内成交标准化期货合约的一种新型交易方式。期货合约对商品质量、规格、交货的时间、地点等都做了统一的规定，唯一的变量是商品的价格。买卖者交纳一定的保证金后，按一定的规则就可以通过商品期货交易所公开地竞价买卖。交易遵从“公开、公平、公正”的原则。一般情况下，大多数合约都在到期前以对冲方式了结，只有极少数要进行实货交割。

12.3.1 期货交易的概念

期货交易是一种集中交易标准化远期合约的交易形式。即交易双方在期货交易所通过买卖期货合约并根据合约规定的条款约定在未来某一特定时间和地点，以某一特定价格买卖某一特定数量和质量的商品的交易行为。期货交易的最终目的并不是商品所有权的转移，而是通过买卖期货合约、回避现货价格风险。

12.3.2 期货交易与现货交易的区别和联系

期货交易与现货交易有相同的地方，如都是一种交易方式、都是真正意义上的买卖、涉及商品所有权的转移等，不同的地方有以下几点。

1. 买卖的直接对象不同

现货交易买卖的直接对象是商品本身，有样品、有实物、看货定价。而期货交易买卖的直接对象是期货合约，是买进或卖出多少张期货合约。

2. 交易的目的不同

现货交易是一手钱、一手货的交易，马上或一定时期内进行实物交收和货款结算。期货交易的目的不是到期获得实物，而是通过套期保值回避价格风险或投资获利。

3. 交易方式不同

现货交易一般是一对一谈判签订合同，具体内容由双方商定，签订合同之后不能兑现，就要诉诸法律。期货交易是以公开、公平竞争的方式进行交易。一对一谈判交易(或称私下对冲)被视为违法。

4. 交易场所不同

现货交易一般分散进行，如粮油、日用工业品、生产资料都是由一些贸易公司、生产厂商、消费厂家分散进行交易的，只有一些生鲜和个别农副产品是以批发市场的形式来进行集中交易的。但是，期货交易必须在交易所内依照法规进行公开、集中交易，不能进行场外交易。

5. 保障制度不同

现货交易有《合同法》等法律保护，合同不兑现即毁约时要用法律或仲裁的方式解决。期货交易除了国家的法律和行业、交易所规则之外，主要是以保证金制度为保障，以保证到期兑现。

6. 商品范围不同

现货交易的品种是一切进入流通的商品，而期货交易品种是有限的，主要是农产品、石油、金属商品以及一些初级原材料和金融产品。

7. 结算方式不同

现货交易是货到款清，无论时间多长，都是一次或数次结清。期货交易由于实行保证金制度，必须每日结算盈亏，实行逐日盯日制度。结算价格是以成交价为依据计算的。

项目小结

本项目介绍了展卖的特点、优越性以及基本方式，拍卖的特点和方式，期货交易的概念，以及现货交易与期货交易的区别。

关键概念

展卖(Fairs and Sales)　中国出口商品交易会(Chinese Export Commodities Fair)　拍卖(Auction)

职业能力训练

一、讨论题

1. 展卖的特点和优越性是什么?
2. 展卖的基本方式是什么?
3. 拍卖的概念和特点是什么?
4. 拍卖的方式是什么?
5. 期货交易的概念是什么?
6. 期货交易与现货交易的区别和联系是什么?

二、案例分析

1. 某拍卖公司拍卖一处房产，拍卖标的物以80万元起价，但是无人应价。相关的信息显示，拍卖会上有个别竞买人采取不正当的手段，威胁其他竞买人，意图垄断拍卖市场。拍卖公司见状及时中止了拍卖。

经过与委托人协商，拍卖公司宣布采用减价拍卖方式重新拍卖。当拍卖师报价97万元的时候，持7号牌和11号牌的竞买者同时举牌。拍卖师认定，因为同时举牌，拍卖转为增价拍卖，由7号和11号继续竞价。最终由11号以85万元的价格拍得。

拍卖成交后，7号认为本次拍卖无效，理由是：拍卖公司无权中止拍卖，在无人应价的时候，应当宣布流拍而非中止拍卖；采用减价拍卖时，7号与11号肯定不是同时应价，拍卖师应当判断出先出价者来确认成交价格，而不应转为增价拍卖，违反了拍卖规则。

问题：

(1) 在本案例中，拍卖公司是否可以中止拍卖？为什么？

(2) 在本案例中，拍卖公司在减价拍卖中的处理方法是否合法？为什么？

2. 某拍卖公司接受法院委托，对一家加油站的设备及土地使用权进行拍卖。该拍卖标的物的评估值为82万元，确定的底价为63万元。拍卖公司按照法定程序，经过公告、展示之后，举行了拍卖会，经过多轮竞价，最终刘某以 75 万元竞得。然而到了付款期限，刘某却以无法办理加油站经营权为由拒绝付款，并向拍卖公司和法院提出，该标的物属于特种行业使用设备，拍卖公司拍卖该标的物应含经营权，如果拍卖公司不能协助买受人办理经营权手续，则拍卖不能成交，并要求拍卖公司退回保证金。与此同时，强制执行案中的债权人也提出，该加油站评估值为 82 万元，而成交价为 75 万元，低于评估价格无效，并表示以此价格拍卖，他们愿意出更高价购买；同时还提出，拍卖公司拍卖前没有通知每一位债权人到场，拍卖无效。

(1) 拍卖公司是否有义务协助刘某办理经营权手续？

(2) 拍卖成交价格低于评估价格是否导致拍卖无效？

(3) 拍卖公司是否有义务通知债权人到场？债权人不到场是否影响拍卖结果？

3. 某年 4 月份大豆现货市场的价格为每吨 2 500 元，某种植大豆的农民认为这个价格可以接受——希望 7 月份大豆也能卖这个价格。为防止现货市场上的价格下降，农民于 4 月份在期货市场上卖出 9 月份交割的大豆期货，每吨成交价 2 600 元。但由于担心基差不稳定而无法达到保值效果，于是农民找到大豆的现货购买者，经协商，他们约定：7 月份内的任何一天的任何期货市场交易时间内，大豆现货购买者均可按当时期货市场的价格平掉期货合约，期货市场上的盈亏属农民，平仓后，大豆购买者按期货合约的平仓价减 100 元作为交易价，从农民那里购买大豆现货。试分析该农民此次基差交易的结果。

4. 某年 1 月份投机者观察 8 月份交割的大豆期货合约与 8 月份交割的豆粕期货合约的市场价格时发现，大豆期货合约的价格为每吨 2 300 元，豆粕的价格为每吨 1 500 元，前者与后者的价差为 800 元。投机者认为，这个价差较正常水平从数值上讲太大，且找不到合理的理由，于是他判断，价差不久会回到正常水平。

(1) 如果你与该投机者预期相同，请你设计一套套利方案。

(2) 如果 6 月份价差果然回到了每吨 500 元的正常水平上，此时，大豆期货的价格为 2 400 元，豆粕期货的价格为 1 900 元，试分析套利结果。

项目 13 无纸贸易——国际电子商务

工作任务

国际贸易是国民经济的有机组成部分，是国民经济整体中不可缺少的重要环节，在国民经济中占有重要地位。电子商务的出现，使得国际贸易的交易方式发生了根本性的变化。它冲破了国家和地区间设置的各种障碍，大大提高了国际贸易的便利化程度，促进了世界经济贸易的大发展。本项目在介绍国际贸易基本概念和我国对外贸易发展状况的基础上，重点讨论了电子商务与国际贸易的关系。

学习目标

知识目标：

1. 了解国际电子商务相关概念
2. 了解和掌握国际电子商务的分类
3. 了解国内外电子商务发展现状

能力目标：

掌握开展国际电子商务活动的基本手段和工具

导入案例

2008年年底，某商业网站在珠三角地区首推了“制造港”业务，直接针对中小制造企业。“制造港”业务的核心就是利用该网站海外市场的影响力，通过交易全程的一对一式的客户经理服务，直接在海外市场推介出口制造企业，实现这些制造企业的直接出口。从实际的职能上来看，该网站在其中就扮演了贸易公司的角色，令人惊讶的是，“制造港”业务也在第一个月就创下了300万美元订单的业绩。

【讨论】

该网站的电子商务模式按交易对象划分属于哪种类型？该类型主要特点是什么？

【解析】

该网站开展的为B2B业务，即商业机构与商业机构间的电子商务(Business - to - Business，B2B)。主要特点包括①交易次数少，交易金额大，而且远大于B2C和C2C；②交易对象广泛，可以是任何一种产品，可以是原材料，也可以是半成品或产成品，相对而言，B2C集中在生活消费用品；③交易操作规范。

任务 13.1 国际电子商务概述

当代信息技术和通信技术的发展，特别是互联网的出现，正引起传统国际贸易领域的一场伟大变革。国际电子商务的出现，必将在很大程度上改变传统的贸易方式，成为未来国际贸易的主要模式。

13.1.1 相关概念

1. 电子商务

电子商务(E - commerce，E - business)目前在国内外还没有一个统一的定义，但在通常情况下，电子商务的概念是从狭义和广义两个角度来理解的。狭义上理解的电子商务，就是指在互联网上寻找商机并完成交易的行为，例如，网上采购、网上支付、网上拍卖与网上订阅等。广义的电子商务概念是指通过现代信息技术手段从事各种商务活动。目前，在国际上更倾向于从广义角度来理解电子商务。英文中的 E - commerce 强调的是交易过程，而 E - business 的内容比 E - commerce 则更广泛，它包含了企业所有的经营活动。因此，英文的 E - business 更多的是被理解为广义的电子商务。

2. 国际电子商务

国际电子商务是指买卖双方利用现代信息技术和计算机网络，部分或全部地完成国际贸易的交易过程，包括货物贸易、服务贸易和技术贸易，其主要研究范围包括虚拟产品(服务)市场中的国际市场部分和实体产品(服务)市场中的国际市场采用电子商务交易手段的部分。它反映的是现代信息技术所带来的国际贸易过程的电子化。

3. 无纸贸易

无纸贸易至今尚无统一公认的定义，人们通常将“无纸贸易(Paperless Trading)”理解为是以电子形式进行贸易数据交换的活动。具体地说，即指在贸易链各个参与方(供应商、采购商、海关、行政机构、银行、物流公司等)之间利用信息技术手段，实现参与方应用系统间标准化的业务数据传输和处理，以完成贸易活动的交易全过程。

在实践中，无纸贸易也有狭义与广义之分。狭义的无纸贸易指的就是 EDI(Electronic Data Interchange，即“电子数据交换”)，这主要是从技术实现手段的角度来看的。其主要的含义就是贸易双方运用网络技术手段来传输商业单证和各种商业数据，以便在交易伙伴间完成交易的全部过程。其核心的内容是技术和商业数据的标准化问题。

广义理解的无纸贸易，不仅指的是商业数据交换本身，而是要包括与商业数据交换相关的主体和环境因素。它还包括企业、中间增值服务机构、政府机构等围绕企业的进出口行为所进行的商业数据从计算机到计算机的传输行为。

无纸贸易应该属于电子商务的一部分。无纸贸易反映的是电子商务在国际贸易领域的具体应用，而且强调在进出口商成交后，为了完成履约程序，在进出口商之间以及与国内外贸易服务机构、政府机构等进行的商业数据特别是商业单证的传输过程。

13.1.2 电子商务的分类

电子商务可以按不同的方法进行分类，见表 13 - 1。

1. 按交易对象划分

(1) 商业机构与消费者间的电子商务(Business - to - Customers，B2C)，如制造商直接面对国外消费者(最终用户)的直销式的贸易模式。

(2) 商业机构与商业机构间的电子商务(Business - to - Business，B2B)，即企业间利用网络进行网上交易。B2B 大多发生在企业之间的大宗交易中，如电子元器件、会计服务、商业抵押、证券、电机、网络产品、解决方案等。

(3) 商业机构与行政机构间的电子商务(Business - to - Administrations，B2A)，包括了企业与政府部门间的各项事务，如海关业务、电子征税、政府网上采购等。

(4) 消费者与政府之间的电子商务(Customers - to - Administrations，C2A)，消费者与行政机构间的贸易往来，在实际贸易中并没有真正产生，其前景如何也难以预料。

2. 按使用的网络类型分类

(1) 电子数据交换(EDI)的电子商务。它是专用网络或增值往来进行商务活动。

(2) Internet 的电子商务。由于互联网的迅猛发展，基于 Internet 的电子商务将大规模应用。

(3) Internet 企业内部网的电子商务。企业内部网是一种主要用于企业内部的各种业务通信和经营管理的网络。

3. 按国际电子商务内容分类

(1) 有形产品的间接贸易，指通过电子方式，尤其是国际互联网等来处理有形商品的洽谈、订货、开发票、收款等与货物贸易交易相关的活动，而货物本身则需要配送，采用的是不完全国际电子商务方式。

(2) 无形产品的直接贸易，指通过电子方式，尤其是国际互联网等来进行买卖电脑软件、电影、音乐、信息服务等可以数字化的无形商品，可以利用网络直接把商品送到购买者手中，采用的是完全的国际电子商务方式。

表 13-1 电子商务分类

分类方法	名称
按交易对象分类	商业机构与消费者间的电子商务
	商业机构与商业机构间的电子商务
	商业机构与行政机构间的电子商务
	消费者与政府之间的电子商务
按使用的网络类型分类	电子数据交换(EDI)的电子商务
	Internet 的电子商务
	Internet 企业内部网的电子商务
按国际电子商务内容分类	有形产品的间接贸易
	无形产品的直接贸易

13.1.3 国际电子商务在国际贸易中的作用

1. 寻找贸易伙伴

在传统的国际贸易方式下，买卖双方要寻找到合适的贸易伙伴往往要付出很大的代价。而利用电子商务物色贸易伙伴，既可以节省大量的人力、物力的投入，又不受时间、地点的限制。企业一方面可以通过建立自己的网站或借助相关电子商务平台向全球范围内的潜在客户提供产品和服务的供求信息；另一方面也可以上网搜索有关经贸信息，寻找到理想的贸易伙伴。

2. 进行交易洽商

在传统的国际贸易方式下，买卖双方一般共同选择某个确定的时间和地点，当面进行协商、谈判的活动。这种口头洽商形式容易受时间和空间的限制，过程漫长又不经济，特别是因为受时差的影响，给双方的交往带来很大的不便。即使是采用书面形式，利用电话、传真等通信手段来协助洽商，也会由于高额的通信费用和信息的不完整性而难以适应业务活动的需要。而利用国际电子商务的互联网，其便捷、低成本的通信功能和高效、强大的信息处理能力，能极大地促进买卖双方的交易磋商活动。同时交易双方还可借助电子邮件等方式适时地讨论、了解市场信息洽商交易事务。如有进一步的需求，还可用网上和白板会议来交流实时的图形信息。因此，国际电子商务方式下的交易洽商，可以跨越面对面的限制，是一种方便的异地交流方式。

3. 电子签约及网上支付

在传统的国际贸易方式下，交易的各个环节都需要人工的参与，交易效率相对较低，错误发生率高。而利用电子商务开展国际贸易，双方可采用标准化、电子化的格式合同，借助网站间的电子邮件实现瞬间的交互传递，及时完成交易合同的签订。同时可通过银行和信用卡公司的参与实现网上支付。国际贸易中的网上交付，对于可以直接通过互联网传递交付的软件、影音、咨询服务等无形产品交易来说极为便利，不但可节省很多人员的开销，而且，随着网络安全技术的不断发展，网上支付对国际贸易的作用将会更加突出。

4. 简化交易管理

国际贸易业务涉及政府的多个职能部门，如工商、税务、金融、保险、运输等部门。因此，对国际贸易的管理包括了有关市场法规、税务征管、报关、交易纠纷仲裁等多个环节。在传统的国际贸易方式下，企业必须单独与上述相关单位打交道，要花费大量的人力、物力，也要占用大量的时间。而电子商务使国际贸易的交易管理无纸化、网络化，企业可直接通过互联网办理与银行、保险、税务、运输等各方相关的电子票据和电子单证，完成部分或全部的结算以及索赔等工作，从而大大节省了交易过程的时间和费用。

13.1.4 国际电子商务在国际贸易中的优势

1. 可显著降低国际贸易成本

在传统的有纸贸易中，各项费用(如纸张费、差旅费)所占比重很大，一般认为，这些费用约占贸易额的7%。若采用EDI技术，则上述费用可减少50%以上。按我国近几年的外贸规模计算，采用电子商务后我国每年可节省数十亿美元的费用，这是相当可观的。交易成本的降低还体现在由于减少了大量的中间环节，使买卖双方可以通过网络直接进行商务活动，交易费用明显下降。在传统的国际贸易业务中，由于大量中间商的参与，使得国外进口商的进货价往往是国内生产企业交货价的5～10倍。而现今的国际电子商务平台则直接把我国的生产企业和国外的进口商的供求信息整合在网上，让它们在网上直接交易，中间环节的减少使各方都得到了实惠。

2. 可显著提高贸易效率

传统的有纸贸易中，单证的编制、修改、审核等一系列操作占用了大量的时间。根据国外的统计，在一笔货物买卖合同中，在不同的计算机之间贸易数据的重复录入率达70%。这无疑影响了货物的正常流通。采用电子商务则利用网络实现信息共享，通过网络对各种单证实现瞬间传递，不必重复输入，不但节省了单证的传输时间，而且能有效地减少由于纸面单证中数据重复录入导致的各种错误，提高了贸易效率。例如新加坡实行EDI后，单证处理的速度由原来的平均3天降至15～30分钟。

3. 可显著降低差错率

在传统的单证贸易中，由于各业务阶段都必须由人工参与，故单证不一致、单单不一致的情况是很惊人的。如英国米兰德银行(Midland Bank)与英国国际贸易程序简化署(SIT-PRO)在20世纪80年代的随机统计结果显示，单据不符率在50%左右(1983年为49%，1986年为51.4%)。电子商务因通过计算机网络自动传输数据，不需人工干预，并且不受时间限制，差错率大幅度降低。

4. 减少贸易壁垒，扩大贸易机会

由于互联网的全球性和开放性，从一开始国际电子商务就成为电子商务的自然延伸，并成为其有机组成部分。网络彻底地消除了地域的界限，对减少国际贸易中的有形和无形壁垒起了积极的作用。在网上做生意，没有了宗教信仰的限制，也没有了种族的歧视，甚至公司的规模和经济实力的差别都显得不再重要。因而在国际贸易中采用电子商务这个有效工具，主动出击市场，寻找更多的贸易机会，成为一种顺理成章的选择。

5. 减轻对实物基础设施的依赖

传统的企业开展国际贸易业务都必须有大量的实物基础设施，如办公用房、仓储设施、产品展示厅、销售店铺等。而如果利用国际电子商务开展国际贸易业务，则在基础设施方面的投入要小许多。企业就可以将由此而节省的开支大部分让渡给顾客，从而增强竞争力。

13.1.5 基于 Internet 的国际贸易

1. 在 Internet 上开展国际贸易

随着 Internet 应用的普及，已经有越来越多的企业认识到互联网的重要性。这些企业通过在互联网上宣传产品和企业，扩大贸易渠道，增加竞争力。对于外贸企业来讲，Internet 的作用更为重要。从目前来看，EDI 还未能普遍应用于国际贸易，因此，仍有很多商务活动可以在 Internet 上开展。

(1) 确定是否要设立一个网站。有条件的企业可以设立一个自己的网站。但对于许多中小企业来说，可以委托设计，或者把自己的网页放在别人的网站上。

(2) 设计网页。网页的设计是让别人来访问的。如果自己设立网站，则可把网页放在自己的网站上；如果自己不设立网站，可以把网页放在租用的网站上。网页上的主要内容是宣传企业和产品、提供信息服务。

(3) 参展：参加网上商品展览会，可以获得更多的贸易机会，而且费用较低。

(4) 在网上开展市场调研和市场分析。

(5) 利用电子邮件进行业务联系和具体的磋商。贸易双方可以就商品的种类、包装、数量、交货地点、价格、交货时间、运输方式、支付方式等交易条件开展磋商。

(6) 可以在网上传递一些商品照片、说明书、图样，以利于成交。当然，有些商品还需寄送样品。

(7) 在最初的交易磋商中，最好明确一下合同订立的形式，即是否需要以书面合同作为合同成立的条件。

(8) 在履行合同中，贸易双方也可通过 Internet 传递有关信息。例如，询问某些事项办理的进展情况，向对方发出通知，传递有关单证；当然，有些正本单证采用电子方式时要考虑到安全及法律效力问题。

贸易各方要与可能涉及的政府外贸管理、运输、保险、两检、银行、税务等机构办理手续。根据这些机构的规定，可以通过一定的电子方式办理手续和传递有关的单证。现在有相当一部分手续和单证可通过 EDI 来进行。基于 Internet 的国际贸易与基于 EDI 的国际贸易很大的不同。由于 Internet 是开放性的网络，没有统一的管理机构，缺乏有关商务活动的立法，在 Internet 上传送的不是标准的格式化数据，从而不能被贸易商自己的计算机管理系统直接利用，所以，很多国际贸易单证不能在网上以电子方式传递。这给国际贸易的电子商务活动带来了较大的障碍。而 EDI 不存在这些方面的问题。因此，EDI 的电子商务水平比 Internet 高，在理论上能做到商务的完全电子化。但是，Internet 上开展电子商务要求简单，容易实施；而 EDI 实施则较复杂困难。这是当前 Internet 用于电子商务的发展远远超过 EDI 的原因。

2. 电子制单

电子制单是指在国际贸易中，交易双方凭借计算机手段来制作货物、运输、保险、商检和银行付款凭证等单据或证书，通过互联网进行传递及确认相互业务的法律行为，它在同际贸易结算中起到所有权转移的物件凭证和有价证券的作用。

【启发思考】 未来是否可以真正实现彻底的无纸化贸易？为什么？

任务 13.2 我国国际电子商务发展概述

13.2.1 我国国际电子商务发展现状

近年来，我国的国际电子商务快速发展，交易额连创新高，国际电子商务在各行业的应用不断拓展和深化、相关服务业蓬勃发展、支撑体系不断健全完善、创新的动力和能力不断增强。电子商务正在与实体经济深度融合，成为推动国民经济增长的新动力。但与北美、欧洲、日本等发达国家的电子商务高速发展的现状相比，我国的电子商务起步较晚，起点也较低。

自从1995—1996年电子商务概念引入我国之后，在我国政府及信息化主管部门的指引下，我国的电子商务经历了以下几个阶段。

(1) 1990—1993年，开展EDI的电子商务应用阶段。我国20世纪90年代开始开展EDI的电子商务应用，自1990年开始，原国家计划委员会、原国家科学技术委员会将EDI列入“八五”国家科技攻关项目；1991年9月由国务院电子信息系统推广应用办公室牵头8个部委局发起成立中国促进EDI应用协调小组，同年10月成立中国EDIFACT委员会并参加亚洲EDIFACT理事会。

(2) 1993—1997年，政府推动“三金”工程阶段，为电子商务发展打基础。1993年国民经济信息化联席会议及其办公室，相继组织了金关、金卡、金税等“三金”工程，取得了重大进展。1994年10月亚太地区电子商务研讨会在京召开，使电子商务概念开始在我国传播。1995年，中国互联网开始商业化，互联网公司开始兴起。1996年，金桥网与因特网正式开通。1997年，信息办组织有关部门起草编制我国信息化规划，1997年4月在深圳召开全国信息化工作会议，各省市地区相继成立信息化领导小组及其办公室各省开始制订本省包含电子商务在内的信息化建设规划。1997年，广告主开始使用网络广告。1997年4月以来，中国商品订货系统(CGOS)开始运行。

(3) 1998—2000年，进入互联网电子商务发展阶段。1998年3月，我国第一笔互联网网上交易成功。1998年7月，中国商品交易市场正式宣告成立，被称为永不闭幕的广交会。1999年3月，8848等B2C网站正式开通，网上购物进入实际应用阶段。1999年兴起政府上网、企业上网，电子政务、网上纳税、网上教育、远程诊断等广义电子商务开始启动，已有试点并进入实际试用阶段。

(4) 2001年至今，我国电子商务进入了务实发展阶段。电子商务逐渐以从传统产业较变为以B2B为主体。电子商务服务商正在从虚幻、风险资本市场转向现实市场需求的变化，与有商务传统的企业结合，同时开始出现一些较为成功、开始赢利的电子商务应用。由于基础设施等外部环境、电子商务应用方式的进一步完善，现实市场对电子商务的需求正在成熟。电子商务软件和解决方案的本土化趋势加快，国内企业开发着眼于国内应用的电子商务软件和解决方案并逐渐在市场上占据主导。我国电子商务全面启动并已初见成效，基于网络的电子商务的优势将进一步发挥出来。

2007年9月，商务部中国国际电子商务中心与海关总署中国电子口岸数据中心正式在身份认证、电子政务和电子商务、软件出口3个方面进行全方位的合作。这使我国电子政务和国际电子商务的全面发展，实现跨部委信息共享又往前迈了一大步。2008年我国电子商务交易额达到3.1万亿元，同比增长43%，电子商务以较快的速度发展。

13.2.2 我国国际电子商务发展存在的问题

1. 行政管理体制方面存在的问题

(1) 信息化管理体系问题。国际贸易与其他商贸活动相比，最大的不同就是它涉及众多的单位和相关的业务。有的部门本身责任重大，为安全起见，与外经贸的网络连接还不能一步到位，目前还不能完全做到外经贸数据、信息的水平分流。有的交易涉及海关、银行、保险、运输、商检等十余个部门，它的运作伴随大量的单证、票据和文件。贸易伙伴位于不同的国家地区，而跨国间的在线支付还没有相应的国际标准，也缺少相应的国际法规来保证支付的安全性和保障交易双方的合法权益，因此外贸领域的传统信用证支付手段明显落后于电子商务其他环节的发展。而且对外贸易运输的电子化、网络化管理程度不高，效率还很低。虽然我国海关和商务部以实现了网络互连合作、资源共享，国际电子商务向前迈了一大步，但国际贸易过程中涉及的银行、商检、运输等其他各部门之间网络要实行一体化式的统一的信息化管理体系还有很长一段路要走。

(2) 国际电子商务安全与立法问题。如何保证商业秘密不被窃取、维持数据库的保密性、防止商业欺诈、支付系统不被破坏，以及如何判定交易方的身份及用户信用、电子签名的真伪、如何保证商家的收益等都涉及国际电子商务的安全性问题。无法保障这些，将大大降低开展国际电子商务的信心。在电子商务交易中，商家、客户和银行等各参与方是通过开放的互联网连接在一起的，相互之间的信息传递也要通过互联网来进行，但由于互联网的高度开放性与电子商务所要求的保密性是矛盾的，而互联网本身又没有完整的网络安全体制，因此电子商务交易的安全性问题已是实现电子商务的关键所在。而且我国的信息化程度较低，相应的立法工作也滞后。我国目前只颁布了一系列有关互联网的管理规定，虽在其他相关法律文件的修订中考虑了电子商务的发展趋势，如在新颁布的《合同法》的合同形式条款中加进了"数据电文"这一新的电子交易形式，在《专利法实施条例》中规定可通过电子通信方式提出专利申请等，但还没有出台专门针对电子商务交易的法律法规。因此，安全与立法问题是我国发展国际电子商务道路上所必须解决的一道难题。

(3) 国际电子商务技术标准与标准化模式的发展问题。国际电子商务的本质是互联、互通、互操作，而这是奠定在国际电子商务平台具有统一标准的基础上的。而行业标准研究、制定，以及标准化模式的制定都是实现国际电子商务所必须要解决的问题。为了解决互联、互通、互操作问题，许多公司提出了B2B电子商务架构，这些架构旨在提供通过互联网实现企业之间高效互操作的功能，国际性标准化组织(如ISO、IEC、ITU)、国际互联网协会(ISOC)、企业联盟性标准化组织等许多国际组织，也都对电子商务及国际电子商务标准化模式进行了研究、分析。但这些标准及标准化模式实质上还很难达到真正意义上的统一。

(4) 物流配送体系问题。世界各国电子商务物流模式主要有3种：①网上物流，即将电子商务商品通过互联网由供应者手中转移到消费者手中；②第三方物流，即由供应者和消费者以外的第三方来完成物流服务；③自营物流，即由供应者或者消费者本身完成物流活动。良好的物流环境为世界发达国家国际电子商务的发展奠定了坚实的基础。许多发展中国家支撑电子商务发展的物流体系尚未建立起来，物流信息化程度低，制约了国际电子商务的进一步发展。

2. 企业方面存在的问题

(1) 我国互联网质量及网络基础设施跟不上国际贸易的发展需要，国际电子商务人才严重匮乏。我国企业的实际情况是：信息更新不及时、访问效率低，我国互联网的信道狭窄，信息传输速度慢。有些商业网站高收费、低服务，制作的网页不实用，也阻碍了我国国际电子商务的发展进程。国际电子商务的开展，需要企业拥有各方面人才，特别是计算机管理、软件开发、应用与维护、网络技术和国际贸易知识相结合的人才，而目前高校对这方面人才的培养远远不够。现在许多企业都严重缺乏这样高素质的技术人才来处理国际电子商务所遇到的各种问题，尤其是在全球Internet上的电子商务具有24×7(每天24小时，每周7天都能工作)的要求，迫切需要有一大批专业技术人员进行管理。国际电子商务技术人才的短缺问题已经成为阻碍国际电子商务发展的一个重要因素。

(2) 中小企业受规模等因素的限制。作为我国企业主流和国际电子商务应用主流的中小企业，与传统的大公司相比，中小企业具有规模小、管理费用低、机制比较灵活等优势。但是，由于资金和人才的缺乏以及对国际电子商务认识不足、方向不明等多种原因的影响，大多数中小企业的“信息化”仍停留在计算机打字和财会电算化的阶段。到目前为止，中小企业上网率还较低，即使在上网的企业中，很大一部分并没有达到降低成本的目的，反而加重了企业的负担。实际工作中能够利用网络进行有效营销、交易和管理的中小企业就更是凤毛麟角了。

(3) 我国国际电子商务的发展缺乏专业性服务。我国企业没有形成一个组织有序的供应商团队，海外买家有市场供应需求时，不可能有的放矢地从分门别类的数据库中找寻自己的需求对象。我国网络发展的高门槛、低服务，造成了国际电子商务还没有真正成为我国外经贸企业日常贸易行为的主要形式。

(4) 企业信用危机问题。近几年来，风起云涌的电子商务大潮使大大小小的网站走到了同一平台之上，但企业信用成为国际电子商务新的发展瓶颈。我国部分外贸企业信誉观念的淡薄，商务信用环境的缺陷，令外国企业和投资者困扰和担心。这种担心不一定会让所有的外国企业和投资者望而却步，但却会加大人们吸引外资的成本，从而提高贸易成本。因此，企业信用在企业电子化过程中起着重要的作用，企业信用危机问题也是我国国际电子商务发展道路上的一道难题。

13.2.3　我国国际电子商务发展的对策

1. 政府方面发展对策

(1) 进一步完善法律、法规、政策、税收等建设，加大投入，为外贸电子商务竞争力提升提供支持。我国应借鉴国外经验，针对电子商务的发展，执行有效的电子商务行动纲领；建立完善的《电子商务法》，健全关税、支付、版权、专利、消费者权益等方面的法律法规；尽快建立适应国际电子商务的税收征管体系，实行减税、免费等激励措施；加强外贸电子商务服务体系建设，成立专门指导机构，对不同类型外贸企业提供服务。

(2) 建立健全安全认证体系。按照有关法律规定，制订电子商务安全认证管理办法，进一步规范密钥、证书、认证机构的管理，注重责任体系建设，发展和采用具有自主知识产权的加密和认证技术；整合现有资源，完善安全认证基础设施，建立布局合理的安全认证体系，实现行业、地方等安全认证机构的交叉认证，为社会提供可靠的电子商务安全认证服务。

(3) 参与国际标准的制定与合作，积极与国际市场接轨。当前欧美各国，尤其是美国各大公司都试图将各自产品的标准纳入因特网的国际标准中，以使自己的产品在激烈的竞争中处于领导地位。这意味着一旦基于因特网的电子商务成为国际通行的贸易手段，谁制定了标准，谁就有了发言权和优先权。我国外贸电子商务的发展，要适应经济全球化的形势，要通过制定相应国际标准，积极与国际市场接轨，提高国际合作地位，应积极开展有关国际组织的合作，对跨国电子商务中出现的关税问题、税收管辖问题、纠纷仲裁问题、标准问题等，开展双边和多边的国际磋商，逐一落实解决，积极参与有关国际公约的制定，促进国际电子商务的开展，保护我国企业在国际电子商务活动中的正当权益“继续开展多双边电子商务合作工作，通过电子商务手段促进多双边及区域经贸合作。建立并完善电子商务国家标准体系。提高标准化意识，充分调动各方面积极性，抓紧完善电子商务的国家标准体系；鼓励以企业为主体，联合高校和科研机构研究制订电子商务关键技术标准和规范，参与国际标准的制订和修正，积极推进电子商务标准化进程”。

(4) 融入全球网上支付体系，提高跨国资金流通效率。我国应根据电子商务特点，融入全球网上支付体系，提高跨国资金流通效率。外贸行业应加强与银行的合作，共同开发适合跨国汇兑的电子支付工具，实现外贸电子商务跨国支付。此外，国内银行间，国内银行与国外银行间应加强合作，从技术上、政策上为企业跨国支付提供保障，以解决如各大银行支付系统不统一给用户使用带来的不便，以及跨国电子支付存在的货币兑换等问题。在网络建成的基础上，应加快银行业务处理系统、现代化支付清算系统和银行管理信息系统的建设，研究各银行网上支付系统的兼容性与协调性，确立并执行跨行、跨国网上支付综合解决方案。加紧制订在线支付业务规范和技术标准，研究风险防范措施，加强业务监督和风险控制；积极研究第三方支付服务的相关法规，引导商业银行、中国银联等机构建设安全、快捷、方便的在线支付平台，大力推广使用银行卡、网上银行等在线支付工具；进一步完善在线资金清算体系，推动在线支付业务规范化、标准化并与国际接轨。

(5) 发展现代物流体系。充分利用铁道、交通、民航、邮政、仓储、商业网点等现有物流资源，完善物流基础设施建设；广泛采用先进的物流技术与装备，优化业务流程，提升物流业信息化水平，提高现代物流基础设施与装备的使用效率和经济效益；发挥电子商务与现代物流的整合优势，大力发展第三方物流，有效支撑电子商务的广泛应用。

(6) 加强电子商务的教育培训和理论研究。高等院校要进一步完善电子商务相关学科建设，培养适应电子商务发展需要的各类专业技术人才和复合型人才，加强电子商务理论研究；改造和完善现有教育培训机构，多渠道强化电子商务继续教育和在职培训，提高各行业不同层次人员的电子商务应用能力。

(7) 加强国际交流与合作。积极参加有关电子商务的国际组织，参与国际电子商务重要规则、条约与示范法的研究和制定工作。密切跟踪研究国际电子商务发展的动态和趋势，加强技术合作，推动市场融合，不断提高我国电子商务的整体水平。

2. 企业方面发展对策

(1) 大力推动企业自身信息化进程。外贸企业要在政府指导下做好企业信息化组织工作，制定好发展战略规划。同时转变发展国际电子商务的错误的认识，真正把企业信息化进程作为企业发展的战略目标，投入大量资金引进计算机管理、软件开发、应用与维护、网络技术和国际贸易知识相结合的高素质的国际电子商务专门人才，加大自身的网络基础设施的建设，推进企业的电子化进程。

(2) 中小联合企业建立“行业性一站式国际电子商务平台”也是当前可行的一条国际电子商务发展道路。大多数中小企业由于条件有限，不可能像许多大企业一样建立自己大而全的网站、信息管理系统和平台。所谓“行业性一站式国际电子商务平台”，是指在 Internet 的基础上，以具有外贸服务功能和信誉的国家大型企业为依托，在虚拟的交易环境下，以某一行业产品只需交纳一定数量的会员费和交易费就能开展电子商务，展示企业的产品，参与贸易行为。另外会员企业进行联合采购将有利于整合行业资源，促进供应链伙伴之间的协作，从而达到会员企业和整个行业成本的降低。再次，它解决了目前普遍存在的网络贸易“信任危机”问题。该平台所依托的大型外贸企业为平台本身提供了良好的商业信誉。对于中小企业而言，平台是买方，对于购买商而言，平台是卖方。这一点，最能充分显示一站式国际电子商务平台的可信度与安全性，从而显示出强大的生命力。

(3) 建立人性化的国际 CRM(Customer Relationship Management)系统。CRM 的核心思想在于：了解客户所想，满足客户所想，从而提高企业经营绩效。外贸企业建立 CRM，不但能有效避免传统贸易手段中对业务员的过度依赖，而且能更加快速、方便、高效地实现前端客户交互，满足客户服务，通过市场营销、综合客服、销售支持、客户管理、合作伙伴管理和产品管理等功能，为国内外客户与企业交互和资料收集提供多种接入渠道，为市场营销及客户服务提供全过程的自动化管理和协同合作，支持企业的经营战略，为企业战略、战术的决策分析提供有效支持，值得注意的是，外贸企业的客户关系复杂，涉及不同国家的不同语言、文化、习惯、法律、技术水平等差异，因此，外贸企业的 CRM 系统的人性化应尊重各国国情，尽量满足不同国家尤其是企业主要贸易伙伴和贸易地区的不同要求。随着我国民众规则意识、竞争意识、信用意识、风险意识和经济全球化意识的增强，以及政府相关体制、法律的不断完善，我国整体的信息化水平将产生巨大的飞跃，网络金融、政府信息化和企业信息化将会有充分的发展，全民信息化水平将得到普遍提高，我国的国际电子商务行业的发展也必将跨上新台阶。

(4) 积极参与国际竞争。企业要强化国际竞争意识，积极应用电子商务开拓国际市场，提高国际竞争能力。有关部门要提高服务意识和服务水平，发挥信息资源优势，为企业走向国际市场提供及时准确的信息和优质的服务。

【启发思考】 你知道有哪些国内知名企业国际电子商务业务开展得比较好？请列举一至两家企业的国际电子商务开展的具体策略。

项目小结

国际电子商务的核心在于国际贸易过程利用现代信息技术和计算机网络手段进行交易，其类型可以根据交易对象、网络类型，以及电子商务内容进行划分。我国的国际电子商务发展经历了4个阶段，在行政管理体系和企业自身发展两个方面还存在一些制约我国国际电子商务发展的瓶颈问题亟待解决。

关键概念

电子商务(E－commerce，E－business)

电子数据交换(Electronic Data Interchange，EDI)
商业机构与消费者间的电子商务(Business - to - Customers，B2C)
商业机构与商业机构间的电子商务(Business - to - Business，B2B)
商业机构与行政机构间的电子商务(Business - to - Administrations，B2A)
消费者与政府之间的电子商务(Customers - to - Administrations，C2A)

职业能力训练

一、讨论题

1. 国际电子商务类型有哪些?
2. 国际电子商务发展的现状和发展趋势如何?
3. 我国电子商务发展存在哪些问题?

二、案例分析

进军电子商务是海尔集团国际化战略的必由之路。国际化是海尔目前一个重要发展战略。而电子商务是全球经济一体化的产物，所以，海尔必须要进入，而且要做好，没有回头路。海尔是国内大型企业中第一家进入电子商务业务的公司，率先推出电子商务业务平台。不是为了概念和题材的炒作，而是要进入一体化的世界经济，为此海尔累计投资1亿多元建立了自己的IT支持平台，为电子商务服务。

目前，在海尔集团内部有内部网、有ERP的后台支持体系。现在有7个工业园区，各地还有工贸公司和工厂，各种信息系统(比如物料管理系统，分销管理系统，电话中心，C3P系统等)的应用也日益深入。海尔以企业内部网络，企业内部信息系统为基础，以因特网(外部网，海尔从1996年底起就建立了自己的网站)为窗口，搭建起了真正的电子商务平台。

海尔电子商务从两个重要的方面促进了新经济的模式运作的变化。一是B2B(企业对企业)的电子商务来说，它促使外部供应链取代自己的部分制造业务；通过B2B业务，仅给分供方的成本的降低就获得8～12%。从B2C的电子商务的角度，它促进了企业与消费者的继续深化的交流，这种交流全方位提升了企业的品牌价值。

一位供应商在通过Internet与海尔进行交易后给海尔来了一封信：我是一家国际公司的中国业务代表，以前我每周都要到海尔，既要落实订单，还要每天向总部汇报工作进展，非常忙碌。有时候根本顾不上拓展新的业务。……自从海尔启用电子商务采购系统后，可以在网上参加招投标、查订单、跟踪订单等等工作，大大节省了人力、物力和财力，真是一个公开、公平、高效的平台。而且我也有更多的时间来了解海尔的需求，并为公司又谈下了一笔大生意，得到了公司的表扬。我们总部也是刚刚采用类似的系统，而在海尔已经运作起来了，与海尔合作体现了国际的先进手段和效率!

根据上述案例分析，请回答下列问题：

(1) 海尔集团通过建立电子商务体系给自己的国际化带来了什么优势?

(2) 结合本案例，分析企业应如何制定自己的国际电子商务策略。

附录　联合国国际货物销售合同公约

联合国国际货物销售合同公约

（1980 年 4 月 11 日订于维也纳）

本公约各缔约国，铭记联合国大会第六届特别会议通过的关于建立新的国际经济秩序的各项决的广泛目标，考虑到在平等互利基础上发展国际贸易是促进各国间友好关系的一个重要因素，认为采用照顾到不同的社会、经济和法律制度的国际货物销售合同统一规则，将有助于减少国际贸易的法律障碍，促进国际贸易的发展，兹协议如下。

第一部分　适用范围和总则

第一章　适 用 范 围

第一条

（1）本公约适用于营业地在不同国家的当事人之间所订立的货物销售合同。

（a）如果这些国家是缔约国。

（b）如果国际私法规则导致适用某一缔约国的法律。

（2）当事人营业地在不同国家的事实，如果从合同或从订立合同前任何时候或订立合同时，当事人之间的任何交易或当事人透露的情报均看不出，应不予考虑。

（3）在确定本公约的适用时，当事人的国籍和当事人或合同的民事或商业性质，应不予考虑。

第二条

本公约不适用于以下的销售。

（a）购供私人、家人或家庭使用的货物的销售，除非卖方在订立合同前任何时候或订立合同时不知道而且没有理由知道这些货物是购供任何这种使用。

（b）经由拍卖的销售。

（c）根据法律执行令状或其他令状的销售。

（d）公债、股票、投资证券、流通票据或货币的销售。

（e）船舶、船只、气垫船或飞机的销售。

（f）电力的销售。

第三条

（1）供应尚待制造或生产的货物的合同应视为销售合同，除非订购货物的当事人保证供应这种制造或生产所需的大部分重要材料。

（2）本公约不适用于供应货物一方的绝大部分义务在于供应劳力或其他服务的合同。

第四条

本公约只适用于销售合同的订立以及卖方和买方因此种合同而产生的权利和义务。

特别是，本公约除非另有明文规定，与以下事项无关。

(a) 合同的效力，或其任何条款的效力，或任何惯例的效力。

(b) 合同对所售货物所有权可能产生的影响。

第五条

本公约不适用于卖方对于货物对任何人所造成的死亡或伤害的责任。

第六条

双方当事人可以不适用本公约，或在第十二条的条件下，减损本公约的任何规定或改变其效力。

第二章　总　　则

第七条

(1) 在解释本公约时，应考虑到本公约的国际性质和促进其适用的统一，以及在国际贸易上遵守诚信的需要。

(2) 凡本公约未明确解决的属于本公约范围的问题，应按照本公约所依据的一般原则来解决，在没有一般原则的情况下，则应按照国际私法规定适用的法律来解决。

第八条

(1) 为本公约的目的，一方当事人所作的声明和其他行为，应依照其意旨解释，如果另一方当事人已知道或者不可能不知道此一意旨。

(2) 如果上一款的规定不适用，当事人所作的声明和其他行为，应按照一个与另一方当事人同等资格、通情达理的人处于相同情况中，应有的理解来解释。

(3) 在确定一方当事人的意旨或一个通情达理的人应有的理解时，应适当地考虑到与事实有关的一切情况，包括谈判情形、当事人之间确立的任何习惯作法、惯例和当事人其后的任何行为。

第九条

(1) 双方当事人已同意的任何惯例和他们之间确立的任何习惯做法，对双方当事人均有约束力。

(2) 除非另有协议，双方当事人应视为已默示地同意对他们的合同或合同的订立适用双方当事人已知道或理应知道的惯例，而这种惯例，在国际贸易上，已为有关特定贸易所涉同类合同的当事人所广泛知道并为他们所经常遵守。

第十条

为本公约的目的：

(a) 如果当事人有一个以上的营业地，则以与合同及合同的履行关系最密切的营业地为其营业地，但要考虑到双方当事人在订立合同前任何时候或订立合同时所知道或所设想的情况。

(b) 如果当事人没有营业地，则以其惯常居住地为准。

第十一条

销售合同无须以书面订立或书面证明，在形式方面也不受任何其他条件的限制。

销售合同可以用包括人证在内的任何方法证明。

第十二条

本公约第十一条、第二十九条或第二部分准许销售合同或其更改或根据协议终止，或者任何发价、接受或其他意旨表示的以书面以外任何形式做出的任何规定不适用，如果任何一方当事人的营业地是在已按照本公约第九十六条做出了声明的一个缔约国内，各当事人不得减损本条或改变其效力。

第十三条

为本公约的目的，“书面”包括电报和电传。

第二部分　合同的订立

第十四条

(1) 向一个或一个以上特定的人提出的订立合同的建议，如果十分确定并且表明发价人在得到接受时承受约束的意旨，即构成发价。一个建议如果写明货物并且明示或暗示地规定数量和价格或规定如何确定数量和价格，即为十分确定。

(2) 非向一个或一个以上特定的人提出的建议，仅应视为邀请做出发价，除非提出建议的人明确地表示相反的意向。

第十五条

(1) 发价于送达被发价人时生效。

(2) 一项发价，即使是不可撤销的，得予撤回，如果撤回通知于发价送达被发价人之前或同时，送达被发价人。

第十六条

(1) 在未订立合同之前，发价得予撤销，如果撤销通知于被发价人发出接受通知之前送达被发价人。

(2) 但在下列情况下，发价不得撤销。

(a) 发价写明接受发价的期限或以其他方式表示发价是不可撤销的。

(b) 被发价人有理由信赖该项发价是不可撤销的，而且被发价人已本着对该项发价的信赖行事。

第十七条

一项发价，即使是不可撤销的，于拒绝通知送达发价人时终止。

第十八条

(1) 被发价人声明或做出其他行为表示同意一项发价，即是接受，缄默或不行动本身不等于接受。

(2) 接受发价于表示同意的通知送达发价人时生效。如果表示同意的通知在发价人所规定的时间内，如未规定时间，在一段合理的时间内，未曾送达发价人，接受就成为无效，但须适当地考虑到交易的情况，包括发价人所使用的通信方法的迅速程序。对口头发价必须立即接受，但情况有别者不在此限。

(3) 如果根据该项发价或依照当事人之间确立的习惯作法和惯例，被发价人可以做出某种行为，例如与发运货物或支付价款有关的行为，来表示同意，而无须向发价人发出通知，则接受于该项行为做出时生效，但该项行为必须在上一款所规定的期间内做出。

第十九条

(1) 对发价表示接受但载有添加、限制或其他更改的答复，即为拒绝该项发价，并构成还价。

(2) 对发价表示接受但载有添加或不同条件的答复，如所载的添加或不同条件在实质上并不变更该项发价的条件，除发价人在不过分迟延的期间内以口头或书面通知反对其间的差异外，仍构成接受。如果发价人不做出这种反对，合同的条件就以该项发价的条件以及接受通知内所载的更改为准。

(3) 有关货物价格、付款、货物质量和数量、交货地点和时间、一方当事人对另一方当事人的赔偿责任范围或解决争端等的添加或不同条件，均视为在实质上变更发价的条件。

第二十条

(1) 发价人在电报或信件内规定的接受期间，从电报交发时刻或信上载明的发信日期起算，如信上未载明发信日期，则从信封上所载日期起算。发价人以电话、电传或其他快速通讯方法规定的接受期间，从发价送达被发价人时起算。

(2) 在计算接受期间时，接受期间内的正式假日或非营业日应计算在内。但是，如果接受通知在接受期间的最后1天未能送到发价人地址，因为那天在发价人营业地是正式假日或非营业日，则接受期间应顺延至下一个营业日。

第二十一条

(1) 如果发价人毫不迟延地用口头或书面将此种意见通知被发价人逾期接受仍有接受的效力。

(2) 如果载有逾期接受的信件或其他书面文件表明，它是在传递正常、能及时送达发价人的情况下寄发的，则该项逾期接受具有接受的效力，除非发价人毫不迟延地用口头或书面通知被发价人其发价已经失效。

第二十二条

接受得予撤回，如果撤回通知于接受原应生效之前或同时，送达发价人。

第二十三条

合同于按照本公约规定对发价的接受生效时订立。

第二十四条

为公约本部分的目的，发价、接受声明或任何其他意旨表示“送达”对方，系指用口头通知对方或通过任何其他方法送交对方本人，或其营业地或通讯地址，如无营业地或通讯地址，则送交对方惯常居住地。

第三部分 货物销售

第一章 总 则

第二十五条

一方当事人违反合同的结果，如使另一方当事人蒙受损害，以致实际上剥夺了其根据合同规定有权期待得到的东西，即为根本违反合同，除非违反合同一方并不预知而且一个同等资格、通情达理的人处于相同情况中也没有理由预知会发生这种结果。

第二十六条

宣告合同无效的声明，必须向另一方当事人发出通知，方始有效。

第二十七条

除非公约本部分另有明文规定，当事人按照本部分的规定，以适合情况的方法发出任何通知、要求或其他通知后，这种通知如在传递上发生耽搁或错误，或者未能到达，并不使该当事人丧失依靠该项通知的权利。

第二十八条

如果按照本公约的规定，一方当事人有权要求另一方当事人履行某一义务，法院没有义务做出判决，要求具体履行此一义务，除非法院依照其本身的法律对不属本公约范围的类似销售合同愿意这样做。

第二十九条

(1) 合同只需双方当事人协议，就可更改或终止。

(2) 规定任何更改或根据协议终止必须以书面做出的书面合同，不得以任何其他方式更改或根据协议终止。但是，一方当事人的行为，如经另一方当事人寄以信赖，就不得坚持此项规定。

第二章　卖方的义务

第三十条

卖方必须按照合同和本公约的规定，交付货物，移交一切与货物有关的单据并转移货物所有权。

第一节　交付货物和移交单据

第三十一条

如果卖方没有义务要在任何其他特定地点交付货物，其交货义务如下。

(a) 如果销售合同涉及货物的运输，卖方应把货物移交给第一承运人，以运交给买方。

(b) 在不属于上款规定的情况下，如果合同指的是特定货物或从特定存货中提取的或尚待制造或生产的未经特定化的货物，而双方当事人在订立合同时已知道这些货物是在某一特定地点，或将在某一特定地点制造或生产，卖方应在该地点把货物交给买方处置。

(c) 在其他情况下，卖方应在其于订立合同时的营业地把货物交给买方处置。

第三十二条

(1) 如果卖方按照合同或本公约的规定将货物交付给承运人，但货物没有以货物上加标记或以装运单据或其他方式清楚地注明有关合同，卖方必须向买方发出列明货物的发货通知。

(2) 如果卖方有义务安排货物的运输，那么卖方必须订立必要的合同，以按照通常运输条件，用适合情况的运输工具，把货物运到指定地点。

(3) 如果卖方没有义务对货物的运输办理保险，那么卖方必须在买方提出要求时，向买方提供一切现有的必要资料，使其能够办理这种保险。

第三十三条

卖方必须按以下规定的日期交付货物。

(a) 如果合同规定有日期，或从合同可以确定日期，应在该日期交货。

(b) 如果合同规定有一段时间，或从合同可以确定一段时间，除非情况表明应由买方选定一个日期外，应在该段时间内任何时候交货；或者

(c) 在其他情况下，应在订立合同后一段合理时间内交货。

第三十四条

如果卖方有义务移交与货物有关的单据，那么卖方必须按照合同所规定的时间、地点和方式移交这些单据。如果卖方在那个时间以前已移交这些单据，他可以在那个时间到达前纠正单据中任何不符合同规定的情形，但是，此一权利的行使不得使买方遭受不合理的不便或承担不合理的开支。但是，买方保留本公约所规定的要求损害赔偿的任何权利。

第二节 货物相符与第三方要求

第三十五条

(1) 卖方交付的货物必须与合同所规定的数量、质量和规格相符，并须按照合同所规定的方式装箱或包装。

(2) 除双方当事人已另有协议外，货物除非符合以下规定，否则即为与合同不符。

(a) 货物适用于同一规格货物通常使用的目的。

(b) 货物适用于订立合同时曾明示或默示地通知卖方的任何特定目的，除非情况表明买方并不依赖卖方的技能和判断力，或者这种依赖对他是不合理的。

(c) 货物的质量与卖方向买方提供的货物样品或样式相同。

(d) 货物按照同类货物通用的方式装箱或包装，如果没有此种通用方式，则按照足以保全和保护货物的方式装箱或包装。

(3) 如果买方在订立合同时知道或者不可能不知道货物不符合同，卖方就无须按上一款(a)项至(d)项负有此种不符合同的责任。

第三十六条

(1) 卖方应按照合同和本公约的规定，对风险移转到买方时所存在的任何不符合同情形，负有责任，即使这种不符合同情形在该时间后方始明显。

(2) 卖方对在上一款所述时间后发生的任何不符合同情形，也应负有责任，如果这种不符合同情形是由于卖方违反他的某项义务所致，包括违反关于在一段时间内货物将继续适用于其通常使用的目的或某种特定目的，或将保持某种特定质量或性质的任何保证。

第三十七条

如果卖方在交货日期前交付货物，那么卖方可以在那个日期到达前，交付任何缺漏部分或补足所交付货物的不足数量，或交付用以替换所交付不符合同规定的货物，或对所交付货物中任何不符合同规定的情形做出补救，但是，此一权利的行使不得使买方遭受不合理的不便或承担不合理的开支。但是，买方保留本公约所规定的要求损害赔偿的任何权利。

第三十八条

(1) 买方必须在按情况实际可行的最短时间内检验货物或由他人检验货物。

(2) 如果合同涉及货物的运输，检验可推迟到货物到达目的地后进行。

(3) 如果货物在运输途中改运或买方须再发运货物，没有合理机会加以检验，而卖方在订立合同时已知道或理应知道这种改运或再发运的可能性，检验可推迟到货物到达新目的地后进行。

第三十九条

(1) 买方对货物不符合同，必须在发现或理应发现不符情形后一段合理时间内通知卖方，说明不符合同情形的性质，否则就丧失声称货物不符合同的权利。

(2) 无论如何，如果买方不在实际收到货物之日起两年内将货物不符合同情形通知卖方，就丧失声称货物不符合同的权利，除非这一时限与合同规定的保证期限不符。

第四十条

如果货物不符合同规定指的是卖方已知道或不可能不知道而又没有告知买方的一些事实，则卖方无权援引第三十八条和第三十九条的规定。

第四十一条

卖方所交付的货物，必须是第三方不能提出任何权利或要求的货物，除非买方同意在这种权利或要求的条件下，收取货物。但是，如果这种权利或要求是以工业产权或其他知识产权为基础的，卖方的义务应依照第四十二条的规定。

第四十二条

(1) 卖方所交付的货物，必须是第三方不能根据工业产权或其他知识产权主张任何权利或要求的货物，但以卖方在订立合同时已知道或不可能不知道的权利或要求为限，而且这种权利或要求根据以下国家的法律规定是以工业产权或其他知识产权为基础的。

(a) 如果双方当事人在订立合同时预期货物将在某一国境内转售或做其他使用，则根据货物将在其境内转售或做其他使用的国家的法律；或者

(b) 在任何其他情况下，根据买方营业地所在国家的法律。

(2) 卖方在上一款中的义务不适用于以下情况。

(a) 买方在订立合同时已知道或不可能不知道此项权利或要求；或者

(b) 此项权利或要求的发生，是由于卖方要遵照买方所提供的技术图样、图案、程式或其他规格。

第四十三条

(1) 买方如果不在已知道或理应知道第三方的权利或要求后一段合理时间内，将此一权利或要求的性质通知卖方，就丧失援引第四十一条或第四十二条规定的权利。

(2) 卖方如果知道第三方的权利或要求以及此一权利或要求的性质，就无权援引上一款的规定。

第四十四条

尽管有第三十九条第(1)款和第四十三条第(1)款的规定，买方如果对其未发出所需的通知具备合理的理由，仍可按照第五十条规定减低价格，或要求利润损失以外的损害赔偿。

第三节 卖方违反合同的补救办法

第四十五条

(1) 如果卖方不履行他在合同和本公约中的任何义务，买方可以

(a) 行使第四十六条至第五十二条所规定的权利。

(b) 按照第七十四条至第七十七条的规定，要求损害赔偿。

(2) 买方可能享有的要求损害赔偿的任何权利，不因他行使采取其他补救办法的权利而丧失。

(3) 如果买方对违反合同采取某种补救办法，法院或仲裁庭不得给予卖方宽限期。

第四十六条

(1) 买方可以要求卖方履行义务，除非买方已采取与此一要求相抵触的某种补救办法。

(2) 如果货物不符合同，买方只有在此种不符合同情形构成根本违反合同时，才可以要求交付替代货物，而且关于替代货物的要求，必须与依照第三十九条发出的通知同时提出，或者在该项通知发出后一段合理时间内提出。

(3) 如果货物不符合同，买方可以要求卖方通过修理对不符合同之处做出补救，除非买方考虑了所有情况之后，认为这样做是不合理的。修理的要求必须与依照第三十九条发出的通知同时提出，或者在该项通知发出后一段合理时间内提出。

第四十七条

(1) 买方可以规定一段合理时限的额外时间，让卖方履行其义务。

(2) 除非买方收到卖方的通知，声称将不在所规定的时间内履行义务，买方在这段时间

内不得对违反合同采取任何补救办法。但是，买方并不因此丧失对迟延履行义务可能享有的要求损害赔偿的任何权利。

第四十八条

(1) 在第四十九条的条件下，卖方即使在交货日期之后，仍可自付费用，对任何不履行义务做出补救，但这种补救不得造成不合理的迟延，也不得使买方遭受不合理的不便，或无法确定卖方是否将偿付买方预付的费用。但是，买方保留本公约所规定的要求损害赔偿的任何权利。

(2) 如果卖方要求买方表明是否接受卖方履行义务，而买方不在一段合理时间内对此一要求做出答复，则卖方可以按其要求中所指明的时间履行义务。买方不得在该段时间内采取与卖方履行义务相抵触的任何补救办法。

(3) 卖方表明将在某一特定时间内履行义务的通知，应视为包括根据上一款规定要买方表明决定的要求在内。

(4) 卖方按照本条第(2)和第(3)款做出的要求或通知，必须在买方收到后，始生效力。

第四十九条

(1) 买方在以下情况下可以宣告合同无效。

(a) 卖方不履行其在合同或本公约中的任何义务，等于根本违反合同。

(b) 如果发生不交货的情况，卖方不在买方按照第四十七条第(1)款规定的额外时间内交付货物，或卖方声明将不在所规定的时间内交付货物。

(2) 如果卖方已交付货物，买方就丧失宣告合同无效的权利，除非：

(a) 对于迟延交货，在知道交货后一段合理时间内这样做。

(b) 对于迟延交货以外的任何违反合同事情。

(一) 在已知道或理应知道这种违反合同后一段合理时间内这样做；或

(二) 在买方按照第四十七条第(1)款规定的任何额外时间满期后，或在卖方声明将不在这一额外时间履行义务后一段合理时间内这样做；

(三) 在卖方按照第四十八条第(2)款指明的任何额外时间满期后，或在买方声明将不接受卖方履行义务后一段合理时间内这样做。

第五十条

如果货物不符合同，不论价款是否已付，买方都可以减低价格，减价按实际交付的货物在交货时的价值与符合合同的货物在当时的价值两者之间的比例计算。但是，如果卖方按照第三十七条或第四十八条的规定对任何不履行义务做出补救，或者买方拒绝接受卖方按照该两条规定履行义务，则买方不得减低价格。

第五十一条

(1) 如果卖方只交付一部分货物，或者交付的货物中只有一部分符合合同规定，第四十六条至第五十条的规定适用于缺漏部分及不符合同规定部分的货物。

(2) 买方只有在完全不交付货物或不按照合同规定交付货物等于根本违反合同时，才可以宣告整个合同无效。

第五十二条

(1) 如果卖方在规定的日期前交付货物，买方可以收取货物，也可以拒绝收取货物。

(2) 如果卖方交付的货物数量大于合同规定的数量，买方可以收取也可以拒绝收取多交部分的货物。如果买方收取多交部分货物的全部或一部分，必须按合同价格付款。

第三章 买方的义务

第五十三条

买方必须按照合同和本公约规定支付货物价款和收取货物。

第一节 支付价款

第五十四条

买方支付价款的义务包括根据合同或任何有关法律和规章规定的步骤和手续，以便支付价款。

第五十五条

如果合同已有效的订立，但没有明示或暗示地规定价格或规定如何确定价格，在没有任何相反表示的情况下，双方当事人应视为已默示地引用订立合同时此种货物在有关贸易的类似情况下销售的通常价格。

第五十六条

如果价格是按货物的重量规定的，如有疑问，应按净重确定。

第五十七条

(1) 如果买方没有义务在任何其他特定地点支付价款，必须在以下地点向卖方支付价款。

(a) 卖方的营业地；或者

(b) 如凭移交货物或单据支付价款，则为移交货物或单据的地点。

(2) 卖方必须承担因其营业地在订立合同后发生变动而增加的支付方面的有关费用。

第五十八条

(1) 如果买方没有义务在任何其他特定时间内支付价款，必须于卖方按照合同和本公约规定将货物或控制货物处置权的单据交给买方处置时支付价款。卖方可以支付价款作为移交货物或单据的条件。

(2) 如果合同涉及货物的运输，卖方可以在支付价款后方可把货物或控制货物处置权的单据移交给买方作为发运货物的条件。

(3) 买方在未有机会检验货物前，无义务支付价款，除非这种机会与双方当事人议定的交货或支付程序相抵触。

第五十九条

买方必须按合同和本公约规定的日期或从合同和本公约可以确定的日期支付价款，而无需卖方提出任何要求或办理任何手续。

第二节 收取货物

第六十条

买方收取货物的义务如下。

采取一切理应采取的行动，以期卖方能交付货物和接收货物。

第三节 买方违反合同的补救办法

第六十一条

(1) 如果买方不履行在合同和本公约中的任何义务，卖方可以

(a) 行使第六十二条至第六十五条所规定的权利。

(b) 按照第七十四至第七十七条的规定，要求损害赔偿。

(2) 卖方可能享有的要求损害赔偿的任何权利，不因其行使采取其他补救办法的权利而丧失。

(3) 如果卖方对违反合同采取某种补救办法，法院或仲裁庭不得给予买方宽限期。

第六十二条

卖方可以要求买方支付价款、收取货物或履行其他义务，除非卖方已采取与此一要求相抵触的某种补救办法。

第六十三条

(1) 卖方可以规定一段合理时限的额外时间，让买方履行义务。

(2) 除非卖方收到买方的通知，声称他将不在所规定的时间内履行义务，卖方不得在这段时间内对违反合同采取任何补救办法。但是，卖方并不因此丧失他对迟延履行义务可能享有的要求损害赔偿的任何权利。

第六十四条

(1) 卖方在以下情况下可以宣告合同无效。

(a) 买方不履行其在合同或本公约中的任何义务，等于根本违反合同；或

(b) 买方不在卖方按照第六十三条第(1)款规定的额外时间内履行支付价款的义务或收取货物，或买方声明他将不在所规定的时间内这样做。

(2) 如果买方已支付价款，卖方就丧失宣告合同无效的权利，除非：

(a) 对于买方迟延履行义务，他在知道买方履行义务前这样做；或者

(b) 对于买方迟延履行义务以外的任何违反合同事情。

(一) 在已知道或理应知道这种违反合同后一段合理时间内这样做；或

(二) 在卖方按照第六十三条第(1)款规定的任何额外时间满期后或在买方声明将不在这一额外时间内履行义务后一段合理时间内这样做。

第六十五条

(1) 如果买方应根据合同规定订明货物的形状、大小或其他特征，而在议定的日期或在收到卖方的要求后一段合理时间内没有订明这些规格，则卖方在不损害其可能享有的任何其他权利的情况下，可以依照其所知的买方的要求，自己订明规格。

(2) 如果卖方自己订明规格，必须把订明规格的细节通知买方，而且必须规定一段合理时间，让买方可以在该段时间内订出不同的规格。如果买方在收到这种通知后没有在该段时间内这样做，卖方所订的规格就具有约束力。

第四章　风 险 移 转

第六十六条

货物在风险移转到买方承担后遗失或损坏，买方支付价款的义务并不因此解除，除非这种遗失或损坏是由于卖方的行为或不行为所造成的。

第六十七条

(1) 如果销售合同涉及货物的运输，但卖方没有义务在某一特定地点交付货物，自货物按照销售合同交付给第一承运人以转交给买方时起，风险就移转到买方承担。如果卖方有义务在某一特定地点把货物交付给承运人，在货物于该地点交付给承运人以前，风险不移转到买方承担。卖方受权保留控制货物处置权的单据，并不影响风险的移转。

(2) 在货物以货物上加标记、或以装运单据、或向买方发出通知或其他方式清楚地注明有关合同以前，风险不移转到买方承担。

第六十八条

对于在运输途中销售的货物，从订立合同时起，风险就移转到买方承担。但是，如果情

况表明有此需要，从货物交付给签发载有运输合同单据的承运人时起，风险就由买方承担。尽管如此，如果卖方在订立合同时已知道或理应知道货物已经遗失或损坏，而又不将这一事实告之买方，则这种遗失或损坏应由卖方负责。

第六十九条

(1) 在不属于第六十七条和第六十八条规定的情况下，从买方接收货物时起，或如果买方不在适当时间内这样做，则从货物交给其处置但不收取货物从而违反合同时起，风险移转到买方承担。

(2) 如果买方有义务在卖方营业地以外的某一地点接收货物，当交货时间已到而买方知道货物已在该地点交给其处置时，风险方始移转。

(3) 如果合同指的是当时未加识别的货物，则这些货物在未清楚注明有关合同以前，不得视为已交给买方处置。

第七十条

如果卖方已根本违反合同，第六十七条、第六十八条和第六十九条的规定，不损害买方因此种违反合同而可以采取的各种补救办法。

第五章　卖方和买方义务的一般规定

第一节　预期违反合同和分批交货合同

第七十一条

(1) 如果订立合同后，另一方当事人由于下列原因显然将不履行其大部分重要义务，一方当事人可以中止履行义务。

(a) 履行义务的能力或他的信用有严重缺陷；或

(b) 在准备履行合同或履行合同中的行为。

(2) 如果卖方在上一款所述的理由明显化以前已将货物发运，可以阻止将货物交给买方，即使买方持有其有权获得货物的单据。本款规定只与买方和卖方间对货物的权利有关。

(3) 中止履行义务的一方当事人不论是在货物发运前还是发运后，都必须立即通知另一方当事人，如经另一方当事人对履行义务提供充分保证，则他必须继续履行义务。

第七十二条

(1) 如果在履行合同日期之前，明显看出一方当事人将根本违反合同，另一方当事人可以宣告合同无效。

(2) 如果时间许可，打算宣告合同无效的一方当事人必须向另一方当事人发出合理的通知，使其可以对履行义务提供充分保证。

(3) 如果另一方当事人已声明将不履行其义务，则上一款的规定不适用。

第七十三条

(1) 对于分批交付货物的合同，如果一方当事人不履行对任何一批货物的义务，便对该批货物构成根本违反合同，则另一方当事人可以宣告合同对该批货物无效。

(2) 如果一方当事人不履行对任何一批货物的义务，使另一方当事人有充分理由断定对今后各批货物将会发生根本违反合同，该另一方当事人可以在一段合理时间内宣告合同今后无效。

(3) 买方宣告合同对任何一批货物的交付为无效时，可以同时宣告合同对已交付的或今后交付的各批货物均为无效，如果各批货物是互相依存的，不能单独用于双方当事人在订立合同时所设想的目的。

第二节 损害赔偿

第七十四条

一方当事人违反合同应负的损害赔偿额，应与另一方当事人因他违反合同而遭受的包括利润在内的损失额相等。这种损害赔偿不得超过违反合同一方在订立合同时，依照其当时已知道或理应知道的事实和情况，对违反合同预料到或理应预料到的可能损失。

第七十五条

如果合同被宣告无效，而在宣告无效后一段合理时间内，买方已以合理方式购买替代货物，或者卖方已以合理方式把货物转卖，则要求损害赔偿的一方可以取得合同价格和替代货物交易价格之间的差额，以及按照第七十四条规定可以取得的任何其他损害赔偿。

第七十六条

(1) 如果合同被宣告无效，而货物又有时价，要求损害赔偿的一方，如果没有根据第七十五条规定进行购买或转卖，则可以取得合同规定的价格和宣告合同无效时的时价之间的差额，以及按照第七十四条规定可以取得的任何其他损害赔偿。但是，如果要求损害赔偿的一方在接收货物之后宣告合同无效，则应适用接收货物时的时价，而不适用宣告合同无效时的时价。

(2) 为上一款的目的，时价指原应交付货物地点的现行价格，如果该地点没有时价，则指另一合理替代地点的价格，但应适当地考虑货物运费的差额。

第七十七条

声称另一方违反合同的一方，必须按情况采取合理措施，减轻由于该另一方违反合同而引起的损失，包括利润方面的损失。如果他不采取这种措施，违反合同一方可以要求从损害赔偿中扣除原可以减轻的损失数额。

第三节 利　　息

第七十八条

如果一方当事人没有支付价款或任何其他拖欠金额，另一方当事人有权对这些款额收取利息，但不妨碍要求按照第七十四条规定可以取得的损害赔偿。

第四节 免　　责

第七十九条

(1) 当事人对不履行义务，不负责任，如果能证明此种不履行义务，是由于某种非他所能控制的障碍，而且对于这种障碍，没有理由预期其在订立合同时能考虑到或能避免或克服它或它的后果。

(2) 如果当事人不履行义务是由于所雇用履行合同的全部或一部分规定的第三方不履行义务所致，该当事人只有在以下情况下才能免除责任。

(a) 按照上一款的规定应免除责任。

(b) 假如该项的规定也适用于所雇用的人，这个人也同样会免除责任。

(3) 本条所规定的免责对障碍存在的期间有效。

(4) 不履行义务的一方必须将障碍及其对他履行义务能力的影响通知另一方。如果该项通知在不履行义务的一方已知道或理应知道此一障碍后一段合理时间内仍未为另一方收到，则他对由于另一方未收到通知而造成的损害应负赔偿责任。

(5) 本条规定不妨碍任何一方行使本公约规定的要求损害赔偿以外的任何权利。

第八十条

一方当事人因其行为或不行为而使得另一方当事人不履行义务时，不得声称该另一方当事人不履行义务。

第五节　宣告合同无效的效果

第八十一条

（1）宣告合同无效解除了双方在合同中的义务，但应负责的任何损害赔偿仍应负责。宣告合同无效不影响合同关于解决争端的任何规定，也不影响合同中关于双方在宣告合同无效后权利和义务的任何其他规定。

（2）已全部或局部履行合同的一方，可以要求另一方归还其按照合同供应的货物或支付的价款，如果双方都须归还，必须同时这样做。

第八十二条

（1）买方如果不可能按实际收到货物的原状归还货物，就丧失宣告合同无效或要求卖方交付替代货物的权利。

（2）上一款的规定不适用于以下情况。

（a）如果不可能归还货物或不可能按实际收到货物的原状归还货物，并非由于买方的行为或不行为所造成；或者

（b）如果货物或其中一部分的毁灭或变坏，是由于按照第三十八条规定进行检验所致；或者

（c）如果货物或其中一部分，在买方发现或理应发现与合同不符以前，已为买方在正常营业过程中售出，或在正常使用过程中消费或改变。

第八十三条

买方虽然依第八十二条规定丧失宣告合同无效或要求卖方交付替代货物的权利，但是根据合同和本公约规定，仍保有采取一切其他补救办法的权利。

第八十四条

（1）如果卖方有义务归还价款，必须同时从支付价款之日起支付价款利息。

（2）在以下情况下，买方必须向卖方说明其从货物或其中一部分得到的一切利益。

（a）如果必须归还货物或其中一部分；或者

（b）如果不可能归还全部或一部分货物，或不可能按实际收到货物的原状归还全部或一部分货物，但已宣告合同无效或已要求卖方支付替代货物。

第六节　保 全 货 物

第八十五条

如果买方推迟收取货物，或在支付价款和交付货物应同时履行时，买方没有支付价款，而卖方仍拥有这些货物或仍能控制这些货物的处置权，卖方必须按情况采取合理措施，以保全货物。卖方有权保有这些货物，直至买方把他所付的合理费用偿还他为止。

第八十六条

（1）如果买方已收到货物，但打算行使合同或本公约规定的任何权利，把货物退回，必须按情况采取合理措施，以保全货物。买方有权保有这些货物，直至卖方把他所付的合理费用偿还给他为止。

（2）如果发运给买方的货物已到达目的地，并交给买方处置，而买方行使退货权利，则买方必须代表卖方收取货物，除非这样做需要支付价款而且会使其遭受不合理的不便或需承

担不合理的费用。如果卖方或受权代表其掌管货物的人也在目的地，则此一规定不适用。如果买方根据本款规定收取货物，其权利和义务与上一款所规定的相同。

第八十七条

有义务采取措施以保全货物的一方当事人，可以把货物寄放在第三方的仓库，由另一方当事人担负费用，但该项费用必须合理。

第八十八条

(1) 如果另一方当事人在收取货物或收回货物或支付价款或保全货物费用方面有不合理的迟延，按照第八十五条或第八十六条规定有义务保全货物的一方当事人，可以采取任何适当办法，把货物出售，但必须事前向另一方当事人发出合理的意向通知。

(2) 如果货物易于迅速变坏，或者货物的保全牵涉不合理的费用，则按照第八十五条或第八十六条规定有义务保全货物的一方当事人，必须采取合理措施，把货物出售，在可能的范围内，必须把出售货物的打算通知另一方当事人。

(3) 出售货物的一方当事人，有权从销售所得收入中扣回为保全货物和销售货物而付的合理费用，必须向另一方当事人说明所余款项。

第四部分　最后条款

第八十九条

兹指定联合国秘书长为本公约保管人。

第九十条

本公约不优于业已缔结或可以缔结并载有与属于本公约范围内事项有关的条款的任何国际协定，但以双方当事人的营业地均在这种协定的缔约国内为限。

第九十一条

(1) 本公约在联合国国际货物销售合同会议闭幕会议上开放签字，并在纽约联合国总部继续开放签字，直至1981年9月30日为止。

(2) 本公约须经签字国批准、接受或核准。

(3) 本公约从开放签字之日起开放给所有非签字国加入。

(4) 批准书、接受书、核准书和加入书应送交联合国秘书长存放。

第九十二条

(1) 缔约国可在签字、批准、接受、核准或加入时声明他不受本公约第二部分的约束或不受本公约第三部分的约束。

(2) 按照上一款规定就本公约第二部分或第三部分做出声明的缔约国，在该声明适用的部分所规定事项上，不得视为本公约第一条第(1)款范围内的缔约国。

第九十三条

(1) 如果缔约国具有两个或两个以上的领土单位，而依照该国宪法规定，各领土单位对本公约所规定的事项适用不同的法律制度，则该国得在签字、批准、接受、核准或加入时声明本公约适用于该国全部领土单位或仅适用于其中的一个或数个领土单位，并且可以随时提出另一声明来修改其所做的声明。

(2) 此种声明应通知保管人，并且明确地说明适用本公约的领土单位。

(3) 如果根据按本条做出的声明，本公约适用于缔约国的一个或数个但不是全部领土单位，而且一方当事人的营业地位于该缔约国内，则为本公约的目的，该营业地除非位于本公约适用的领土单位内，否则视为不在缔约国内。

(4) 如果缔约国没有按照本条第(1)款做出声明，则本公约适用于该国所有领土单位。

第九十四条

(1) 对属于本公约范围的事项具有相同或非常近似的法律规则的两个或两个以上的缔约国，可随时声明本公约不适用于营业地在这些缔约国内的当事人之间的销售合同，也不适用于这些合同的订立。此种声明可联合做出，也可以相互单方面声明的方式做出。

(2) 对属于本公约范围的事项具有与一个或一个以上非缔约国相同或非常近似的法律规则的缔约国，可随时声明本公约不适用于营业地在这些非缔约国内的当事人之间的销售合同，也不适用于这些合同的订立。

(3) 作为根据上一款所做声明对象的国家如果后来成为缔约国，这项声明从本公约对该新缔约国生效之日起，具有根据第(1)款所做声明的效力，但以该新缔约国加入这项声明，或做出相互单方面声明为限。

第九十五条

任何国家在交存其批准书、接受书、核准书或加入书时，可声明它不受本公约第一条第(1)款(b)项的约束。

第九十六条

本国法律规定销售合同必须以书面订立或书面证明的缔约国，可以随时按照第十二条的规定，声明本公约第十一条、第二十九条或第二部分准许销售合同或其更改或根据协议终止，或者任何发价、接受或其他意旨表示得以书面以外任何形式做出的任何规定不适用，如果任何一方当事人的营业地是在该缔约国内。

第九十七条

(1) 根据本公约规定在签字时做出的声明，须在批准、接受或核准时加以确认。

(2) 声明和声明的确认，应以书面提出，并应正式通知保管人。

(3) 声明在本公约对有关国家开始生效时同时生效。但是，保管人于此种生效后收到正式通知的声明，应于保管人收到声明之日起 6 个月后的第 1 个月第 1 天生效。根据第九十四条规定做出的相互单方面声明，应于保管人收到最后一份声明之日起 6 个月后的第 1 个月第 1 天生效。

(4) 根据本公约规定做出声明的任何国家可以随时用书面正式通知保管人撤回该项声明。此种撤回于保管人收到通知之日起 6 个月后的第 1 个月第 1 天生效。

(5) 撤回根据第九十四条做出的声明，自撤回生效之日起，就会使另一国家根据该条所做的任何相互声明失效。

第九十八条

除本公约明文许可的保留外，不得作任何保留。

第九十九条

(1) 在本条第(6)款规定的条件下，本公约在第 10 件批准书、接受书、核准书或加入书、包括载有根据第九十二条规定做出的声明的文书交存之日起 12 月后的第 1 个月第 1 天生效。

(2) 在本条第(6)款规定的条件下，对于在第 10 件批准书、接受书、核准书或加入书交存后，才批准、接受、核准或加入本公约的国家，本公约在该国交存其批准书、接受书、核准书或加入书之日起 12 个月后的第 1 个月第 1 天对该国生效，但不适用的部分除外。

(3) 批准、接受、核准或加入本公约的国家，如果是 1964 年 7 月 1 日海牙签订的《关于国际货物销售合同的订立统一法公约》(《1964 年海牙订立合同公约》)和 1964 年 7 月 1 日在海牙签订的《关于国际货物销售统一法的公约》(《1964年海牙货物销售公约》)中一项或两项公约的缔约国。应按情况同时通知荷兰政府声明退出《1964年海牙货物销售公约》或《1964年海牙订立合同公约》或退出该两公约。

(4) 凡为《1964年海牙货物销售公约》缔约国并批准、接受、核准或加入本公约，以及根据第九十二条规定声明或业已声明不受本公约第二部分约束的国家，应于批准、接受、核准或加入时通知荷兰政府声明退出《1964年海牙货物销售公约》。

(5) 凡为《1964年海牙订立合同公约》缔约国并批准、接受、核准或加入本公约以及根据第九十二条规定声明或业已声明不受本公约第三部分约束的国家，应于批准、接受、核准或加入时通知荷兰政府声明退出《1964年海牙订立合同公约》。

(6) 为本条的目的，《1964年海牙订立合同公约》或《1964年海牙货物销售公约》的缔约国的批准、接受、核准或加入本公约，应在这些国家按照规定退出该两公约生效后方始生效。本公约保管人应与1964年两公约的保管人荷兰政府进行协商，以确保在这方面进行必要的协调。

第一百条

(1) 本公约适用于合同的订立，只要订立该合同的建议是在本公约对第一条第(1)款(a)项所指缔约国或第一条第(1)款(b)项所指缔约国生效之日或其后作出的。

(2) 本公约只适用于在它对第一条第(1)款(a)项所指缔约国或第一条第(1)款(b)项所指缔约国生效之日或其后订立的合同。

第一百零一条

(1) 缔约国可以用书面正式通知保管人声明退出本公约，或本公约第二部分或第三部分。

(2) 退出于保管人收到通知12个月后的第1个月第1天起生效。凡通知内订明一段退出生效的更长时间，则退出于保管人收到通知后该段更长时间满时起生效。1980年4月11日订于维也纳，正本1份，其阿拉伯文本、中文本、英文本、法文本、俄文本和西班牙文本都具有同等效力。下列全权代表，经各自政府正式授权，在本公约上签字，以资证明。

* 本公约于1988年1月1日生效。

1981年9月30日中华人民共和国政府代表签署本《公约》，1986年12月11日交存核准书。核准书中载明，中国不受《公约》第一条第(1)款(D)、第十一条及与第十一条内容有关的规定的约束。

参 考 文 献

[1] 陈建华，戴海珊．国际贸易实务[M].2 版．大连：大连理工大学出版社，2009.
[2] 陈平．国际贸易实务[M].2 版．武汉：华中科技大学出版社，2009.
[3] 温国兴，邱国鑫．国际贸易实务教程[M]. 成都：西南交通大学出版社，2009.
[4] 陈岩．国际贸易实务[M]. 北京：清华大学出版社，北京交通大学出版社，2008.
[5] 王欣阳，韩宇红．国际贸易实务[M]. 北京：首都师范大学出版社，2009.
[6] 陈伟明，方爱华．国际贸易实务项目化教程[M]. 北京：冶金工业出版社，2010.
[7] 叶德万，陈原．国际贸易实务[M].3 版．广州：华南理工大学出版社，2008.
[8] 王小兰．国际贸易实务[M]. 北京：科学出版社，2004.
[9] 卓骏．国际贸易理论与实务[M].2 版．北京：机械工业出版社，2010.
[10] 王三芳．国际贸易理论与实务[M]. 武汉：武汉理工大学出版社，2007.
[11] 徐宣全．国际贸易理论与实务[M]. 杭州：浙江大学出版社，2008.
[12] 鲁丹萍．国际贸易实务[M]. 北京：清华大学出版社，2007.
[13] 严云鸿，等．国际贸易实务[M]. 北京：清华大学出版社，2006.
[14] 瞿启平，孙继红．国际贸易单证实务[M]. 上海：上海财经大学出版社，2008.
[15] 丁苹，王媛媛．国际贸易理论与实务[M]. 北京：北京交通大学出版社，2010.
[16] 徐景霖．国际贸易实务[M]. 大连：东北财经大学出版社，2008.
[17] 赵小云，万健．实用国际贸易实务[M]. 南京：东南大学出版社，2007.
[18] 李玲玲．国际贸易实务[M]. 重庆：重庆大学出版社，2009.
[19] 姚新超．国际贸易实务[M]. 北京：对外经济贸易大学出版社，2007.

参考文献

北京大学出版社高职高专经管类规划教材书目

财务会计类

序号	书　名	标准书号	主编	定价	出版年份	配套情况
1	统计学基础	978-7-81117-756-5	阮红伟	30	2009	ppt
2	统计学原理	978-7-81117-825-8	廖江平　刘登辉	25	2009	ppt
3	统计学原理与实务	978-7-5038-4836-0	姜长文　简家进	26	2009	ppt
4	实用统计基础与案例	978-7-301-20409-2	黄彬红	35	2012	ppt
5	经济法原理与实务	978-7-5038-4846-9	孙晓平　邓敬才	38	2009	ppt
6	经济法实用教程	978-7-81117-675-9	胡卫东　吕　玮	39	2009	ppt
7	财经法规	978-7-81117-885-2	李　萍　亓文会	35	2009	ppt
8	会计基本技能	978-7-5655-0067-1	高东升　王立新	26	2010	ppt
9	会计基础实训	978-7-301-19964-0	刘春才	29	2012	ppt
10	企业会计基础	978-7-301-20460-3	徐炳炎	33	2012	ppt/浙江省重点教材建设项目网站
11	基础会计	978-7-5655-0062-6	常　美	28	2010	ppt
12	基础会计教程	978-7-81117-753-4	侯　颖	30	2009	ppt
13	基础会计教程与实训	978-7-5038-4845-2	李　洁　王美玲	28	2009	ppt
14	基础会计教程与实训（第 2 版）	978-7-301-16075-6	李　洁	30	2011	ppt
15	基础会计实训教程	978-7-5038-5017-2	王桂梅	20	2009	ppt
16	基础会计原理与实务	978-7-5038-4849-0	侯旭华　缑宇英	28	2009	ppt
17	财务管理教程与实训	978-7-5038-4837-7	张　红　景云霞	37	2008	ppt
18	财务会计	978-7-5655-0117-3	张双兰　李桂梅	40	2011	ppt
19	财务会计(第 2 版)	978-7-81117-975-6	李　哲　等	32	2010	ppt
20	财务会计实用教程	978-7-5038-5027-1	丁增稳　高　从	36	2008	ppt
21	财务活动管理	978-7-5655-0162-3	石兰东	26	2011	ppt
22	财务管理	978-7-5655-0328-3	翟其红	29	2011	ppt
23	财务管理	978-7-301-17843-0	林　琳　蔡伟新	35	2011	ppt
24	Excel 财务管理应用	978-7-5655-0358-0	陈立稳	33	2011	ppt
25	成本会计	978-7-81117-592-9	李桂梅	28	2009	ppt
26	成本会计	978-7-5655-0130-2	陈东领　周美容	25	2010	ppt
27	成本会计	978-7-301-19409-6	徐亚明　吴雯雯	24	2011	ppt
28	成本费用核算	978-7-5655-0165-4	王　磊	27	2011	ppt
29	成本会计实务	978-7-301-19308-2	王书果	36	2011	ppt
30	成本会计实训教程	978-7-81117-542-4	贺英莲	23	2008	ppt
31	审计学原理与实务	978-7-5038-4843-8	马西牛　杨印山	32	2007	ppt
32	审计业务操作	978-7-5655-0171-5	涂申清	30	2011	ppt
33	审计业务操作全程实训教程	978-7-5655-0259-0	涂申清	26	2011	ppt
34	税务会计实用教程	978-7-5038-4848-3	李克桥　郭　华	37	2008	ppt
35	涉税业务核算	978-7-301-18287-1	周常青	29	2011	ppt
36	企业纳税实务	978-7-5655-0188-3	司宇佳	25	2011	ppt
37	企业纳税与筹划实务	978-7-301-20193-0	郭武燕	38	2012	ppt
38	会计电算化实用教程	978-7-5038-4853-7	张耀武	28	2008	ppt
39	会计电算化实用教程(第 2 版)	978-7-301-09400-6	刘东辉	20	2008	ppt
40	会计英语	978-7-5038-5012-7	杨　洪	28	2009	ppt
41	行业特殊业务核算	978-7-301-18204-8	余　浩	20	2011	ppt
42	财经英语阅读	978-7-81117-952-1	朱　琳	29	2010	ppt
43	资产评估	978-7-81117-645-2	董亚红	40	2009	ppt
44	预算会计	978-7-301-20440-5	冯　萍	39	2012	ppt
45	纳税申报与筹划	978-7-301-20921-9	李英艳　黄体允	38	2012	ppt

金融贸易类

序号	书　名	标准书号	主编	定价	出版日期	配套情况
46	国际结算	978-7-5038-4844-5	徐新伟	32	2009	ppt
47	国际结算	978-7-81117-842-5	黎国英	25	2009	ppt
48	货币银行学	978-7-5038-4838-4	曹　艺　卞桂英	28	2009	ppt
49	国际金融基础与实务	978-7-5038-4839-1	冷丽莲　刘金波	33	2008	ppt
50	国际贸易概论	978-7-81117-841-8	黎国英　张新亚	28	2009	ppt
51	国际贸易理论与实务	978-7-5038-4852-0	程敏然　贺亚茹	40	2008	ppt
52	国际商务谈判	978-7-81117-532-5	卞桂英　刘金波	33	2008	ppt
53	国际商法实用教程	978-7-5655-0060-2	聂红梅　史亚洲	35	2010	ppt
54	进出口贸易实务	978-7-5038-4842-1	周学明　金　敏	30	2008	ppt
55	金融英语	978-7-81117-537-0	刘　娣	24	2009	ppt/省级精品课程网站
56	财政基础与实务	978-7-5038-4840-7	才凤玲　张云莺	34	2007	ppt

57	财政与金融	978-7-5038-4856-8	谢利人　郝巧亮	37	2008	ppt
58	国际贸易实务	978-7-301-19393-8	李湘滇　刘亚玲	34	2011	ppt
59	国际贸易实务操作	978-7-301-19962-6	王言炉	37	2011	ppt
60	国际贸易实务	978-7-301-20192-3	刘　慧	25	2012	ppt
61	国际商务谈判（第2版）	978-7-301-19705-9	刘金波	35	2011	ppt
62	外贸单证	978-7-301-17417-3	程文吉　张　帆	28	2011	ppt/浙江省重点教材建设项目网站
63	商务英语学习情境教程	978-7-301-18626-8	孙晓娟	27	2011	ppt/浙江省重点教材建设项目网站
64	国际商务单证	978-7-301-20974-5	刘　慧　杨志学	29	2012	ppt
65	国际贸易实务	978-7-301-20929-5	夏新燕	30	2012	ppt

营销管理类

序号	书　名	标准书号	主编	定价	出版日期	配套情况
66	市场营销学	978-7-5038-4859-9	李世宗　李建峰	28	2008	ppt
67	市场营销	978-7-81117-957-6	钟立群	33	2010	ppt
68	市场营销理论与实训	978-7-5655-0316-0	路　娟	27	2011	ppt
69	市场营销项目驱动教程	978-7-301-20750-5	肖　飞	34	2012	ppt
70	管理学原理	978-7-5038-4841-4	季　辉　冯开红	26	2008	ppt
71	管理学基础	978-7-81117-974-3	李蔚田	34	2010	Ppt/立体化教学资料
72	管理学原理与应用	978-7-5655-0065-7	秦　虹	27	2010	ppt
73	通用管理实务	978-7-81117-829-6	叶　萍	39	2009	ppt
74	现代公共关系原理与实务	978-7-5038-4835-3	张美清	25	2007	ppt
75	公共关系实务	978-7-301-20096-4	李　东　王伟东	32	2012	ppt
76	企业管理	978-7-5038-4858-2	张　亚　周巧英	34	2008	ppt
77	企业管理实务	978-7-301-20657-7	关善勇	28	2012	ppt
78	现代企业管理	978-7-81117-806-7	于翠华　贾志林	38	2009	ppt
79	现代企业管理	978-7-301-19687-8	刘　磊	32	2011	ppt
80	商务礼仪	978-7-81117-831-9	李　巍	33	2009	ppt
81	商务礼仪	978-7-5655-0176-0	金丽娟	29	2011	ppt
82	现代商务礼仪	978-7-81117-855-5	覃常员　张幸花	24	2009	ppt
83	商务沟通实务	978-7-301-18312-0	郑兰先	31	2011	ppt
84	商务谈判	978-7-301-20543-3	尤凤翔　祝拥军	26	2012	ppt
85	商务谈判	978-7-5038-4850-6	范银萍　刘　青	32	2009	ppt
86	人力资源管理	978-7-5038-4851-3	李蔚田	40	2008	ppt
87	人力资源管理实务	978-7-301-19096-8	赵国忻	30	2011	ppt/浙江省重点教材建设项目网站
88	电子商务实务	978-7-301-11632-6	胡华江	27	2009	ppt/国家级精品课程网站
89	电子商务实用教程	978-7-301-18513-1	卢忠敏　胡继承	33	2011	ppt
90	电子商务英语	978-7-301-17603-0	陈晓鸣　叶海鹏	22	2010	ppt
91	网络营销理论与实务	978-7-5655-0039-8	范军环　宋沛军	32	2010	ppt
92	市场调研案例教程	978-7-81117-570-7	周宏敏	25	2008	ppt
93	市场调查与预测	978-7-5655-0252-1	徐　林　王自豪	27	2011	ppt
94	市场调查与预测	978-7-301-19904-6	熊衍红	31	2011	ppt
95	管理信息系统	978-7-81117-802-9	刘　宇	30	2009	ppt
96	商品学概论	978-7-5038-4855-1	方凤玲　杨　丽	20	2008	ppt
97	广告原理与实务	978-7-5038-4847-6	郑小兰　谢　璐	32	2007	ppt
98	零售学	978-7-81117-759-6	陈文汉	33	2009	ppt
99	消费心理学	978-7-81117-661-2	臧良运	31	2009	ppt
100	消费心理与行为分析	978-7-301-19887-2	王水清	30	2011	ppt
101	营销策划技术	978-7-81117-541-7	方志坚	26	2008	ppt
102	现代推销技术	978-7-301-20088-9	尤凤翔　屠立峰	32	2012	ppt
103	营销策划	978-7-301-20608-9	许建民	37	2012	ppt/国家级精品课程网站
104	中小企业管理	978-7-81117-529-5	吕宏程	35	2008	ppt
105	中小企业财务管理教程	978-7-301-20608-9	周　兵	28	2012	ppt
106	连锁经营与管理	978-7-5655-0019-0	宋之苓	37	2010	ppt
107	秘书理论与实务	978-7-81117-590-5	赵志强	26	2008	ppt

请登录 www.pup6.cn 免费下载本系列教材的电子样书(PDF 版)、ppt 和相关教学资源。

欢迎免费索取样书，并欢迎到北京大学出版社来出版您的大作，您可在 www.pup6.cn 在线申请样书和进行选题登记，也可下载相关表格填写后发到我们的邮箱，我们将及时与您取得联系并做好全方位的服务。

联系方式：010-62750667，sywat716@126.com，linzhangbo@126.com，欢迎来电来信咨询。